정의로운 도시를 꿈꾸며

광주를 중심으로 본 한국의 도시 개발사

※ 이 책은 방일영문화재단의 지원을 받아 저술·출판되었습니다.

정의로운 도시를 꿈꾸며

광주를 중심으로 본 한국의 **도시 개발사**

윤현석 지음

한울
아카데미

차 례

서문

사람들이 각자의 도시와 지역에 거주하는 이유는 각양각색이다. 자신이 태어난 곳이어서, 진학 또는 취직을 하거나 결혼을 해서, 또는 뜻밖의 우연한 일로 우리는 도시의 시민 또는 지역의 지역민이 된다. 시간이 지나면서 사람들은 그곳에서 계속 살아가기도 하고, 거주하기 시작한 것과 비슷한 이유로 그곳을 떠나기도 한다. 지역은 자연 생태, 지리적 여건, 주변 지형 등에 의해 구분되고, 자신의 범위 및 구역을 가진다.

도시는 철도의 정차, 도로의 교차, 거점시설 설치 등에 의해 인위적으로 조성되는 경우도 있다. 고대에는 사람들을 착취하기 위해 식민도시를 만들기도 했다. 최근 들어서는 인구 분산, 공공기관 이전, 산업단지 배후 등 특정한 목적을 갖고 찍어내듯 신도시가 만들어지기도 한다. 시민과 지역민은 역사, 전통, 문화, 관습 등을 공유하면서 같은 공간에 있다는 자체만으로도 동질감을 갖는다.

인간 삶의 질을 좌우하는 공간의 중요성

인간이 살아가는 데서 공간은 매우 중요한 요소이다. 자고, 먹고, 배우고, 놀고, 사고, 구경하고, 쉬고, 즐기는 인간의 행위는 모두 공간에서 벌어진다. 따라서 공간이 어떻게 구성되는지는 삶에서 대단히 중요하다. 주택에서부터 골목길, 단지, 동네, 가로, 생활권역은 물론, 행정구역(시·군·구, 특별·광역시 및 도), 더 나아가 국토 전반에 이르기까지, 모든 공간은 공정한 원칙에 의해, 그 공간에 거주하는 사람들의 의견을 광범위하고도 충분히 반영해서 조성되어야 하며, 현재는 물론 미래까지 염두에 두고 계획되어야 한다.

우리가 살고 있는 공간에는 주택·점포 등의 민간건축물, 공공청사·학교·병원 등의 공공건축물, 도로·철도·항만·공항·공원·하천 등의 공공시설 등이 이미 존재하고 있다. 국가나 지자체가 인구 분산, 신규 주거지 마련, 대기업이나 공공기관 이전 등의 목적으로 신도시나 도시 외곽의 택지지구를 조성하는 경우도 있다. 오래된 공간은 역사, 문화, 공동체 등의 가치가 빛을 발하고, 새로 조성된 공간은 편리, 여유, 청결 등의 매력을 갖는다.

규모를 떠나 공간은 각각의 특징을 갖는다. 주거 공간에서부터 그 주변, 도시나 지역 전체는 그 안에서 살아가는 사람들에게 강한 영향을 미칠 수밖에 없다. 따라서 공간을 조성할 때에는 일정한 원칙을 갖고 장단기 계획을 수립해 거주 만족도를 점차 증진하는 방향으로 나아가야 한다. 더 나아가 매력이 상실되고 가치가 사라지기 시작한 공간에 대해서는 정비와 개선을 통해 다시 그 공간에 사람들이 모일 수 있는 계기를 마련해야 한다.

주택을 지을 때 최소한의 주거 면적을 정하고 주변 공간 조성에서 공원과 녹지 등을 갖추도록 정한 이유는 모든 시민이 일정한 수준의 주거 복지를 누릴 수 있게 하기 위해서이다. 공공시설 역시 전체적인 균형을 갖춰 그 혜택이 골고루 미칠 수 있는 방향에서 계획되어야 한다. 특정 공간에만 국가나 지자체의 재정을 투입하는 것은 필연적으로 불균형을 초래하기 때문이다.

국토의 균형발전을 가로막는 효율 중심의 개발

이 책에서는 공간을 조성하는 데서의 정의로움에 대해 이야기하려 한다. 특히 공간을 제어하지 못하는 도시계획과 행정기관의 무분별한 인·허가, 투기를 조장하는 주택 거래 시스템 등이 어디에서 기인하는지, 이러한 오류들이 왜 그대로 유지되고 있는지 철저하게 분석하려 한다. 개발이 막대한 이익을 창출하기 위한 수단으로 전락함에 따라 도시 곳곳이 고층 아파트 단지로 채워지고 있으며, 시민들이 원하는 녹지, 공원, 수변, 골목길 등은 점차 사라지고 있다. 개발 이익 역시 토지 소유주, 공기업, 건설업체로 흘러들어가고 있다. 따라서 이 책에서는 대규모 개발 비리와 '로또 분양'으로 대표되는 투기가 일상화되어 버린 이유를 짚어보려 한다.

이를 위해서는 외국의 사례들을 보다 꼼꼼히 살펴봐야 한다. 현재 유럽, 미국, 일본의 도시 경관이 어떻게 지금과 같은 모습으로 유지·보존될 수 있었는지, 그들의 도시 역사에서는 무슨 일이 있었는지를 구체적으로 살펴 우리와 그들의 차이를 명확히 인식해야 한다. 공간 조성에서 보다 앞서 있는 도시들을 무작정 따라가는 무모함도, 모범이 되는 모델 없이 우리 것만 고집하는 아둔함도 버려야 한다.

근본적으로 우리의 도시와 그들의 도시는 완전히 다른 역사와 기반을 가지고 있다. 특히 유지·보존해야 할 자원이 곳곳에 자리하고, 근대와 현대를 거쳐 오랜 기간 다양하고 심도 있는 논의를 통해 '경관'과 '정체성'을 가장 중요한 도시 구성 원칙으로 삼고 있는 유럽과 미국의 도시는 우리와 출발점 자체가 다르다. 한국전쟁 과정에서 형체를 잃어버린 우리의 도시는 일제가 남겨놓은 것을 그대로 다시 만들 수도 없고 그렇다고 조선시대의 모습으로 돌아갈 수도 없는 실정이었다. 이후 오로지 경제 성장만 좇아 도시를 개발하다 보니 경관이나 정체성은 지금까지도 후순위에 놓여 있다. 앞으로 우리나라 도시의 모습을 어떻게 구성해야 하고 무엇을 지켜야 하는가를 도시계획 및 지자체의 개발 인·허가 지침에 투영해야 하고, 시민들 모두의 공감을 얻을 수 있도록 해야 한다. 이를 위해서는 유럽과 미국의 도시들이 그 틀을 완성한 19세기부터 20세기 초반까지 무엇을 했는지를 좀 더 구체적으로 살펴볼 필요가 있다.

국토의 균형발전을 가로막는 효율 중심의 개발에서 이제는 벗어나야 한다. 일제강점기에 일본이 대륙을 침략하기 위한 기반이었던 경부선이 여전히 국토의 개발 축으로 기능하고 있고 그 축에서 제외된 호남이 지속적으로 쇠락하는 국토 개발의 틀은 이제 반드시 극복해야 할 대상이다. 불균형의 결과로 인구, 기업 등 거의 모든 자원이 수도권에 집중되어 있고 지역은 소멸하고 있다. 우리나라가 지속가능한 미래를 만들기 위해 가장 먼저 해야 할 일은 지역 간 균형을 바로잡는 것이다.

공간의 가치는 모두가 공유해야 하며, 개발 수익은 적절한 배분을 통해 모두를 위한 방향으로 쓰여야 한다. 개발은 공공기관의 계획에 따라 이루어지고 심의와 인·허가에 의해 계획의 실행 여부가 결정되기 때문이다. 또 건축물 내의 공간은 건축주나 소유주의 의지에 따라 구성할 수 있으나 건축물 바깥의 모든 공간은 사적 공간이 아니라 공적 공간임을 잊지 말아야 한다. 행정기관 내에 전문가로 구성된 위원회를 두고 건축물의 높이, 미관, 디자인 등은 물론, 옥외 광고물의 규모나 색채까지 심의하고 규제하는 이유가 여기에 있다. 개인의 선호나 특정인의 이익보다 공공(公共, Public)의 이익이 우선이며, 공간 전체가 나타내는 경관은 현재 세대뿐만 아니라 미래 세대의 자산이기도 하기 때문이다.

도시 내에서 그리고 국토 내에서 공간이 갖는 가치는 정부 및 지방자치단체의 계획과 개발에 의해 결정된다. 따라서 도시 공간의 가치를 특정 세력이 독점하거나 국가 공간의 가치를 일부 지역이 독식하는 것은 바람직하지 않다. 공공기관에 의한 개발로 창출되는 가치의 상당 부분은 공공을 위해 사용되어야 한다. 효율성이나 신속성을 이유로 특정인, 특정 세력, 특정 지역만 혜택을 보는 개발 방식은 반드시 시정되어야 한다.

특정 세력에 의해 독점된 공간의 가치

공간을 지배하는 개인과 세력은 필연적으로 그 공간에 질서를 부여하려고 한다. 중세 유럽의 가톨릭과 봉건 영주, 근대 유럽의 절대왕정 등이 그러했다. 민주주의의 정착과 더불어 왕족, 귀족, 성직자, 부르주아 등이 독점했던 공간들 가운데 상당수가 시민과 지역민에게 공유되기 시작했다. 우리나라의 경우 고려나 조선 같은 하나의 왕조가 장기간 통치하면서 공간 구조가 별다른 변화 없이 유지되었으나 일제강점기의 근대식 개발이 시작되면서 공간 구조가 급변했다.

일제는 우리나라 국토를 자신들의 대륙 침략과 강제 수탈을 위해 개발했다. 도시에는 일본인들이 다수 거주하는 지역을 중심으로 도로, 상하수도 등 기반·편의시설을 설치했다. 계획은 공정하지 못했고 개발 이익은 일본인과 부역세력에게 집중될 수밖에 없었다. 예나 지금이나 투기는 신속히 부를 쌓는 방법이라서, 일본인들은 조선총독부와 그 하부기관의 지원 속에 거리낌 없이 공간을 활용함으로써 부를 축적해 나갔다.

해방 이후 한국전쟁까지 겪고 나자 경제정책은 '효율'과 '성과'를 최우선에 두게 되었고, 일제가 구축해 놓은 철도, 항만, 도로 등의 기반시설을 더욱 고도화시키는 데 집중하게 되었다. 1960년대 후반부터 시작된 중공업 육성 정책은 서울과 부산을 잇는 이른바 '경부라인'에 한정된 자원을 집중하는 방식으로 진행되었다. 이는 국토 불균형과 수도권 과밀이라는 심각한 부작용을 낳았다.

거주하고 있는 사람이 아닌 외지인을 위한 개발은 일제강점기에 일본인을 위한 개발로 시작되어 지금까지 계속되고 있다. 해방 이후 정부와 지자체에 의해 이루어진 계획과 개발 역시 주민이 알지 못하게 외지인의 주도하에 이루어졌다. 그 결과 주민은 쫓겨났고, 민간 개발업체는 과도한 수익을 챙겼으며, 공공기관은 인·허가의 권한만 누리면서 그 책임은 방기했다. 도시계획과 개발이 민간 개발업체의 수익을 제고하고 투기세력이 활개 치는 방향으로 이루어지자 도시 공간은 부동산 시장으로 탈바꿈되었다. 아름다움, 쾌적함, 편안함 등 시민들이 누려야 할 가치는 고층 아파트 단지로 인해 사라져가고 있다.

공공 중심의 패러다임 전환이 필요한 시기

공공기관의 계획과 개발은 현재 공간을 공유하고 있는 이들과 미래 세대를 위한 것이어야 하며, 국민 모두가 차별 없이 혜택을 누릴 수 있도록 공정하게 수립·추진되어야 한다. 이는 현재 빚어지고 있는 부동산 문제, 개발 비리, 수도권 과밀, 지방 소멸 등의 문제를 풀어나가는 실마리가 될 것이다. 효율과 성장, 특혜와 집약의 사고에서 벗어나 시민과 지역민의 보편적인 행복과 미래 세대의 지속가능성을 중시하는 방향으로 계획과 개발의 패러다임을 전환하는 것이야말로 지금 반드시 필요하다.

이 책은 오늘날 도시에서 발생하는 여러 문제들이 과거의 해법, 즉 경기부양을 위한 규제 완화, 아파트의 공급과 수요 진작, 인구밀도에 따른 단순 예산 배분 같은 방법으로는 풀리지 않는다는 점을 분명히 한다. 대규모 혈세를 들여 수립·추진하는 도시와 그 외 지역의 계획과 개발이 시민과 지역민의 행복을 증진하는 데 기여하지 못하는 이유를 고민하는 사람이라면 반드시 이 책을 읽어야 할 것이다. 다만 우리나라 도시 공간의 변화를 살펴보는 데서 주된 대상으로 삼은 것은 필자가 살고 있고 오랜 기간 연구해 온 광주광역시이다. 광주라는 지방도시의 개발 과정을 일제강점기부터 살펴보면서 일제의 개발 방식이 지금까지 어떤 영향을 미치고 있는지, 공간 개발에 의한 이익이 어떠한 과정을 거쳐 발생했는지, 그리고 일부 세력이 어떻게 그 이익을 독점했는지 등을 규명하고자 한다. 제5장에서는 유럽과 미국의 도시에 관해 서술하고 있는데, 이 내용은 주로 필자가 단기간 현장 취재를 통해 느낀 우리나라 도시와 선진 도시 간의 차이점을 관련 서적을 참조해 자체 분석한 것이다. 도시 비교는 광범위한 연구를 전제로 해야 함에도 불구하고 그렇지 못했다는 점을 인정할 수밖에 없다. 이 부분은 필자가 앞으로도 꾸준히 연구해야 할 주제이다.

마지막으로 감사의 말을 전한다. 필자에게 계획과 개발에 대한 올바른 인식을 심어준 김광우 전남대학교 명예교수님 덕분에 도시 및 지역 개발 분야의 전문기자가 될 수 있었다. 벌써 15년 전에 영면하신 아버지 윤성민, 다행히 지금도 건강히 곁에 계시는 어머니 조순희, 이 두 분의 좋은 유전자 덕분에 글을 사랑하고 계속 쓸 수 있었다. 평생의 반려자이면서 이 책의 교열을 봐준 아내 강현미, 사랑하는 딸 윤세영, 윤여경에게도 고마운 마음이다.

필자 스스로에게는 도시 및 지역에 대해 공부한 지 20년을 기념하는 책이다. 하지만 여전히 부족하고 미흡하다는 것을 인정할 수밖에 없다. 현상을 더욱 자세히 들여다보고 그 원인을 찾아 대책과 방안을 마련할 수 있는 기자이자 연구자가 되기 위한 노력을 계속할 것이다.

제1장

—

일제강점기의 근대식 도시 개발

2015년 경기도 성남시 대장동 개발사업과 관련된 의혹이 제기되면서 세상이 떠들썩했다. 대장동 개발 의혹이 우리에게 확인시켜 준 분명한 한 가지 사실은, 그동안 공공이나 민간이 추진한 무수한 대규모 개발사업이 수천억 원에서 최대 수조 원의 이익을 남겼다는 것이다. 천문학적인 수익은 개발이 불가능하거나 어려운 토지를 개발 가능한 용도로 바꿀 때 발생하는데, 이는 당연히 정부나 지방자치단체의 인·허가를 전제로 한다. 개발과 관련된 모든 비리는 용도를 변경하거나 인센티브를 받기 위한 개발업체 또는 개발업자의 시도에서 출발한다.

다른 국가와 마찬가지로 우리나라 역시 토지의 용도를 미리 정해놓는다. 대표적인 토지 용도는 주거, 상업, 녹지, 공업인데, 일정한 면적의 토지 위에 가상의 선을 그어 이를 관리한다. 행정구역 전체에 대해 용도지역을 구분하고, 구역 내에 반드시 필요한 공공시설을 예측해 대비하도록 하는 것이 바로 '도시관리계획'이다. '도시관리계획'의 상위에는 '도시기본계획'이 있는데, 이는 굉장히 추상적인 계획으로, 도시의 미래 공간을 어떻게 조성해야 하는지를 밝히는 선언적인 의미를 갖는다. 우리나라의 모든 도시는 '국토의 계획 및 이용에 관한 법률'에 의거해 이들 계획을 수립해야 한다.

도시관리계획은 토지의 용도를 미리 명확히 정해두고 해당 토지 소유주나 인근 주민, 이해관계자의 의사와는 관계없이 지정한다. 바로 이것이 선진국 도시들과 차이 나는 지점이다. 선진국에서는 토지 소유주뿐만 아니라 인근 주민의 의견까지 종합적으로 수렴해서 작은 규모의 공간부터 전체 경관까지 고려해 도시를 계획하는 데 반해, 우리나라의 도시 공간 계획은 중앙정부, 지방자치단체, 건축·토목 등 기술직 공무원이 주도해 하향식으로 수립되고 있다.

지자체가 용역을 발주하고, 이를 수주한 개발업체가 관련 교수와 전문가들과 함께 지자체의 의견을 반영하면서 자연 지형, 주변 여건, 교통, 잠재력, 기타 요소 등을 평가해 용도지역, 도시계획시설 설치 장소 등을 결정하는 시스템이다. 공청회나 공람 등의 요식 행위가 있기는 하지만, 시민들은 도시관리계획이 왜, 어떻게 결정되는지 전혀 알 수 없다. 결정된 용도지역은 교수, 전문가, 시민단체 대표, 지방의원 등이 참여하는 도시계획위원회의 심의를 거쳐야만 변경이 가능하다. 개발업체들은 이 도시관리계획을 수시로 변경하면서 기존 계획에서는 얻을 수 없는 대규모 개발 이익을 얻으려 한다.

행정구역 전체를 다루는 도시관리계획이 아닌 그보다 작은 면적, 즉 지구(地區, district) 단위로 범위를 설정한 계획도 있다. 이 지구단위계획은

광주의 구도심은 거대한 고층 아파트 단지로 변하고 있다. 적정한 동 간격은 무시되고 아파트가 주변 모든 경관을 압도해 버린다. 우리나라 대부분의 도시에서는 아파트를 더 높이 짓는 경쟁이 정부와 지자체의 권장 속에 계속되고 있다. 이러한 높이 경쟁이 도시 미래와 시민들에게 어떤 영향을 미치고 있는지 철저히 검토해야 한다.

구역 내 주민들의 의견을 반영해 보다 세밀하게 주거환경을 규정하고 전체적인 도시를 고려해 지구를 조성한다는 취지로 도입되었다. 하지만 이 선진적인 제도는 우리나라에서 전혀 다르게 이용되었다. 대부분의 경우 저렴한 가격에 토지를 매입한 건설업체가 고층 아파트 단지를 조성하는 데 필요한 인센티브를 받기 위해 지구단위계획을 작성한 뒤 주민 제안 방식으로 지자체에 제출했기 때문이다.

지자체에 의해 인선된 도시계획위원회 위원들은 지자체의 의중을 철저히 반영하면서도 일부 자율성을 갖는데, 개발업체에 대해서는 상당한 영향력을 갖는다. 도시계획위원회가 원안 자체를 승인하면 더할 나위 없이 좋지만 만일 조건부로 승인할 경우 그 조건에 따라 개발 후 이익의 규모가

단독주택지역을 고층 아파트 단지로 재개발하는 작업은 꾸준히 계속되고 있다. 주택 공급을 오로지 민간 개발에만 의존하다 보니 사업성을 높이기 위한 업체들의 계획이 그대로 도시 공간에 실현되고 있는 것이다. 고층·초고층 주거시설이 이렇게 도시 곳곳에 들어설 수 있는 국가는 우리나라밖에 없을 것이다.

달라지기 때문이다. 막대한 개발 이익이 걸려 있는 안건을 심의하는 과정에서 도시계획위원회 위원의 발언을 공개하거나 심의 결과가 나온 경위를 설명하는 경우는 거의 없다. 도시계획위원회에서 심의하는 안건은 거의 대부분 원안대로 또는 조건부로 승인되고 있는데, 이는 지자체의 관련 부서가 안건을 상정하면서 미리 '정지 작업'을 한다는 의미이다.

도시계획과 관련된 우리나라의 법과 제도가 어떻게 운용되는지 간단히 살펴보았다. 구체적인 내용은 다시 언급하겠지만, 한국의 도시계획은 이미 공간에 거주하고 있는 주민들을 위한 것이라기보다는 개발을 통해 공간에서 수익이나 혜택을 얻으려는 외지인(개발업체, 입주자 등)을 위한 것이라는 합리적인 의심을 할 수밖에 없다. 우리가 사는 공간에 어느 날 갑자기 고층 아파트가 들어서 시야는 물론 햇빛까지 막아버리고 주거환경 전체를 뒤흔든다고 하더라도 피해를 호소할 방법은 민사소송밖에 없다. 도시를 계획하고 개발하는 것이 결국 시민들을 위한 것이어야 함에도 불구하고, 그 개발로 인해 어떤 이는 자신의 거주지를 상실하고, 어떤 이는 천문학적인 수익을 얻으며, 또 다른 이는 주택을 필요로 하는 시민의 지갑을 털어 프리미엄을 챙긴다.

도시 공간은 아파트 단지와 단독주택지역으로 나뉘어 있고, 아파트 단지는 브랜드 아파트와 노후 아파트로 나뉘어 있으며, 같은 아파트 단지 내에서는 분양과 임대로 나뉘어 있다. 다양성, 정체성, 편의성의 가치를 구현해야 할 도시 공간은 어느새 획일화·일반화·분극화되고 있다. 우리나라 도시에 있는 아파트 단지, 신도시, 택지지구의 모습은 거의 비슷하다. 대규모의 토지에 유사한 계획을 적용하다 보니 장소의 개성과 매력을 상실한 공간들이 연이어 들어서는 것이다. 모두가 즐길 수 있는 공공시설이나 오픈 스페이스, 도시 전체 공간에 대해서는 관심이 거의 없고 자신의 아파트 가격, 아파트 단지, 아파트 내부에만 신경을 쓴다. 그도 그럴 것이 자동차를 타고 자신의 업무 공간, 상업 공간, 유희 공간으로 갔다가 다시 주거 공간으로 돌아가면 되게끔 도시 공간이 조성되고 있기 때문이다. 걷거나 여유를 즐길 수 있는 공간은 사라지고 있고, 이로 인해 거리의 점포들은 하나둘 문을 닫고 있다.

인구가 몰리는 서울과 수도권의 대도시들은 막대한 공공재정을 들여 공원과 녹지, 도보길, 광장 등을 조성하고 있다. 조선시대 500년의 도읍지이자 여전히 수도로서의 지위를 확고히 하고 있는 서울에는 역사적 기념물과 자원이 많은데다 대규모 상업자본 투자도 이어져 새로운 명물과 볼거

▌광주를 비롯한 지방도시의 중심가는 외곽 택지 개발, 공공청사 이전, 신도시 조성 등의 영향으로 갈수록 쇠락하고 있다. 역사와 정체성을 가진 구도심은 방치되다가 최근 재개발을 통해 고층·초고층 아파트 단지로 바뀌고 있다. 사진은 임대를 내건 점포들이 즐비한 광주 동구 충장로의 모습.

리들이 계속 늘고 있다. 그에 따라 고급 일자리도 계속 만들어져 쏠림 현상 또한 가속화되고 있다. 반면 지방도시는 쇠락을 넘어 소멸을 걱정해야 하는 지경에 이르렀다. 중심가마저 빈 점포와 사무실이 즐비하고, 노후 아파트는 재건축의 기회를 잡지 못하고 방치되어 있다. 이러한 격차는 아마도 앞으로 더욱 심각해질 것이다.

우리는 왜 이러한 도시 문제가 발생하게 되었는지 지금까지 근원적으로 살펴보지 못했다. 그저 공급 또는 수요에서 원인을 찾았고, 임시방편으로 비어 있는 공간을 개발해 증가하는 수요를 만족시켰다. 하지만 이는 공간이 남아 있고 인구가 증가하는 시기에나 가능했다. 아니 그 시기에도 부작용은 있었다. 서울을 비롯한 수도권의 숱한 재개발사업은 그곳에 살고 있는 서민들을 내쫓는 것을 시작점으로 삼았다. 도시 공간을 경제 발전의 도구로, 부동산을 거래하는 시장으로, 성장과 효율의 상징으로 바라보는 시각은 해방 이후 지금까지도 지속되고 있다.

도시의 미래를 구상하면서 지역 주민들과 계획 정보를 공유하고 주민들이 지속적으로 살 수 있도록 만드는 개발은 사례를 찾아보기 힘들다. 정부, 지자체, 공기업이 결정하는 개발의 이익은 특정인, 특정 계층의 몫으로 돌아가고, 공공의 재정을 통해 조성되는 공원이나 녹지, 도서관이나 박물관은 빈곤층이 아니라 부유층이 거주하는 지역을 중심으로 들어서고 있다. 최근에서야 도시재생, 주민 참여, 마을 만들기 등 대안적인 정책들이 소개되고 적용되고 있으나 효과는 미미한 실정이며, 거대한 주류의 틀은 더 견고하게 유지되고 있다.

우리나라가 이 같은 도시계획 및 개발 시스템을 가지게 된 것은 무엇 때문일까. 이제 개발이라는 개념이 도입된 시기로 돌아가 개발이 어떻게 시작되었는지를 살펴보려 한다.

처음부터 왜곡된 우리나라의 도시 개발

개발은 근대화, 도시화, 산업화의 산물이다. 여기서의 개발은 토지를 용도에 맞게 조성해 이용할 수 있게 하는 행위 전반을 의미한다. 중세 유럽에서는 가톨릭 성직자, 왕, 귀족, 봉건 영주 등이 자신이 다스리는 영토를 통치하는 데 필요한 조치를 취했다. 그들이 토지를 개발한 이유는 자신들의 권력, 위세, 명예, 부를 상징하는 건축물과 기념물(예를 들어, 성당, 궁전, 탑, 별장 등), 군대 연병장(광장), 정원, 사냥터, 산책로를 만들고 그곳들을 서로 연결해 주는 도로를 개설하기 위해서였다. 영토를 확장하거나 식민지를 개척해 세력이 커질수록 경쟁적으로 화려하고 웅장한 건축물들이 들어섰다. 중세 중반부에 이탈리아를 시작으로 중상주의가 유럽 전역을 휩쓸자, 무역을 통해 부를 쌓은 상인 계급도 이 대열에 합류했다. 도시 곳곳을 그림, 조각, 분수 등으로 수놓은 르네상스의 도시 개발은 사실 상인들이 예술가들을 후원했기에 가능한 것이었다. 상인들의 어마어마한 투자는 그 도시를 먹여 살리는 좋은 자산이 되었다.

우리나라에서는 중세 유럽에 해당하는 시기가 조선이었다. 하지만 조선시대에는 개발에 매우 소극적이었다. 유교를 국교로 한 조선은 청렴을 국가 운영의 근간으로 삼았다. 사치를 금지했고, 부유한 사람에게도 지을 수 있는 건축물의 규모를 제한했다. 왕족이나 고관대작에게도 이는 마찬가지였다. 또한 사농공상(선비·농민·기술자·상인)이라는 계급제도 탓에 상인을 천시했으며, 부자에 대한 인식도 부정적이었다. 따라서 궁궐 등을 제외한 공간에서는 화려하고 웅장한 상징물을 보기 어려웠다. 신권이 왕권을 견제했기 때문에 극히 일부 군주를 제외하고는 토목 관개 사업을 마음대로 할 수 있는 처지가 아니었고, 관개 시설은 홍수, 가뭄 등의 자연재해에 대비하는 수준이었다.

게다가 500년 이상 이어진 조선왕조는 극단적인 중앙집권 시스템을 기반으로 하고 있었다. 왕이 있는 한양을 중심에 두고 부목군현으로 행정구역을 나눈 뒤 왕의 신하인 지방관을 파견해 지방을 관리했다. 지방관들은 한양에서 왕이 불러주기만을 학수고대했고, 지역을 다스리는 향반들과 적절히 타협점을 찾으면서 무리한 일은 스스로 금했다. 지방의 특성을 살려 독창적이면서도 자유롭게 지방의 공간을 디자인하는 것은 불가능에 가까웠다는 의미이다.

▌흥선대원군은 국방 강화를 목적으로 1872년 3월부터 9월까지 6개월 간 모두 495개의 읍을 지도로 제작했는데, 이것은 당시 광주읍성의 모습이다. 조선시대 주요 도시는 읍성을 중심으로 전조후시, 삼단일묘를 핵심요소로 해서 구성되었다. 1907년 일제가 성벽처리위원회를 구성해 성벽을 철거하면서 이러한 도시 구조가 완전히 바뀌었다(서울대 규장각 소장 '조선 후기 지방지도: 전라도편'에서 발췌).

한양에 도성이 있듯 전국 각 시가지에는 읍성이 있었다. 이 읍성은 매우 중요한 지방통치 기능을 수행하는 공간이었다. 이곳은 일반인들은 거주할 수 없는 공유지로, 지방관과 그 가족, 그들을 수행하는 아전 같은 하급 관리, 하인 등이 거주했다. 읍성의 크기는 행정구역의 지위에 따라 달랐으며, 인근에 시장이 형성되고 주위에 주거지역이 분포하는 구조였다. 물론 주거지역은 지금처럼 집적되기보다 분산되어 있었다. 『주례(周禮)』의 고공기(考工記)에 나오는 도시 구성 원칙인 전조후시(前朝後市, 행정관청은 전면에, 시장은 후면에 배치하는 것), 삼단일묘(三壇一廟, 성황단, 사직단, 여단, 문묘)를 그대로 적용한 것이었다. 홍선대원군은 국방 강화를 목적으로 1872년 3월부터 9월까지 6개월 간 지방 지도를 제작했는데, 당시 제작한 지도는 모두 459장이었다. 전국에 459개의 읍이 있었다는 의미이다.

이러한 도시 구조는 500년 동안 거의 그대로 존속되었을 것이다. 왜구의 침입, 왜란, 호란 등의 영향을 받으면서도 파괴된 것을 복구하거나 방어 기능을 강화하는 데 중점을 두었을 가능성이 높다.

이제부터는 광주라는 지방도시의 개발사를 집중적으로 살펴보겠다. 광주는 필자가 살고 있는 곳으로, 필자는 2004년 8월 대학원에 진학한 후 20여 년 동안 광주를 주제로 삼아 공간의 변화를 연구해 왔다. 우리나라의 도시들 역시 다른 나라의 도시와 같이 형성된 시기와 성장 요인이 모두 다르다. 광주는 백제(무진주), 통일신라시대(무주) 때부터 주요 도시로 존재했고, 고려시대 이후에는 전남에서 나주에 이어 두 번째로 큰 도시였다. 조선시대 팔도 중 하나인 '전라도'라는 명칭은 전주와 나주의 앞 글자를 따서 만들어졌는데, 1728년(영조 4) 나주에 변란이 발생하자 전주와 광주에서 한 글자씩 따서 '전광도'로 이름을 바꿔 불렀다는 사실에서도 전라도에서 광주가 차지했던 위상을 알 수 있다[1737년(영조 13)에는 다시 전라도로 이름을 변경했다].

광주는 고려 말 조선 초에 읍성이 축성되면서 중심 공간의 틀이 잡혔고, 조선시대에 정교하게 정비된 역참제도에 의해 광주 북부에 경양역(驛)이 들어서면서 이를 운영하기 위한 역둔토, 그 주변으로 주거지역이 집적되어 광주에는 두 개의 시가지가 형성되었다. 광주읍성의 서문(광리문) 아래쪽으로는 영산강의 지천인 광주천이 흘렀고, 1443년(세종 25)에는 전라감사 김방이 축조한 인공호수인 경양방죽이 역 인근에 들어섰다. 방죽은 광주 곳곳의 소하천을 받아들여 농업용수를 공급하고 홍수를 조절하는 역할을 했으며, 방죽에서 흘러나온 물길은 광주읍성 해자(적의 침입을 막기 위해 성 밖을 둘러 파서 못으로 만든 곳)를 휘감아 돈 뒤 광주천으로 유입되었다.[1]

이렇게 구성된 조선시대 광주의 도시 공간은 1897년 10월 1일 목포항이 개항하기 이전까지는 거의 변함이 없었다. 변화의 계기도 없었고 변화할 이유도 없었기 때문이다. 목포를 개항하자 전남관찰사가 상주하던 전남의 중심 도시 광주에는 일본인, 미국인 선교사들이 들어와 정착하게 되었고, 그들의 필요에 의해 공간에 자극이 가해지기 시작했다.

그렇다면 광주를 예로 들어 우리나라 도시들의 선행된 형태이자 핵심 공간인 읍성이 어떤 모습이었는지, 일제는 이 읍성을 어떻게 처리해서 자신들의 공간을 확보했는지를 살펴보자. 일제는 1906년 2월 통감부를 설치하기 이전부터 이미 광주를 비롯한 각 도시 중심에 자리한 공유지를 재조선 일본인에게 매각하는 방법으로 일본인으로 하여금 일본식 상점, 시설

1 광주광역시, 『광주도시계획사』(2011), 53~60쪽.

등을 설치하도록 유도했다. 이로 인해 일본인 집단 거주지가 형성되면서 도시 공간의 왜색화가 급속히 추진되었다.

일제에 의한 개항과 읍성 철거로 무너진 도시 위계

일본은 철저히 자신들의 입맛에 맞춰 도시를 개조해 갔다. 그 대표적인 사례가 읍성의 철거이다. 읍성이라는 폐쇄된 공간에는 동헌, 객사, 향청 등 국가기관들이 집적해 있었다.

광주에 대한 근대기록 중 국가기록원이 소장하고 있는 가장 오래된 기록에 따르면, 1888년 광주읍성 내에는 135호에 747명이 거주하고 있었다. 광주군의 당시 호수는 7,753호였다.[2] 일제는 통감부(1906~1910)를 설치한 후인 1907년 성벽처리위원회를 두고 각 지역의 핵심 도시에 자리한 읍성을 철거하기 시작했다. 항일 의병이 곳곳에서 일어나자 의병들을 토벌하기 위한 대규모 군대 이동이 불가피했고, 일본인 거주가 본격화되면서 상하수도 등 기반시설 설치가 무엇보다 시급했기 때문이다. 조선시대 주요 도시의 도로는 매우 좁았는데, 이들 읍성을 철거한 자리를 도로로 만들어 토지와 관련한 분쟁이 일어나지 않도록 하려 했던 것이다. 또 도시의 중심에 있는 성벽을 철거한 것은 일제에 의한 인위적인 도시 개발을 알리는 서곡이기도 했다.

광주는 1886년 전라남도 재판소 설치, 1896년 나주의 전라남도 관찰부 광주 이전, 1897년 목포항 개항 등으로 인해 급성장하고 있던 호남의 중추

2 陸軍参謀本部, 『朝鮮地誌略之八, 全羅道之部』(1888).

도시였다. 따라서 일제는 이 읍성을 없애 시가지를 만들고 일본인들을 위한 공간을 조성해야 했다. 일제는 1909년부터 1916년까지 수년에 걸쳐 이 성벽들을 허물었다. 그렇게 해서 탄생한 것이 지금의 중앙로, 서석로, 수창로 등이다. 읍성이 철거되자 국도 경목선(경성~목포)과의 연계도 가능해졌다.

1906년부터 일제는 진남포, 목포, 영일만, 군산 등의 주요 개항장과 평양, 광주, 대구, 전주 등의 주요 지방도시, 그리고 서울을 잇는 도로를 놓았다. 이 도로가 조선의 주요 생산물들을 일본으로 옮기고 군사 배치를 용이하게 해서 식민지를 통치하는 데 기여했음은 물론이다. 읍성 철거가 시작되고 목포를 통한 일본인의 진출이 본격화되면서 광주의 인구는 급증했다. 통계마다 수치가 조금씩 다르지만 1912년 광주군의 인구는 조선인 4만 1,176명(남자 2만 1,462명, 여자 1만 9,714명), 일본인 1,695명(남자 911명, 여자 784명), 기타 49명 등 모두 4만 2,910명이었는데, 1923년 2만 435호의 인구는 10만 명(10만 39명)을 넘어섰다.[3]

일본인 거주 인구가 증가함에 따라 일제는 그들을 위한 상하수도 설치, 학교 등 교육기관 설립, 도로 개설, 광주천 정비, 주거·상업지역 조성 등 이른바 도시 개발에 나섰다. 특히 일본인들이 다수 거주하는 시가지에 대해 조선총독부가 특별히 지정한 '지정면(指定面)'이었던 광주면은 광주군의 나머지 다른 보통면과 달리 지방채를 발행할 수 있어 대규모 재정이 투입되는 시설 사업을 할 수 있었다.

따라서 거의 모든 도시기반시설은 일본인 거주 비율이 높은 광주면을 중

3 광주광역시, 『광주도시계획사』, 16~32쪽.

심으로 설치되어 도시화가 시작되었다. 광주면은 일본인 거주 인구가 증가하면서 1923년 1차, 1935년 2차에 걸쳐 주변 면을 흡수하는 식으로 면적을 넓혀갔다. 1931년에 읍이 되고, 1935년은 부로 승격하면서 광주군은 광주부와 광산군으로 나뉘었다. 일본인이 다수 거주하는 광주부는 도시로, 조선인이 거의 대부분 거주하는 광산군은 농촌으로 구분되었다. 1910년 한일 강제병합과 함께 시작된 조선총독부의 토지조사사업(1911~1917)과 이 사업을 바탕으로 한 1914년의 광주군 내 면 폐지 및 병합은 과거의 역사를 송두리째 지우면서, 인구 1,000호를 기준으로 기존 41개 면을 15개 면으로 통폐합했다. 여기서 등장하는 면의 명칭은 중심지인 광주면을 비롯해 지한면, 석곡면, 우치면, 본촌면, 비아면, 하남면, 임곡면, 송정면, 동곡면, 서창면, 대촌면, 극락면, 서방면, 효천면 등으로, 지금도 대부분 지명이 그대로 남아 있다. 일제는 통치하기에 좋은 형태로 지방의 행정구역을 정비했던 것이다.[4]

일제가 일본인을 위해 시작한 근대 광주의 개발은 계획을 미처 다 마련하기 전에 이루어졌고, 조선인에 대한 차별, 일본인 및 부역자에 대한 특혜, 단기 수익 창출을 위한 공유지 매각, 기존 자원과 경관의 파괴·훼손 등의 특징을 가진다. 또 재조선 일본인이 집단 거주하는 '도시'에는 일정 정도의 지방자치를 용인하는 반면, 일본인이 거주하지 않는 '농촌'에서는 철저히 관이 주도해 통치하려 했다.

여기서는 개발이 해당 지역에 거주하는 주민을 위한 것이 아니라 외지인의 수익 창출 수단으로 인식된 것에 주목할 필요가 있다. 또 도로 등 기

4　같은 책, 1~5쪽.

광주읍성을 철거한 일제는 읍성 내 공공시설과 국유지를 일본인들에게 저렴하게 불하해 상업지역으로 조성했고, 철저히 일본인들을 위해 본토 수준의 주거 편의를 높이는 차원으로 상하수도, 도로 등 기반시설을 설치해 나갔다. 일제는 하천, 호수 등 공유지를 개발해 외지인, 즉 일본인들이 이익을 독점하도록 계획을 세웠다. 사진은 해방 직후 1946년 6월 광주 시가지 모습(1989년 10월 광주광역시가 발간한 『사진으로 본 광주 100년』에서 발췌).

본적인 인프라 구축을 통해 부동산 가치가 상승하기 시작한 것도 이 시기였다. 당시에는 도로를 기준으로 비교적 큰 부지의 면적을 용도에 따라 구획했는데, 일제는 대부분의 부지를 관공서 및 일본인 조합의 건물이나 관사로 사용했다. 이들 부지와 주변 토지는 토지조사사업 당시 헐값으로 구입한 것으로, 이후 엄청난 시세 차익이 발생했을 것이다.

예나 지금이나 부동산은 단기간에 대규모 수익을 창출할 수 있는 수단이다. 조선을 찾은 일본인들은 식민지에서 성공해 본토로 금의환향하고자 했는데 이를 현실화할 수 있는 방법은 무엇보다 부동산 투기였다. 일제는 근대화, 도시화라는 미명 아래 도로를 내고 시설을 설치하는 등 기존의 공간 질서를 파괴 또는 훼손하면서 의병 진압과 강제 수탈의 수단을 만들었고, 재조선 일본인들은 특혜와 부를 얻어 지배계층이라는 지위를 가졌다.

일제는 각 지역의 중추도시를 새롭게 설정하려 했다. 본토와의 연계를 강화하기 위해 항구도시들을 먼저 조성한 후 내륙의 거점도시와 연결하는 시스템을 구축하려 했다. 이유는 간단했다. 본토에서 군대, 무기 등을 쉽게 가져오고 식민지 조선에서 일본으로 쌀, 면화, 철광석 등을 신속하게 이송하기 위함이었다. 초기 재조선 일본인들은 항구도시를 중심으로 자신의 거주 지역을 조성했다. 이로써 부산, 인천, 목포, 군산 등 어촌이거나 해군기지에 불과했던 곳이 일약 근대 도시로 탈바꿈해 갔다. 이는 필연적으로 조선시대까지 이어온 도시 위계를 파괴하는 것을 전제로 했다. 수도인 한양 또는 감영이 있었던 대구를 제외하면 지금의 우리나라 대도시 대부분은 일제강점기 전후로 급격히 성장·발전했다는 사실을 부인할 수 없다.

1895년 갑오개혁을 통해 조선은 기존의 8도(道)제를 일본식인 23부(府)제로 변경했는데, 당시 호남의 3부는 전주, 남원, 나주였다. 광주는 나주부에 속한 군(郡)이었다. 그러나 친일세력이 숙청되는 등 한반도 내에서 일본이 잠시 주춤한 사이에 1896년 과거 8도제를 보완한 형태의 13도제가 새롭게 시행되었다. 이를 통해 전라도는 전라북도와 전라남도로 나눠졌고, 전라북도의 관찰부는 전주에, 전라남도의 관찰부는 광주에 설치되었다. 갑자기 나주와 광주의 지위가 뒤바뀐 것이다. 나주에서는 1895년 10월의 을미사변과 11월의 단발령에 분개해 의병 봉기가 최고조에 달하고 지방 관료들이 살해당하는 등 사태가 위급해지자 친일 인사였던 관찰사가 광주에 자리를 잡은 것이 결정적인 이유였던 것으로 보인다.[5]

5 윤현석, 「식민지 조선의 지방단체 광주(光州)에 관한 연구」(2015), 전남대 지역개발학과 박사학위 논문, 50~107쪽.

이와 관련된 내용은 1911년 조선총독부 내무국 지방과가 작성한 「지방청 이전 행정구역 변경에 관한 서류」에 고스란히 담겨 있다.[6] 서류의 앞 장에는 '기밀 제1호'라고 적혀 있다. 이 서류는 "다시 관제를 개혁해 전라도를 두 개로 나눈 결과 나주로 복귀하는 논의가 없었다. 그 이유 중 하나는 나주의 양반과 지방 관리들이 다른 군 양민을 무시해 인심이 없다는 것이었고, 또 하나는 이미 윤웅렬 관찰사가 (의병 봉기에 대한) 두려움으로 광주에 있는 관찰도청사에 밀접하게 진위대영을 조영하고 중앙정부에 간청해 광주에 영주하는 방침을 수립해서 광주에 도청을 설치했다는 것이었다"라고 기록하고 있다.

나주의 관찰부가 광주로 옮겨온 지 15년 만에 조선총독부는 관찰부에서 이름이 바뀐 전남도청을 다시 이전하기 위해 검토에 들어갔다. 이는 아마도 일제에 의해 급성장한 목포의 일본인들에 의해 추진되었을 가능성이 높다. 도청이라는 조선총독부의 지역거점본부를 유치하는 것은 지역의 수위 도시로 도약하느냐와 밀접한 연관이 있었기 때문이다. 목포의 일본인들은 자신들이 정착한 곳이 성장·발전하기를 바랐고, 그것이 곧 자신들의 경제적인 이익과도 연관된다는 것을 알고 있었다.

무안군에 속한 포구에 불과했던 목포는 1910년 10월 전남 최초의 부(府)가 되었고[7] 1911년에는 조선총독부에 의해 광주에 있던 전남도청의 이전지로 부각되었다. 1897년 10월 목포항이 개항하면서 진출한 일본인들은 먼저 그곳에 기틀을 잡았고, 보다 많은 이익을 얻고자 하거나 미처

---

6 조선총독부, 「지방청 이전 행정구역 변경에 관한 서류(CJA0002583)」(국가기록원, 1911), 13~35쪽.

7 일제는 1906년 무안부를 설치한 후 1910년 9월 공포한 조선총독부지방관관제에 따라 목포부로 개칭했다.

목포에 자리를 잡지 못한 이들은 새로운 정착지로 더 깊숙한 곳에 자리한 광주를 찾았을 것이다. 나주에 이어 전남의 중심이 된 광주와 일제에 의해 도시로 조성되기 시작한 목포는 일제의 절대적인 지원과 일본인들의 요청 속에 도로와 철도를 만들었고 수도, 하수, 전기 등의 기반시설을 놓았다. 이러한 시설들이 먼저 들어선 곳은 언제나 일본인 거주 비율이 높은 목포였다.

예를 들어 1897년 7월 30일 목포항의 개항과 동시에 목포는 급성장했는데 1906년 2월 1일 일제의 통감부가 설치된 이후 목포에는 영사관이 아닌 이사청(理事廳)이 설치되었다. 일제가 강제병합을 단행하기 위한 준비 단계의 지방기관이었던 셈이다. 이사관이 관할하는 목포이사청은 같은 해 10월 18일 관찰부가 있는 광주에 부이사관이 관장하는 부이사청을 설치했는데, 명칭에서도 알 수 있듯 광주는 일제가 조직한 행정구역상 목포보다 급이 낮은 도시였다. 개항 이후부터 상당 기간 동안 목포는 일제와 일본인이 전남을 장악하는 최대 거점이었던 셈이다. 한일 강제병합 이후 10년이 지난 1920년 말에는 사실상 광주가 전남의 핵심으로 자리했음에도 불구하고 목포에 거주하는 일본인이 5,152명으로 광주(4,333명)를 넘어섰다.[8]

1930년 발간된 『목포부사(木浦府史)』에 따르면 목포에 거주하던 일본인들은 1908년부터 관찰도 및 지방재판소의 이전을 촉구하고 있었다. 목포번영회까지 구성한 이들은 조직적으로 움직였고, 행정기관인 목포부도 여기에 동조했을 것이다. 조선총독부에서 볼 때 전남의 유일한 부이자 개

8 木浦府, 『木浦府史』(1930), p.828.

일제는 조선을 식민지로 삼기 전인 통감부 시절부터 항구와 내륙 거점도시를 연계하기 위해 노력했다. 특히 조선을 강제병합한 후에는 지리적으로 중요하다고 판단되는 도시에 조선총독부의 지방거점기관인 도청 소재지를 설치했는데, 이로 인해 조선시대까지 지켜진 전통적인 도시 위계가 무너졌다. 1911년 조선총독부는 전남도청을 광주, 목포, 나주 가운데 어디에 둘 것인지를 검토했다. 사진은 1907년 광주읍성 동헌 맞은편에 들어선 전남도청의 1917년 모습(1989년 10월 광주광역시가 발간한 『사진으로 본 광주 100년』에서 발췌).

항장인 목포와 전남도의 군에 불과한 광주의 위상 간에는 너무도 큰 차이가 있었을 것이다. 일제는 그렇게 성장한 목포와 내륙 거점도시 광주, 나주 등 세 곳을 후보지로 두고 전남도청 이전 여부를 면밀히 검토했다.

광주는 전남의 동북 모서리의 산간에 치우쳐 있어 도청의 위치로는 불편이 크다고 보고서는 적고 있다. 호남철도가 장성에서 나주를 통과한 뒤 곧바로 목포에 도달할 경우 광주의 불편이 더 현저해질 것이라고도 했다. 교통만을 놓고 보면 목포, 해남, 순천, 연해 및 도서, 나주의 절반을 포함해 전남 면적의 4분의 3이 목포를 중심으로 삼아야 편리하다는 분석도 내놓고 있다. 산수자연의 지세, 도로 등을 고려할 때 도청의 위치로는 목포를 제1후보지로 하고, 나주를 제2후보지로 해야 한다는 결론이었다. 조선총독부의 이러한 시도에도 불구하고 광주는 계속 도청 소재지로 자리했는데, 그 이유는 아마도 광주의 위상이 점차 높아졌고 이미 광주에 진출한 일본인들이 거세게 반발했기 때문일 것으로 추정된다.

광주는 목포보다 속도는 다소 느렸지만, 1917년 10월 일본인이 250명 이상 거주하면서 지정면(자체 사업 및 지방채 발행이 가능한 면)이 된 뒤 1931년 4월 1일 광주읍, 1935년 10월 1일 광주부로 성장을 거듭했다. 이 배경에는 전남도청이 있었다고 해도 과언이 아니다.

식민지 조선에 유입된 일본인들이 어떻게 정착했는지에 대해서도 살펴볼 필요가 있다. 일제의 통치 시스템이 완벽하게 가동되기 전 조선에 진출한 일본인들은 식민지에서 기본적인 자신의 안위를 지키면서 모험의 대가로 경제적인 이익을 챙겨야 했다. 이를 위해 자체적인 조직을 구성하고 자신들의 공간을 조성하기 위해 적극적으로 움직였을 것이다. 이들은 강제병합 이전부터 우리나라 주요 도시에 진출해 일제의 지원을 받았으며, 때로는 지시에 따르고 때로는 자신들의 요구를 관철하면서 새로운 근거지를 만들어나갔다. 재조선 일본인에게 자치권이 일정 부분 보장되었다는 의미이다. 조선에 진출한 일본인들은 당시 일본 본토의 제도들을 가져와 적용했으며, 강제병합 후 조선을 식민지로 만든 뒤에도 일제와 적정한 수준에서 타협하면서 자신들의 권리를 인정받고 혜택을 받았다.

재조선 일본인을 위한 근대 공공시설 설치

주로 일본인 관료로 구성된 광주면사무소, 광주군청, 전남도청 등 지방행정기관은 일제강점기 초기부터 본토에서 이주해 온 일본인들에게 경제적인 이익은 물론 교육, 문화, 도시기반시설 등에서도 특혜를 제공했다. 덕분에 일본인 거주 인구는 갈수록 증가했고, 그들은 근대화에 성공한 일본 도시를 모델로 해서 광주를 바꿔나가고자 했다.

1914년 말 광주군에 거주하는 일본인 인구는 957호 3,531명이었는데, 대부분 지금의 구도심, 즉 광주면에 집중되어 있었다. 덕분에 1917년 10월 지정면이 된 광주는 면세 징수, 면채 발행, 일본인과 조선인 각각 두 명씩 상담역 선정 등이 가능해졌다.[9]

광주에 둥지를 튼 일본인들은 일본 본토보다 불안한 치안, 식수난, 비위생적인 환경, 교통 불편 등의 어려움을 겪을 수밖에 없었다. 특히 콜레라, 장티푸스 등 전염병을 두려워했다. 일본인들은 일제의 지방행정체제가 아직 제대로 구축되지 못한 탓에 관공서의 도움 없이 자체적인 대책 마련에 돌입했다. 마치 산업혁명 이후 영국에서 도시 환경이 악화하자 구역 주민 대표들이 구빈위원회, 학교위원회 등 각종 위원회를 구성해 문제를 해결했던 것처럼 일본인들 또한 자치조직을 만들었던 것이다.

1907년 3월 광주에 진출한 일본인 68명은 일본인회를 구성해 자신의 주거지 인근을 청소하기 시작했고, 강제병합 이후인 1914년 4월에는 위생조합을, 1915년에는 조선인도 포함된 광주위생조합을 만들었다. 광주위생조합은 매주 1~2차례 시가지를 순회하며 쓰레기를 치우는 일, 인부를 사서 대소변을 동문 밖으로 운반하거나 일반 비료로 농가에 판매하는 일을 맡았다. 또 일본인들이 사용하는 공동우물 여섯 곳을 유지·보호하는 일도 담당했다. 전남도는 우물 설치 및 운영비를 보조했는데, 우물 여섯

9 光州面,『光州の今昔』(1925), pp.1~7.

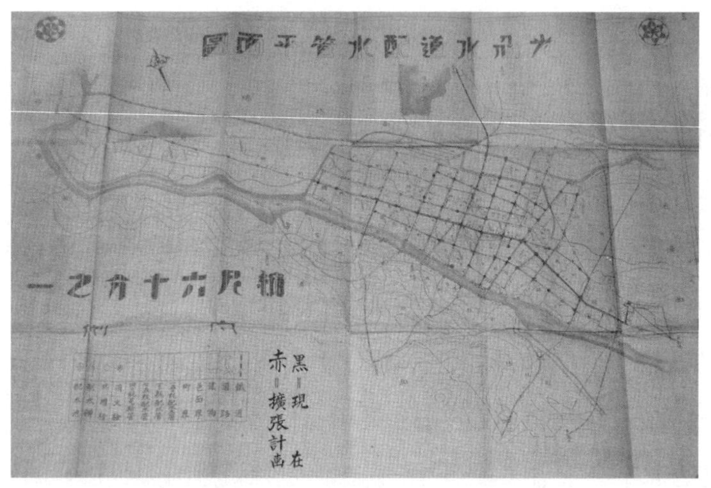

1933년 조선총독부 상수도 국고 보조 서류의 광주 수도 배수관 평면도. 1920년 당시 조선총독부는 광주면의 주요 도로를 따라 수도를 부설했으며, 광주면은 1935년부터 42만 원의 거액을 들여 3개년 계속사업으로 구도심 내 나머지 도로와 광주천 건너편까지 수도 배수관을 놓으려 했다. 제1수원지에서 시작된 배수관은 지금의 조선대학교 부근 구릉지를 거쳐 시가지로 향하고 있으며, 경양방죽과 광주천의 형태도 살펴볼 수 있다(조선총독부가 1933년 작성한 상수도국고보조품신 채택분 관계철에서 발췌).

곳은 경무부 앞(급수 호수 69호), 서문 내(급수 호수 203호), 북문 내(급수 호수 283호), 읍문 내(급수 호수 247호), 소학교 앞(급수 호수 37호), 서방면(급수 호수 300여 호) 등에 있었다.[10]

광주 도심에 1,000개의 전등이 켜진 것은 1917년 8월 16일이었다. 대구의 대구전기회사 사장이 광주를 찾아 지역유지와 절충한 뒤 대구 자본에 광주 자본을 합쳐 5만 원으로 광주전등주식회사를 창립한 것이 1916년 상반기의 일이었다. 전화는 비교적 이른 1908년 하반기부터 설치되어 1917

10 광주광역시, 『광주도시계획사』, 347~351쪽.

년에는 사용 가입자 수가 106가구였고, 전화국에는 세 명이 3교대로 근무했다. 시외선으로는 광주~목포, 광주~나주, 광주~남원, 광주~순천, 광주~장성, 광주~보성, 광주~남평 등이 있었다.[11] 1917년에는 광주에 상수도를 놓는 사업도 시작되었다. 2,370여 호에 인구 1만 700명에 이르는 광주면은 그때까지 광주읍성 내에 있는 우물에 식수를 의존하고 있었다.[12] 일본인들의 진출과 지금까지 겪어본 적 없는 인위적 개발, 그리고 인구 증가로 지하수가 오염되기 시작하자 근대 시설인 상수도가 시급한 사안이 되었던 것이다.

상수도가 광주에 들어서게 된 과정과 내용을 구체적으로 살펴보자. 부산(1902)을 시작으로 경성(1908), 개항장 목포, 평양, 인천(1910)에 수도가 개설되었으며, 진주(1912), 진남포(1914), 나남(1915), 진해(1915), 군산(1915), 원산(1916), 의주(1916), 해주(1917), 대구(1918)에 이어 광주는 전국에서 15번째로 '수도(水道)'라는 근대시설을 갖췄다. 1920년 5월 30일 ≪매일신보≫는 광주의 수도 통수 소식을 실었다. 이 신문은 "상수도 공사가 지난 20일경 준공하고 시내에서 약 4km 거리에 있던 수원지에 오전 7시부터 구경꾼들이 모여들었다"라면서 "10시가 채 못 되어 인산인해를 이루고 정오에 식을 거행한 뒤 오후 2시부터는 수비대(광주에 주둔하고 있던 일본군 부대)의 씨름과 마라톤 경주가 이어졌으며 오후 4시경 유감스럽게도 비가 내려 자연 폐회되었다"라고 적고 있다.

전남도는 강제병합 7년이 지난 1917년에 2개년에 걸쳐 지방비 12만 7,176원(국비 보조 6만 2,500원)을 투입, 광주에 상수도를 부설하기로 결정

---

11 같은 책, 587~590쪽.

12 같은 책, 346~351쪽.

했다. 그 해 6월 13일 공사에 착수했는데, 마침 제1차 세계대전으로 물가가 급등해 공사 규모가 21만 1,451원(국고 보조 13만 228원)으로 증액되면서 애초 목표보다 2년 늦은 1920년에야 공사를 마무리할 수 있었다. 급수예정 구역은 광주면 일원 64만 평(2.12km^2), 급수 예정 인구는 1만 명이었다. 하루 1인당 배급량은 일본인 3입방척(83.49리터), 조선인 1.5입방척(41.745리터) 등 1만 9,500입방척(54만 2,685리터)을 급수할 수 있도록 했다.[13]

당시 자혜병원(지금의 전남대학교병원) 뒤 구릉지(지금의 조선대학교 부근)에 설치된 정수장에서 수돗물을 보내면 당시 일본인들의 상점과 주택이 집중되어 있던 현재의 충장로 2가와 3가 사이 경계점의 본관을 중심으로 설치된 배수관을 통해 수돗물을 공급했다. 급수구역 내에는 일본인이 집중적으로 거주하고 있었고, 설사 조선인이 구역 내에 있더라도 공급량이 일본인의 절반에 불과했다. 1923년 통계에 따르면 광주면의 급수구역 내 인구는 5,679명에 불과했는데, 이 가운데 수돗물을 받은 일본인 가구는 606호인 데 반해 조선인 가구는 고작 97호였다. 도시기반시설의 혜택 측면에서 일본인과 조선인의 차별이 심각했다는 의미이다.

1만 명을 급수 예정 인구로 상정한 광주 최초의 상수도 혜택을 받은 가구는 439호였다. 또 송수관을 목관으로 만들었기 때문에 파손에 따른 누수, 공급 중단이 반복되면서 매년 이를 고치는 데 급급했다. 하지만 도시가 발전하고 인구가 성장하면서 매년 수도 설비를 늘려갔다. 1925년 당시 광주면은 전남도지방비로 운영되었던 이 수도를 자체 운영하기로 하고 시설운영권을 넘겨받았다. 「상수도 잡건철」[14]에 따르면 급수 호수는 1920

13 조선총독부, 「조선수도지(CJA0015194)」(국가기록원, 1936), 261~263쪽.

14 조선총독부, 「상수도잡건철(CJA0013862)」(국가기록원, 1925), 373~410쪽.

년 439호(일본인 380호, 조선인 54호, 외국인 5호), 1921년 542호(일본인 474호, 조선인 62호, 외국인 6호), 1922년 612호(일본인 536호, 조선인 74호, 외국인 2호), 1923년 711호(일본인 606호, 조선인 97호, 외국인 8호) 등으로 점차 증가했다. 그러나 앞서 언급한 대로 당시 급수구역인 광주면(원촌리, 교사리, 향사리, 양림리, 유림리 등은 제외) 내에 거주하는 일본인이 993호, 조선인이 2,315호, 외국인이 19호라는 점을 감안하면 일본인 가운데 수돗물을 받은 호수는 61% 이상인 반면 조선인은 4.2%에 불과했다.

1931년 읍으로, 1935년 부로 승격한 광주는 1936년부터 제2수원지 조성을 목표로 확장공사에 착수했다.[15] 이 공사를 통해 수도 배수관은 시가지뿐만 아니라 외곽까지 이어지게 되었다. 호남의 중추도시로 성장하던 광주군은 일본인 거주 인구가 폭발적으로 늘어, 1923년 인구가 10만 39명으로 10만 명을 넘어섰고, 시가지인 광주면 역시 1924년 2만 969명으로 2만 명을 넘어섰다. 따라서 수돗물 수요도 급증했다. 광주면은 먼저 1930년 6월 5일 조선총독부 전라남도령 제9호를 통해 제1수원지가 자리한 광산군 지한면 운림리(지금의 동구 운림동) 일대를 상수도보호구역으로 설정하면서 수돗물 원수 보호에 나섰다. 광주읍은 1933년 5월 1일 조선총독에게 '상수도확장비 국고보조의 건'을, 이어 6월 1일 '광주 상수도 확장공사비 국비보조에 관한 건'을 보고했다. 이 공문에 따르면 1932년 말 급수구역 내 3만 3,480명의 거주 인구 가운데 수돗물 급수인구는 5,586명으로, 16.7%에 불과했다.

광주읍은 이 문서에서 1940년 장래 인구를 5만 600명으로 설정하고 이

15 조선총독부, 「광주부수도확장계획서류(CJA0003223)」(국가기록원, 1936), 766~1,304쪽.

가운데 급수인구를 2만 명, 공급량을 1인당 평균 100리터, 최대 150리터로 하는 방안을 제시했다. 여기에 소요되는 예산은 40만 원으로 추정하고, 이를 국고 14만 원(연 7분 이내 10개년 원리균등상환), 지방비 보조 12만 원, 읍비 14만 원으로 조달하겠다고 밝혔다. 그러나 착공은 계속 미루어졌다. 국고 보조금을 두고 광주읍과 전남도, 조선총독부 간에 이견이 좁혀지지 못했기 때문이다. 한때 예산 규모를 낮춰 보고하는 등 소극적이었던 광주읍은 이듬해인 1934년 7월 13일 '상수도확장비 국고보조품신에 관한 건'을 보고하면서 인구 팽창 외에도 종연방적 등 대규모 공장, 세무관서 신설 등에 따라 총공사비 42만 원을 투자하는 공사가 불가피하다며 14만 원의 보조를 요청했다.

이에 조선총독부는 1933년 7월 21일, 1935년 4만 6,000원, 1936년 4만 7,000원, 1937년 4만 7,000원 등 3년 동안 14만 원을 지원하되 공사 일부 변경을 조건으로 인가했다. 수도는 값비싼 기반시설이었기 때문에 조선총독부 역시 각 도시의 경쟁적인 수도 설치 또는 확장에 상당히 까다롭게 대처했다는 것을 보여주고 있다. 일제는 광주를 비롯한 조선의 각 도시에 기반시설을 설치하면서 자신들의 자본을 투자한 것이 아니었다. 기채, 즉 빚을 내서 일본인들에게 주로 혜택이 돌아가는 시설들을 만들었고, 조선인 대부분이 포함된 광주 지역민에게 과도한 세금을 부과해 이를 갚아나갔다. 수도 및 하수 설치, 광주천 개수 및 방수공사, 도살장 설치 등에 나선 1935년 당시 광주읍의 채무는 27만 4,750원으로, 그 해 세입예산 22만 4,300원을 넘어설 정도였다.[16] 이미 인가를 받아둔 광주읍의 수도 확장 공

16 조선총독부, 「1935년 광주부관계서(CJA0003124)」(국가기록원, 1935), 434~506쪽.

사는 계속 미루어졌는데, 이는 1935년 4월 13일 서방면, 지한면, 효천면, 극락면 일부가 광주읍으로 편입되고 그 해 10월 1일 광주부로 승격되는 등의 일정 속에서 조선총독부가 공사 착공을 연기했기 때문인 것으로 풀이된다. 광주부는 1936년 들어 수도 확장을 본격적으로 추진하면서 수원 설비, 취수탑 공사 등 세부 공사 내역을 포함한 광주부 수도확장공사 설계서를 작성했다.

이 설계서에서 광주부는 '용연리 광주천 지류의 상류'에 보다 크고 견실한 수원지를 신설하기로 하는 등 과거 결정 사항을 대폭 수정했다. 이 설계서에 따르면 시가지를 높은 곳과 낮은 곳으로 분류해서, 재래시설은 고지대에, 신규 시설은 저지대에 수돗물을 공급하도록 했다. 고지대는 광주천 좌안 및 우안 대체로 표고를 45m 이상으로, 저지대는 광주천 우안으로 표고를 45m 이하로 했다. 이 공사는 제1기(1935~1936)와 제2기(1945년 시행 예정)로 구분되었으며, 예산은 국고 보조 8만 4,000원, 도비 보조 10만 5,000원, 부비 23만 1,000원 등 42만 원을 투입할 계획이었다. 이 수도 확장을 통해 광주부는 1955년 급수구역 내에 거주하는 것으로 추정되는 인구 8만 2,600명 가운데 3만 8,000명이 수돗물을 받을 수 있도록 할 방침이었고, 이는 초창기에 일본인이 주로 거주하는 중심시가지 일부에만 공급하던 수돗물의 수혜지역을 광주 전체로 확대하는 조치였다.

그동안 실시한 숱한 보완공사 덕에 급수인구는 1925년 5,679명에서 1937년에는 9,810명으로 늘어났다.[17] 그러나 불안한 정세 등으로 물가는 연일 급등했고 그 영향으로 공사비는 47만 원으로, 이후 50만 5,000원(국

17 全羅南道, 『道勢一般』(국립중앙도서관, 1925~1937).

고 보조 9만 4,000원, 도 보조 11만 7,500원, 부비 29만 3,500원)으로 대폭 올랐으나 애초 계획한 급수보급률은 38%에서 36.3%로 감소하는 등[18] 도리어 공사 규모는 축소되었다. 1941년 12월 태평양전쟁이 발발한 뒤부터 1945년 해방까지는 수도 설비에 대한 추가 투자가 없었다.[19]

광주에 정착한 일본인들을 위한 시설로 첫 선을 보인 상수도는 일본인 거주 지역을 중심으로 설치되었다. 그 비용은 국고, 지방비 등의 예산과 채무로 조달했는데, 이는 극히 소수의 일본인에게 혜택이 돌아가는 시스템이었다. 무엇보다 공공예산이 사회적 약자가 아닌 지배계층이자 특권계층에게 쓰였다는 점도 눈여겨볼 필요가 있다.

이제 근대 도로의 설치 과정을 살펴보자. 조선시대 광주의 도로는 그저 사람, 말, 기껏해야 우마차 정도가 불편 없이 다닐 수 있는 길이었다. 도시 간 교류는 거의 없었고, 군대 등 대규모 인원의 이동도 극히 제한적이어서 자연발생적으로 생겨난 길 이외에 인위적으로 조성한 도로는 거의 없었다. 이러한 광주의 도심 구조에 급격한 변화를 준 사건이 일제의 강제병합 시도였다는 것은 부인할 수 없는 일이다. 일제는 우선 광주, 전남에서 출몰하는 의병을 진압하기 위해 서둘러 군대를 투입해야 했는데, 그 과정에서 도로는 필수조건이었다. 또 '조선의 보고(寶庫)'인 호남지역의 농산물을 개항장 목포항으로 수탈하기 위한 통로도 시급했을 것이다.

최초의 근대적인 도로는 1907년 5월 공사가 시작되어 1910년 말 준공된 광주~목포 간 도로이다.[20] 준공 전부터 일제는 이 도로의 일부를 1909

18 조선총독부, 「광주수도확장공사설계변경 및 국고보조서류(CJA0015564)」(국가기록원, 1938), 677~820쪽.

19 조선총독부, 「광주 수도확장 공사 준공인가의 건(CJA0015560)」(국가기록원, 1942), 550~880쪽.

▌일제는 통감부를 설치한 후 1907년 5월 전남 일대의 의병을 진압하기 위해 근대식 도로를 서둘러 착공했는데, 그것이 지금 국도 1호선인 경목선(경성~목포)이다. 경목선이 최초의 근대식 도로인 것이다. 이후 광주를 중심으로 도로망이 하나둘 구축되었다. 사진은 1920년대 광주우편국(광주우체국) 일대로, 광주 최대의 번화가였던 충장로의 도로 폭은 당시 다른 어떤 도로보다 넓었다(1989년 10월 광주광역시가 발간한 『사진으로 본 광주 100년』에서 발췌).

년 8월부터 40일간 벌어진 '전남 폭도 대토벌작전'에 이용하기도 했다. 따라서 이 도로의 첫 쓰임새는 항일 의병 진압이었던 셈이다. 1910년 전까지 광주와 외곽을 연결하는 도로망이라고 부를 수 있었던 것은 목포에서 영산포까지의 선박 항로와 연결되는 광주~남평~영산포, 광주~태인, 광주~남원 등의 도로였는데, 마차 정도가 겨우 지날 수 있는 구불구불한 길이었다고 한다.

1906년 일제는 강제병합을 노골적으로 시도하면서 통감부를 설치했고, 곧바로 149만 6,000원의 예산으로 광주~목포 간, 진남포~평양~원산 간, 대구~경주~영일만 간, 전주~군산 간 도로 개설에 나섰다. 이 가운

20 北村友一郎,『光州地方事情』(1917), pp.77~81.

데 연장이 86.92km인 광주~목포 간 도로에는 43만 7,314원의 예산이 투입되었으며, 도로 규모는 폭 6m, 곡선반경 15m였고, 도로 양측에는 '최초로' 1m 폭의 하수구가 설치되었다.[21] 이어 1910년 전주~광주 간 도로를 기공하는 등 경성에서 광주를 거쳐 목포에 이르는 '경목선'이 서서히 그 모습을 드러냈다.

조선총독부는 1911년 도로규칙을 제정해, 조선총독이 직접 관리하는 1·2등도로, 도지사가 관리하는 3등도로, 부윤이나 군수 등이 관리하는 등외도로로 구분해서 관리했다. 같은 해 7월 25일 조선총독부가 고시한 광주의 1등도로는 경목선의 장성~광주~남평~나주 구간이었고, 2등도로는 광주~안의선의 광주~담양 구간, 광주~순천선의 광주~화순 구간, 광주~송정선 등이었다. 1914년 4월 11일 및 12월 2일에는 전국 주요 도시 시가지 원표 위치 및 1·2등도로를 지정고시했는데, 광주 최초의 도로원표는 지금의 광주공원에서 광주교를 건너 충장로 4가 옛 화니백화점 후문에 자리했다. 1910년대에 광주와 수도 경성, 전남의 각 시·군을 연결하는 주요 도로 4개 노선이 그 틀을 잡았다는 것이다. 1919년 광주~정읍 간 도로공사가 착수되는 등 1920년 초반에는 광주를 중심으로 한 간선도로망이 어느 정도 정비되었다. 차도가 생겨나면서 자동차도 증가했다. 1912년 단 2대였던 자동차는, 1916년 3대, 1921년 14대(영업용 11대, 자가용 1대, 관청 소유 1대), 1925년 32대(영업용 23대, 자가용 5대, 관청 소유 4대)로 늘어났다. 1926년 광주의 정기 자동차 노선은 광주~송정리(운임 0.4원), 광주~여수(6.4원), 송정리~영광(2.5원), 광주~곡성(3.5원), 광주~담양

21 통감부, 「제2차 한국시정연보」, 제13장 교통 제1절 도로(1908), 129쪽.

(0.7원), 광주~장흥(2원), 광주~수문포(5.5원), 광주~벌교(5.5원)가 있었고, 인력거 노선은 광주~송정리(60전) 등이 있었다.[22]

광주~목포 도로는 광주 시가지 공간에도 큰 영향을 줄 수밖에 없었다. 목포에서 광주로 진입한 도로는 광주천을 지나기 위해 1907년 광주교를 만들어냈고, 광주천을 건너 다시 누문정(북구 누문동), 임정(임동)을 지나 장성을 거쳐 경성으로 가는 도로를 파생시켰다. 이 도로 반대편에 있던 북문을 부수고 전남도청으로 가는 도로도 완성되었다. 1912년 광주우편국(광주우체국)이 충장로 1가와 2가 사이에 자리를 잡고 그 주변에 일본인 상점들이 들어서면서 충장로는 광주 시가지의 주축이 되어갔다. 1910년 전남도청, 1912년 감옥, 1913년 소학교와 구강공원(광주공원), 1915년 자혜의원(신축 이전) 등 시가지 내외에 시설들이 들어선 것도 이 도로가 준공된 이후였다. 금남로는 충장로와 전남도청, 소학교(중앙초등학교), 광주경찰서(동부경찰서), 일본인 주택지 간을 연결하기 위해 뒤이어 만들어졌다. 이후 각 면을 잇거나 광주면 내를 연결하는 도로가 속속 설치되면서 1912년 6.47km에 불과했던 광주면의 도로는 1925년 18.80km로 늘어났다.[23]

전남도는 1926년, 1929년, 1934년 등 광주군과 전남의 다른 군을 연결하는 2·3등도로를 꾸준히 신규 설치하거나 개수했다. 1938년 12월 1일 조선도로령이 제정된 이후 1·2등도로는 명칭이 국도로, 3등도로는 지방도로 바뀌었다. 당시 광주 관련 국도는 경성~목포선, 광주~부산선, 광주~대구선, 광주~완도선 등이 지정·고시되었고, 지방도는 광주~곡성선, 광주~고흥선, 광주~영암선, 광주~영광선, 광주비행장선, 광주~대치선, 송

22 광주광역시, 『광주도시계획사』, 421~431쪽.

23 染川太編, 『全羅南道事情誌』(1930), pp.468~469.

정~능주선이 지정·고시되었다. 여기서 눈여겨볼 것이 바로 광주비행장선이다. 광주는 일제강점기의 수도 경성과 일본의 수도 도쿄를 직각으로 연결하는 군사적 핵심 요충지였다. 광주 시가지와 광산군 극락면 계수리의 광주비행장을 연결하는 이 도로는 광주~송정선에서 분기한 것으로, 연장 687m, 폭 10m였다. 또 광주 시가지에 있는 도로원표에서 비행장까지의 거리는 6,820m였다. 앞서 언급한 대로 1917년부터 1945년 해방 이전까지 일제는 광주천 오른편에 자리한 광주 시가지와 광주천 반대편, 그리고 광주 시가지 동서남북에 폭 3~8m의 지방도, 읍도 등을 조성해 갔다.[24]

광주의 근대적인 도로는 통감부 시절에 일제가 의병 진압을 위해 외부와의 연결도로를 설치하기 시작한 데서 비롯되었고, 도시 내 세부도로는 조선의 전통 도시 공간인 읍성을 철거하면서 일본인들의 상점이나 주택과 관공서, 학교 등을 연계하는 목적으로 만들어졌다.

1920년대에 본격화된 일제의 공간 계획

조선총독부는 지방을 통치하기 위해 재조선 일본인의 의견을 수렴하는 차원에서 1920년 면제시행규칙을 개정해 면 협의회를 구성하게 했다. 이 면 협의회의 회원은 일본인 집단 거주 지역인 광주면은 선거로 선출하도록 하고, 다른 면, 즉 일본인들이 거의 없는 지역은 군수 등이 임명하도록 해서 차별을 두었다. 광주면에서는 12명의 면 협의회 의원을 선출했다. 이 회원의 선거인단은 조선총독이 지정한 면부과금 연액 5원 이상을 납부하

---

24 광주광역시, 『광주도시계획사』, 425~437쪽.

는 자로 제한했는데, 그 결과 일본인들과 일제에 부역한 조선인들이 주를 이뤘다. 이러한 면제는 1930년 12월 읍면제로 개정해 기존 지정면은 읍으로, 다른 면은 면으로 설정했는데, 읍회는 의결기관으로, 면 협의회는 자문기관으로 지정해서 차별을 두었다.[25]

식민지 조선에서 일본인 다수가 거주하는 지역에 대해서는 대규모 기채를 통해 도시 기반시설을 신속하게 갖추도록 했고, 일본인들은 자신의 대표를 선출해 지방행정에 참여할 수 있는 특혜를 얻었던 것이다. 일본인들은 주로 자신들이 거주하는 공간의 편의성, 접근성, 쾌적함을 높이기 위해 부단히 노력했다.

우선 1921년 초 일본인 면장과 군수는 광주면 협의회 회의에서 '대광주계획'을 발표했다. 도시계획과 관련 법·제도가 갖춰지기 전에 유럽 각국에서 이미 적용하고 있던 '계획'을 내놓았다는 점에서 이는 중요한 의미를 갖는다. 광주를 비롯해 우리나라에 정착한 일본인들은 이처럼 선진 제도를 식민도시에도 접목시키려 했으나, 이것이 일제와 일본인의 목표를 달성하기 위한 수단에 불과했다는 것은 분명한 사실이다.

1920년은 일제가 조선을 강제병합한 뒤 10년이 지난 시점이자 1919년 3·1운동이 들불처럼 일어났다가 강제 진압된 바로 다음해이다. 식민 지배가 어느 정도 안정기에 접어들었다고 판단했던 일제가 조선인들의 집단적인 항일만세운동에 바짝 긴장하고 그에 대한 대처 방안을 고민하던 시점이었다고 할 수 있다. 이때 일제는 광주라는 지방도시에서 공간의 변화를 선택했다. 이러한 공간의 변화는 일본인들이 주로 거주하는 시가지에 기

25 윤현석, 「식민지 조선의 지방단체 광주(光州)에 관한 연구」, 18~21쪽.

반시설을 설치해 일본인들의 불만을 잠재우고 조선인들이 주로 모이는 장소를 '해체'함으로써 집단적인 움직임을 사전에 분쇄하려는 목적하에 시작되었다고 봐도 무방할 것이다.

광주면은 1920년 8,000여 원에 불과했던 예산을 1921년 두 배에 달하는 1만 6,000여 원으로 증액했다. 이 예산으로 광주면은 시가지 정비, 광주천변의 큰 장과 작은 장의 병합 정리, 하수 포설 등 3대 문제를 해결하겠다는 의지를 밝혔다. 이는 4년 뒤인 1925년 수립된 하수도 설치, 하천 개수, 시장 정비 등 이른바 '시가, 미화, 정화 면 3대 계획'의 모체가 되었다.[26]

여기에서는 일제의 입장에서 광주의 시장을 정비하는 것이 왜 중요한 사안이었는지 살펴볼 필요가 있다. 광주읍성은 조선 초기에 축성된 것으로 알려져 있는데, 이 광주읍성의 아래쪽을 흐르는 광주천에는 두 개의 시장이 있었다. 이곳이 『주례』의 고공기에 나오는 도성 공간 구성 원칙 중 하나인 전조후시를 지킨 것인지, 아니면 자연스럽게 형성된 것인지는 불분명하다. 당시 광주천은 현재와 같은 직선 형태가 아니라 폭이 100미터가 넘고 물길은 구불구불하게 흐르는 자연 그대로의 모습이었다. 광주의 중심을 관통하는 광주천의 둔치는 휴양지이자 가축 방목지, 문화행사 공간 등으로 쓰이는 모두의 장소였다. 또 곳곳에 늪도 있었다. 광주천은 아이들에게는 수영장이자 놀이공간이었고, 아낙네들에게는 빨래터였으며, 성인 남성들에게는 낚시터가 되어주었다. 장마철이나 추운 겨울이 아니면 넓은 모래사장에 부정기적으로 시장이 열리기도 했다.[27]

광주천 중하류 부근에는 큰 장이, 읍성의 서문 인근이자 지금의 부동교

26 光州面, 『光州の今昔』, pp.6~22.

27 광주광역시, 『광주도시계획사』, 513~515쪽.

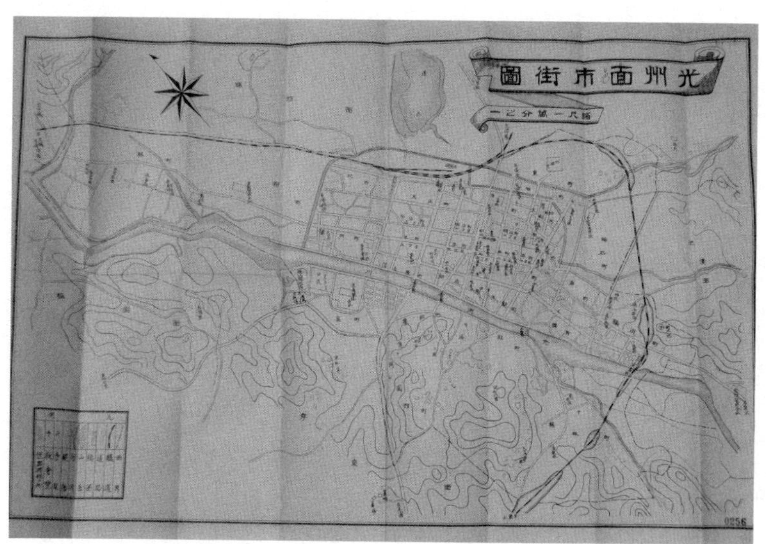

1930년대의 광주면시가도. 1920년부터 본격화된 일제의 개발로 광주천 정비가 끝난 광주의 모습을 보여주고 있다. 일제가 광주에서 실시한 첫 개발로 인해 1919년 3·1 만세운동의 진원지이자 오랜 역사를 가진 광주천의 큰 장과 작은 장은 사라지고, 맞은편에 근대식 시장인 사정시장이 조성되었다(조선총독부가 1936년 작성한 「토지수용인정서류」에서 발췌).

인근에는 작은 장이 각각 열렸다. 2일과 7일에 장이 열렸는데, 전남 인근 지역에서도 사람들이 몰려들어 북적였다. 일제는 강제병합 후 매년 이들 큰 장과 작은 장의 매출과 주요 판매 품목을 조사했는데, 이는 지역 경제 여건을 파악하고 세금을 징수하기 위함이었다. 1915년 자료에 따르면 큰 장은 72일을 영업해 14만 9,802원의 매출을 올렸다. 품목별로 농산물 10만 6,559원, 축산물 1만 7,916원, 수산물 7,455원, 직물류 3,238원, 기타 잡품 1만 4,634원 등이었다. 이는 광주의 작은 장(1만 6,432원), 비아장(1만 8,581원), 선암장(2만 3,528원), 용산장(3,563원), 임곡장(1,736원) 등을 압도하는 규모로, 광주의 큰 장은 전남에서 가장 큰 시장 중 하나였다.[28] 1914

년 광주면의 세입예산액(1만 7,264원)[29]을 감안할 때 큰 장은 당시 광주 경제를 움직이던 핵심 동력이었다는 것을 알 수 있다.

하지만 이 시장은 지배에 나선 일본인들에게는 지역민들이 수시로 모여드는 수상한 장소였는데, 1919년 3·1 만세운동이 이 큰 장에서 시작되면서 일제의 우려가 현실화되었다. 하루 최대의 유동인구가 오갔던 광주천 큰 장에서 일제에 저항해 독립을 요구하는 목소리가 퍼져나갔던 것이다. 우연일 수도 있지만 이는 시장의 운명을 바꿔놓았다. 이후 일제는 1920년 큰 장과 작은 장을 병합했고 지금의 광주광역시 남구 사동 일대에 사정시장을 조성해 이전하기로 결정했다.

일제는 큰 장을 수비대 연병장으로 쓸 생각도 갖고 있었다. 당시 1개 대대의 독립수비대가 주둔해 있던 광주에는 연병장이 없어 일본군은 신입병 교육을 대구에서 실시했던 데다 향후 군사 증강도 시급했기 때문이다. 1921년 수립된 '대광주 계획'이 재정 부담으로 인해 시행이 무기한 연기된 뒤, 1925년 일본인들로 구성된 광주번영회가 전라남도청, 조선총독부까지 쫓아가 예산 지원을 요청하는[30] 등 적극적으로 나섰다. 광주의 일본인들도 이 시장을 통해 이익을 챙기고 싶었기 때문이다. 국가기록원이 보관 중인 1926년 광주면 예산서[31]에 첨부된 면 협의회 회의록에는 큰 장과 작은 장의 처리방법이 비교적 상세하게 담겨 있다. 회의록에 따르면 면 기채 14만 원을 빌리거나 지역 유지로부터 1구좌 100원, 모두 1,350구좌를 유치하는 방법 등이 논의되었지만 결론을 내지 못했다.

---

28 全羅南道, 『全羅南道 統計要覽』(1915), pp.114~115.

29 같은 책, p.21.

30 光州面, 『光州の今昔』, p.22.

31 조선총독부, 「1926년 지정면 세입·출 예산서」(정부기록보존소 부산지소, 1926).

결국 광주면은 1926년부터 3개년 사업으로 시장 정리를 포함해 광주천 개수에 16만 원, 하수도 설치에 12만 원, 시가 정비에 5만 원 등 모두 33만 원의 임시예산을 투입하기로 하고 실시설계에 착수했다. 일제에 의한 첫 개발사업은 광주천을 반듯하게 만드는 사업이었다. 무려 16만 원이라는 거액을 투입해 광주읍성 밑 광주천에 자리한 큰 장과 작은 장을 하나로 합쳐 근대식 시장을 조성하는 것이 그 골자였다. 같은 해 광주면 경상예산이 9만 182원에 불과했다는 것을 감안하면, 광주의 일본인들이 이 사업에 얼마나 정성을 쏟았는지를 알 수 있다. 사업은 모두 자금 차입, 즉 빚으로 시작했다. 매립지를 평당 약 6원에 매각해 이를 충당하겠다는 것이 일본인 면장의 구상이었다. 하지만 일제는 1928년 고작 7만여 원의 예산만 투입한 채 서둘러 광주천 1차 개수사업을 마쳤다.[32] 아마도 광주면의 열악한 재정이 주된 원인이었을 것으로 추측되지만, 이 사업을 추진하면서 일본인 면장과 일본 개발업체가 합작한 비리도 상당한 영향을 미쳤을 것이다.

이 사업은 광주의 첫 개발사업이면서 동시에 광주의 첫 공직자 비리사건이라고 해도 될 듯하다. 당시 큰 장과 작은 장에는 300여 호의 점포가 있어 조선인 1,500~1,600명이 살고 있었다. 일본인 면장 등은 이 점포들을 철거하고 광주공원 바로 앞인 광주광역시 남구 사동에 사정시장을 조성했다. 시장 부지를 20평씩 분할해 위치에 따라 갑(156호), 을(506호), 병(64호)으로 점포 겸 가옥을 분류하고, 또 노점(50호)과 음식점(25호)은 물론 땔감나무를 거래하는 신탄(땔나무와 숯)시장 2,400평, 가축시장 등도 설치하도록 했다.[33]

---

32 조선총독부, 「1928년 지정면 예산서(CJA0002656)」, 296~333쪽, 352~372쪽.

33 조선총독부, 「1930년 지정면 세입·출 예산서」(정부기록보존소 부산지소, 1930).

문제는 1차 개수를 끝마친 1928년, 일본인 면장이 점포 겸 가옥 67호에 대해 임대광고를 내면서부터 시작되었다. 시장 상인들이 좋은 자리를 차지하기 위해 경쟁을 벌이는 가운데 갑자기 일본인 개발업체가 광주교 인근의 금싸라기 부지를 분양받아 건물 신축에 나선 것이다. ≪동아일보≫[34]와 조선사상통신[35] 등 언론들이 조선인 부면장도 몰랐던 이 특혜 분양에 문제를 제기하고 나섰고, 시장 상인들은 시민대회까지 열면서 일본인 면장의 면직, 일본 개발업체의 건축면적 축소를 요구했다.

이 논란은 결국 일본인 면장의 해임으로 이어졌고 시장은 분양을 실시한 지 3년이 지난 1930년에야 비로소 문을 열게 되었다. 1926년 점포 철거와 함께 삶의 터전을 상실한 시장 상인들은 물론 시장 거래를 통해 생계를 이어갔던 광주 지역민 또한 이 같은 어처구니없는 비리로 인해 수년간 고통을 겪었을 것이다.

광주천 개수사업 첫 해인 1926년에는 광주에 근대식 공장인 도시제사 공장이 천정(양동) 60번지에 자리하게 되었다.[36] 부지가 2만 평에 공장 건물 면적이 3,153평에 이르는 이 공장의 대주주는 일본면화주식회사였다. 일제는 고온다습한 일본 본토에 비해 온난한 기후에 적정한 습도가 유지되는 전남에서 면화가 잘 재배되리라고 여겼는데, 이 같은 예상은 1898년 부임한 목포 영사가 육지면(미국 면화) 시험 재배에 나서면서 적중했다. 일제는 1904년 미국 면화 종자를 들여와 전남 곳곳에 면화 밭을 조성해 본격적인 생산에 나섰는데, 이로써 전남은 일약 면화 생산의 중심지로 부상했

34 ≪동아일보≫, "부면장도 모르게 부지를 죽중에게 대부"(1928년 4월 7일 자).

35 조선사상통신, "광주군수의 식언 시장 철거 문제 또 대두"(제854호)(1929년 1월 18일 자).

36 국사편찬위원회 한국사데이터베이스(http://db.history.go.kr) 중 조선은행회사조합요록(朝鮮銀行會社組合要錄) 1937년판을 참조해서 정리.

일제는 광주천 주변을 정비하면서 남겨진 토지에 1926년 도시제사공장을 지었다. 전남에서 생산된 면화를 광주에서 실로 뽑아내는 근대적인 공장을 건설한 것이다. 이어 가네보(종연)방적공장, 약림제사공장 등이 잇따라 광주천 둔치에 건립되면서 광주의 산업화가 본격화되었다. 사진은 1930년대 후반 도시제사공장의 모습(조선총독부가 1936년 작성한 「시가도로 및 하수 국고보조서류」에서 발췌).

다. 일제는 이 면화를 일본 본토로 가져가 실을 뽑고 면을 제작하는 것보다 광주에 공장을 짓는 편이 낫겠다고 판단했다. 이 공장에 이어 가네보(종연)방적공장, 약림제사공장 등이 잇따라 광주천 둔치에 건립되면서 광주는 일약 생산도시로 발돋움했다.[37]

하지만 이 공장들에서는 15~16시간씩 일해야 했던 여공들이 능률이 떨어진다는 이유로 점심까지 굶기는 일본인에게 항거해 동맹파업을 벌이기도 했다.[38] 이들 공장은 이처럼 지역 노동운동이 발원한 곳이기도 하다. 일

37 광주광역시, 『광주도시계획사』, 606~613쪽.

38 ≪동아일보≫, "광주도시제사공장 오백 여공 총파업"(1932년 11월 6일 자).

제는 이 광주천 둔치에 대한 개발을 해방 이전까지 계속했다. 남구의 방림동, 양림동, 동구의 금동, 남동, 학동 등 광주천 주변의 지형은 모두 일제강점기에 광주천 정비사업으로 완성된 것이다.

일제에 의해 조성된 학동의 갱생지구, 즉 도시 빈민들을 위한 집단 거주지는 지금 아파트 단지로 변했지만, 수년 전만 해도 '학동 8거리'라는 이름으로 남아 있었다. 그 밖에도 1932년 일제는 광주천 하류로 눈을 돌려 북구 임동 일대에 제방을 쌓는[39] 등 해방 이전까지 광주천 전체 연장에 대한 제방 설치를 사실상 완성했다. 또 전라남도는 광주천의 지천이라고 할 수 있는 극락천, 서방천, 운암천 등에 대한 정비는 물론 광주군 내 영산강에 대해서도 제방을 쌓고 호안을 설치하는 정비사업을 추진했다. 그러나 자연을 거스른 일제의 광주천 직강화와 무분별한 주변 개발은 수해라는 부작용을 낳았고, 해방 이후에는 이에 대한 보완공사 및 치수사업이 이어졌다.

강제병합 이전에는 광주천의 좌안(광주읍성이 있던 중심시가지)과 그 건너편 우안 간의 교류가 거의 없었으며, 징검다리 정도가 있었을 것으로 추정된다. 우안, 다시 말해 광주읍성이 있었던 중심지는 읍성 철거와 함께 충장로에서 금남로, 다시 경양방죽 인근으로 서서히 확장되었다. 좌안은 우안과 좌안의 교류가 늘어나고 강제병합이 이루어지기 전까지만 해도 도시 외곽에 해당했다. 좌안의 가치가 높아진 것은 광주교를 비롯한 교량들이 들어선 뒤였다. 좌안의 양림동에는 1897년 10월 목포항의 개항과 함께 광주에 진출한 미국인 선교사들이 조성한 그들만의 공간이 있었다. 미국식 교회, 주택, 학교, 병원 등의 건축물이 들어섰고, 미국인 선교사들을 따

39 조선총독부, 「지방하천수선비보조내첩서철(CJA0014322)」(국가기록원, 1932), 40~64쪽.

▌1934년 광주에 들어선 가네보 방적공장 내 발전시설. 당시 모습을 그대로 간직하고 있다. 전남의 면화를 광주의 공장에서 실과 직물로 생산했다. 광주의 산업화가 본격화되었던 것이다.

르는 조선인들까지 몰려들었다. 좌안의 양림동은 일제의 강압 조치에서 조금은 자유로웠으며, 다양한 문화 행사, 공연, 강연 등이 이루어지는 장소이기도 했다.

미국인 선교사들이 만든 전혀 다른 공간[40]

미국인 선교사들은 광주에서 일제의 간섭에서 벗어나 오랜 기간 거주하면서 선교할 수 있는 기지로 삼을 만한 공간을 찾고 있었다. 일제와 일본인

40 이 절은 윤희철·윤현석, 「일제강점기 민간에 의한 도시개발: 광주지역 일본인 삼평조(森平組)와 미국 선교사에 의한 개발을 대상으로」, ≪한국지역개발학회지≫, 제30권 제3호(2018), 133~156쪽을 참조해서 작성했다.

이 조선인 관료, 조선인들과 마찰을 겪으며 광주읍성 내부와 그 인근을 장악해 가고 있을 때 미국인 선교사들은 관심이 비교적 덜한 광주천 좌안에 방치되어 있던 양림동을 주목했다. 양림동은 중심지와 매우 가깝지만 광주천이라는 자연 장애물이 있었다. 특히 당시 양림동은 공동묘지가 있었고, 풍장(風葬)을 하는 장소이기도 했다. 따라서 일본인은 물론 조선인들도 접근을 꺼리는 곳이었다. 미국인 선교사들은 목포항 개항과 함께 목포에서 전남의 중심지인 광주로 올라와 양림동 토지 매입에 나섰다.

그 전에 이 과정을 이해하기 위해서는 일제의 토지조사사업에 대한 전반적인 이해가 필요하다. 일제는 1905년 을사늑약이 체결된 이후 대한제국에 식민지 체제를 본격적으로 이식하기 위해 제도 정비에 들어갔다. 그 가운데 하나가 토지조사사업이다. 근대 국가를 형성하는 과정에서 필수적인 토지조사사업은 전 국토에 걸쳐 근대적인 지적도와 토지대장을 작성하는 것으로, 도시를 중심으로 형성되고 있는 근대적 토지시장을 제도적으로 보장하고 토지세 징수로 국가 재정을 확보하기 위해 시급한 과제였다.[41]

조선총독부는 1911년 임시토지조사국을 설치하고 시가지에 대한 토지조사를 실시했으며, 그 이후에는 임야조사를 실시했다. 임야조사(1917~1924)를 마친 일제는 연고가 있는 국유림을 국유로 사정(査定)하고 분란의 소지가 있는 '특별연고산림'을 사유림으로 전환하는 산림소유권 재편 작업에 나섰는데, 그 법적인 근거가 1926년의 '조선특별연고삼림양여령' 및 관련 부속 법규이다.

연고권을 인정받지 못한 경우 국유림으로 편입되었는데, 이 과정에서 법

41 광주광역시, 『광주도시계획사』, 37~41쪽.

미국 선교사들은 1898년 목포를 거쳐 광주에 들어와 광주천을 경계로 시가지 맞은편에 있는 양림동에 터를 잡았다. 이들은 일제와 전혀 다른 공간을 조성했으며, 조선인들 역시 양림동에서는 일제의 강압으로부터 조금은 자유로울 수 있었다. 사진은 지금도 남아 있는 1930년대 수피아여학교의 전경이다. 1934년 미국 선교사들과 조선총독부는 임야에 대한 연고권을 놓고 분쟁을 벌였다(조선총독부가 1936년 작성한 「시가도로 및 하수 국고보조서류」에서 발췌).

적 분쟁으로 이어지는 경우도 있었다. 1898년부터 1907년까지 미국 선교사들이 양림동 토지를 매입하는 과정은 1934년 조선총독부 임정과 처분계가 작성한 '함경남도 외국인 출원 양여허가처분서류'[42]에서 살펴볼 수 있다. 양림동의 임야를 매입한 미국인 선교사와 조선총독부는 양림동 임야의 연고권을 놓고 분쟁을 벌였는데, 문서는 이 과정 전반을 기록하고 있다.

이 서류에 따르면 미국인 선교사들은 1898년 광주면 양림리 86번지와 128번지를 시작으로, 1900년 118번지와 53번지, 1906년과 1907년 580번지 등 모두 22개 필지를 취득했다. 논과 밭은 물론 건물을 지을 수 있는 대

42 조선총독부, 「함경남도 외국인 출원 양여허가처분서류(CJA0011140)」(국가기록원, 1934), 597~699쪽.

지, 임야, 묘지, 잡종지에 이르기까지 다양한 토지를 매입했다. 소유주는 광주, 순천, 목포 등에 주소지를 둔 미국인 선교사들이었다.

분쟁이 발생하자 조선총독부는 1933년 12월 5일부터 세 차례에 걸쳐 관리를 파견해 당시 광주읍 양림정 226번지에 거주하는 선교사 존 반 네스트 탤미지(John Van Nest Talmage)를 찾아갔고, 미국 예수교 남장로파 조선선교회유지재단이 소유하고 있던 광주읍 양림정 221의1 임야 5,467평에 대해 현장 조사를 벌였다. 조선총독부는 같은 해 5월 10일부터 1934년 9월 5일까지 재단 대표이사인 탤미지는 물론 광주군 효천면 방림리 최홍종(당시 53세), 광주읍 양림정 48번지 홍우종(당시 60세), 광주읍 양림정 176번지 최정선, 광주군 효천면 방림리 최재익, 광주읍 양림정 김명신(당시 38세) 등 주변 주민들에게도 이 토지를 조선특별연고삼림양여령에 의해 양여할 수 있는지 여부를 확인하기도 했다.

1934년 조사에서 탤미지는 222(답), 223(대), 224(임야), 226(대)과 하나의 필지였던 221의1(임야)은 1906년 장만도에게서 매입한 것이고, 243(대), 251(대), 252(대), 253(전)의 일부, 254(대)와 하나의 필지였던 222의2는 1910년 김억녀에게서 존 프레스턴(John F. Preston, 한국 이름 변요한)이 교회 자금으로 매입한 것이라고 진술하면서 증명서와 토지매매계약서를 제출했다.

증명서는 1923년 10월 5일 작성된 것으로, 토지 매매 당시 이장이었던 광주면 수기옥정의 장재오, 작성 당시 이장이었던 광주면 양림리 176의 최정필, 이를 등사(謄寫)한 광주면 양림리 149의 황순봉 등의 도장이 날인되어 있었다. 1910년 3월 20일에 작성된 토지매매계약서에는 매도자 광주군 부동방면 방림동 3통 1호 김억녀가 60냥에 광주군 부동방면 임야

4,932평을 광주군 부동방면 방림동 1통 3호 프레스턴에게 팔았으며, 광주군 부동방면 방림동 2통 1호 김윤수가 이를 보증했다. 토지매매계약서에는 토지 사방 경계, 매도자인 이장 김억녀, 면장 정학우, 광주군수 홍란유 등의 서명, 평수요금(坪數料金) 50전을 징수한 사실, 측량자의 서명, 토지 경계선이 표시된 1,200분의 1 축적의 실측도 등이 첨부되어 있었다.

이 문서에 따르면 1907년 이후에도 미국인 선교사 탤미지, 예수교 남장로파 조선선교회유지재단, 대영(大英)나병자구료회(求療會) 조선지부유지재단 등이 양림동뿐만 아니라 지금의 봉선동에 해당하는 광주군 효천면 봉선리에도 토지를 취득한 뒤 1928년 조선총독부에 특별연고를 주장했다. 주소와 면적을 살펴보면 탤미지가 효천면 봉선리 산 20(임야)의 9,270평, 예수교 남장로파 조선선교회유지재단이 양림리 577의1의 일부(임야) 5,467평, 대영나병자구료회 조선지부유지재단이 효천면 봉선리 1,858평의 일부인 1,432평을 소유하고 있었다.

토지를 둘러싼 선교사 재단과 조선총독부의 갈등은 이후에도 해결되지 못했고, 이 문제는 1934년 9월 11일 특별연고삼림처분심사회로 넘어갔다. 처분심사회가 결국 "1908년 구 삼림법 시행 전 매입한 양림정 221의1은 소유권을 인정하되 구 삼림법 시행 후인 1910년 매입한 221의2에 대해서는 연고자로 인정하기 어렵다"라고 판결하면서 3년간 계속되었던 선교사와 조선총독부의 토지 분쟁도 끝이 났다. 당시 양림리 중 전통마을이 있던 지역과 산지를 제외한 상당 부분의 평지는 이미 매입이 완료된 상태였다.

미국 선교사들이 매입한 양림동 토지 주변으로 개설된 도로들은 언제 개설된 것인지 정확하게 알 수 없다. 다만, 직선화된 도로의 형태로 볼 때 조선시대부터 내려오던 도로가 아닌 선교사들의 영향으로 새로 만들어진 도로일 것으로 추정될 뿐이다. 1898년부터 1900년대 초반까지 양림동 토지를 구매한 미국인 선교사들은 1904년 광주에 선교지부를 설치한 뒤 10여 년간 9동의 주택, 1동의 병원, 2개의 학교, 1개의 성경학교를 지었다. 그 가운데 선교사묘지(1909), 우월순 선교사 사택(1910), 수피아홀(1911), 오웬기념각(1914), 벨 기념관(1925), 윈즈버러홀(1927), 수피아강당(1935) 등은 아직도 남아 있다.[43]

미국인 선교사들은 자신의 거주지는 물론 조선인들을 위한 교육 및 의료시설도 동시에 조성했다. 이들은 광주에서는 최초로 서양식 건축물을 지어 주민들로부터 주목을 받았다. 1908년 2월 1일 숭일학교, 수피아학교를 설립했으며, 1910년 2월 제중병원, 1911년 2월 나병원을 지었다. 나병원은 1928년 조선총독부의 보조를 받아 여수로 이전했다.[44]

이러한 시설들이 들어서면서 광주천 건너편에 자리한 광주읍성 중심의 시가지에서 진입하는 도로가 필요했을 것으로 추정된다. 이들 시설은 주로 조선인들이 이용했으며, 1917년부터 1935년까지 광주의 시구개정(도시정비) 및 확장 과정에서 미국인 선교사들이 설치한 시설 주변에는 일제가 직접 예산을 투입하지 않았던 것으로 보인다. 다만 광주천 개수로 인해 교사리에 8m 폭의 지16호도로인 호안도로 240m가 생겨나고 1931년 폭 5m 연장 1,365m의 읍10호도로가 설치된 것으로 보아 이들 도로에서 파생된 비공식적인 도로가 자연스럽게 생겨났을 것으로 추정된다. 공원도로는 일제가 1924년 일본 태자의 결혼식을 기념해 신공원(현재의 사직공원)

43 여진원·장우권, 「도시기록화 사례연구: 광주광역시 남구 양림동의 근현대 선교사를 중심으로」, ≪한국도서관정보학회지≫, 47(2)(2016), 387~416쪽.

44 광주광역시, 『광주도시계획사』, 633쪽.

◂ 미국 선교사들이 조성한 광주 남구 방림동 호남신학대학교 내 선교사 묘지

◂ 우일선(Robert M. Wilson) 선교사의 사택

◂ 호남신학대학교에서 본 양림동 전경

▌일본인들이 주도해서 정비 또는 조성한 시가지와 미국 선교사들이 조성한 양림동은 완전히 다른 경관을 보였다. 미국 선교사들은 1908년 2월 1일 숭일학교, 수피아학교를 시작으로 묘지, 주택, 교회, 병원, 강당, 홀 등 다양한 시설을 설치했다. 미국 선교사들이 조성한 공간은 일제가 1924년 사직공원을 조성하면서 광주 시가지와 본격적인 교류를 시작했다.

을 광주면 교사리, 양림리, 향사리 등에 조성함에 따라 이 일대에 사람과 자동차 등의 교류가 급격히 증가하면서 설치되었다. 1935년에는 광주의 부호인 정락교가 광주부에 기부한 양파정을 거쳐 광주천의 부동교에 이르는 연장 1,400m의 공원유람도로를 설치하고 그 양편에 벚꽃을 식재했다. 이에 따라 이곳에는 자동차와 보행자들이 사시사철 넘쳤다.[45]

미국인 선교사들이 단행한 개발은 일제와 일본인의 개발과는 달랐다. 첫째, 미국 선교사들은 일본인과 달리 지방권력의 지원 없이 토지를 먼저 구매하고 우호적인 세력을 형성해서 선교지부를 설치한 후 10여 년에 걸쳐 미국 건축양식의 건축물을 집중적으로 지었다. 이들이 토지를 구매하면서 작성한 계약서에는 조선인 주민은 물론 이장, 군수 등이 보증을 섰는데, 이러한 우호세력이 없었다면 이들의 개발 자체가 불가능했을 것이다.

둘째, 주로 본국의 선교 비용으로 재정을 확보한 미국 선교사들은 학교, 병원 등 교육, 의료시설을 지어 조선인들과 관계를 형성하는 데 힘썼다. 이들은 조선인들과 함께 거주하는 것을 지향하고 있었다는 점에서 자신들의 주거지 조성에 매달렸던 일본인과는 다른 양상을 보였다. 미국 선교사들은 자신들의 가족과 함께 거주하면서 조선인의 생활양식을 자연스럽게 받아들이기도 하는 등 서로 영향을 주고받았다.

셋째, 미국 선교사들은 조선총독부와 우호적인 관계를 맺기도 하고 토지 문제 등에서는 대립각을 세우기도 하는 등 식민지 내에서 비교적 자유롭게 본인들의 의사를 표현했다. 당시로서는 골칫거리였던 한센병 환자들을 관리한 공로를 인정받아 표창과 상금을 받기도 했으며, 조선특별연고

45 같은 책, 440쪽.

삼림양여령을 둘러싸고는 조선총독부와 법정 다툼까지 벌였다. 이 같은 미국 선교사들의 자세는 그들을 믿고 의지하는 조선인들에게도 전파되었고, 자연스럽게 양림동 일대의 조선인들은 다른 지역에 비해 상대적으로 자유롭게 활동했던 것으로 보인다.

1930년대 인구 급증 속 일본인만을 위한 공공 투자

1924년 말 조사에 따르면 광주군 광주면의 인구는 모두 2만 969명(조선인 1만 6,893명, 일본인 3,938명, 외국인 146명)으로, 1921년 말 인구 1만 2,661명(조선인 9,840명, 일본인 2,751명, 외국인 78명)에서 8,000여 명 이상 증가한 것을 알 수 있다.[46] 1928년 광주면이 작성한 '세입세출예산 설명서'는 광주천 정비 및 시장 병합 이전, 하수도 설치, 도로나 시설 등 세 가지 사업을 마무리하고 '도시적 설비 제1기 사업'을 끝냈다고 적고 있다.[47]

이후 광주는 확실히 변화된 모습을 보였다. 일본인들이 상당수 거주하면서 상업에 종사하거나 관료로 근무하는 시가지를 자신들의 본토와 어느 정도 비슷한 공간으로 만든 것이다. 또 일본 본토와 마찬가지로 방직공장을 비롯한 근대산업 시스템이 구축되면서 산업화가 본격화되어 성장과 발전에 가속도가 붙자, 유럽과 일본 본토에서 그랬던 것처럼 빈민 증가, 환경 악화 등의 도시 문제가 발생하기 시작했다.

광주의 성장은 곧 행정구역의 변화를 초래했다. 1931년 4월 1일 읍면제 실시에 따라 광주면은 제주, 여수와 함께 읍이 되었고, 1935년 10월 1일에

---

46 같은 책, 19쪽.

47 조선총독부, 「1928년 지정면 예산서(CJA0002656)」(국가기록원, 1928), 296~333쪽.

는 부(府)로 승격했다. 광주부가 되기 바로 직전 서방면, 지한면, 효천면, 극락면의 일부를 편입하면서 시가지는 41개 정(町)으로 더 확장되었다.[48] 광주부로 승격하기 바로 전인 1934년 광주군의 인구는 13만 9,380명(조선인 12만 9,879명)이었고, 시가지인 광주읍에는 7,919호 3만 8,008명(조선인 3만 747명, 일본인 7,101명, 외국인 160명)이, 부도심에 해당하는 송정리에는 1,024호 5,054명(조선인 4,137명, 일본인 879명, 외국인 33명)이 거주하고 있었다.[49] 이러한 인구 급증은 필연적으로 주거지 개발로 이어졌다.

하지만 개발업체는 물론 광주부의 입장에서도 토지 소유 관계가 복잡하고 토지 가격이 비싼 중심지는 주민 반발과 비용 부담 등으로 피해야 했다. 외곽에 존재하면서도 중심지와 가깝고 저비용으로 개발해 높은 가격으로 분양할 수 있는 곳이어야 했다. 공공 개발이 기존 개발지를 피하고 외곽으로 눈길을 돌리면서 기존 중심지가 쇠락하고 민간의 무분별한 개발을 초래하는 문제는 이미 이때부터 시작되었던 것이다. 특히 기존 중심지는 도시의 역사, 문화, 전통 등 정체성을 가진 공간이라는 점에서 경관과 자원의 보존·유지를 전제로 공공과 민간이 조화롭게 개발해야 하지만, 아직도 이러한 체계를 갖추지 못하고 있다.

일제와 개발업체가 눈독을 들인 것은 경양방죽이었다. 경양방죽은 광주고등학교, 계림초등학교, 옛 광주상업고등학교의 정문 앞에서 광주역 쪽을 향해 서남방으로 벌어진 선형의 저수지였다. 경양방죽은 김방이 1440년(세종 22) 광주목사로 부임해 그 다음해 공사에 들어가 3년 만인 1443년에 준공했다고 전해지는 관개용 인공호수이다. 당시 저수지의 면적은 4만

48 광주광역시, 『광주도시계획사』, 3~5쪽.

49 全羅南道, 『道勢一般』.

일제는 근대식 하수처리 시스템을 광주에 적용하면서 광주시내의 동계천, 서방천 등의 물길을 하수구로 만들어버렸다. 이 물길이 모여드는 경양방죽이 오염되기 시작한 것도 이 시점부터였다. 또 하천변 주변에는 빈민들이 모여들어 살았는데, 이들의 삶의 질은 최악의 수준이었다. 사진은 1960년대 동계천 주변 모습. 동계천은 이후 복개되어 도로와 주차장으로 쓰이고 있다(1989년 10월 광주광역시가 발간한 『사진으로 본 광주 100년』에서 발췌).

6,465평, 제방의 연장과 높이는 각각 1,000m, 10m였으며, 그 주변에 대규모 숲이 조성되어 있었다.[50]

경양방죽의 매립이 처음 거론된 것은 1936년의 일이다. 이때는 광주가 면에서 읍으로, 다시 부로 급성장하는 시점이어서 일본인의 광주 진출이 최고조에 달했을 무렵이었다. 따라서 일본인들을 위한 고급 주거지가 시급했다. 경양방죽은 동계천, 서방천 등 광주의 주요 물길과 유기적인 시스템을 형성하면서 광주읍성 쪽으로 흘러 읍성의 해자를 만들어내고 광주천과 만났다. 경양방죽은 경양역 주변 역둔토와 함께 인근 농경지를 비옥하

50 광주광역시, 『광주도시계획사』, 622쪽.

게 했고, 이로 인해 광주에 사람들이 모여들게 되었다. 호남 최대의 시장이 광주천 주변에 형성된 것은 우연이 아니었던 것이다.

일제강점기의 근대화와 도시화는 곧 산업시설 유치, 인구 증가, 지하수 오염 등으로 이어졌고 도로, 하수, 주거지 등이 시급했던 일제는 토지 소유주와의 마찰 없이 손쉽게 토지를 얻을 수 있는 방법으로 경양방죽을 선택했다. 일제가 경양방죽을 매립하려고 하자 농민뿐만 아니라 지역 내 지식인들까지 반발하고 나섰다. 이 거대한 도심 호수는 단순히 물을 가둬놓고 방류하는 저수지의 기능만 하는 것이 아니라 오랜 전통을 지닌 명물이었고 광주를 구성하는 핵심 자원이었기 때문이다. 일제도 이 아름다운 경양방죽의 풍경에 감탄해서 경양방죽을 광주에서는 유일하게 풍치지구로 지정하기도 했다.

1937년 6월 어느 날 조선인 부읍장 박규일이 당시 미국에서 의학박사 학위를 취득한 뒤 지금의 광주광역시 동구 황금동에서 서석병원을 운영하던 최영욱 박사에게 "일본인 도지사와 광주시장이 의논해 500여 년의 역사를 간직해 온 경양방죽에 일본인 주택지를 조성하는 사업을 '신무 1600년 기념사업'이라는 명분으로 1940년 이내에 완성할 예정"이라면서 일본 관료들의 계획을 전했다. 일제가 과거 경양방죽을 둘러싸고 있던 산을 허물어 그곳을 전부 메우기로 설계에 착수한 시점이었다. 최 박사는 이 소식을 집안의 맏형인 최흥종 목사에게 전했고 지역유지들과 뜻을 모아 '경양방죽매립반대투쟁위원회'를 조직했다. 반대 진정서에서 이들은 "500여 년의 역사를 가지고 있고 광주 민생과 직결되는 농업 경영의 원천인 경양방죽은 광주천 범람과 폭우 시 주변 수량을 조절하고 대규모 화재를 예방하는 등의 기능을 한다"라며 "매립은 대도시 광주 건설의 현명한 시책이 아니다"라고 강조했다. 또 "주택지 조성은 담양가도, 화순가도, 송정가도, 장성가도 등에서도 충분히 가능하며, 한 민족 한 지방의 역사적인 유산을 무자비하게 말살하는 것은 문화인의 수치이기 때문에 풍치지구로 미화 정비할 필요가 있다"라고 덧붙였다.[51]

이 같은 반대운동 때문인지는 알 수 없지만, 이후 최초의 방침이었던 전체 매립에서 설계 변경을 통해 3분의 1을 남기게 되었다. 국가기록원이 소장하고 있는 1936년 11월 4일 자 전라남도 도보에 따르면, 광주부가 시가지 조성을 목적으로 당시 소화정(지금의 동구 계림동 일대) 505번지의 공유수면 4만 465.5평을 매립하도록 허가했고, 전남도는 1940년 2월 10일 매립 면적을 4만 5,531평으로 변경해 매립공사의 준공을 인가한 뒤 4월 13일 나머지인 소화정 505-328번지의 1만 8,832평에 대해 광주부에 유원지를 목적으로 10년간 공유수면 점용을 허가했다.[52]

이로써 경양방죽의 면적은 1만 6,100여 평으로 축소되었고, 해방 이후 골프장, 보트장 등 오락시설이 설치되기도 했다. 광주부는 1943년 특별회계를 구성해 1944년부터 1947년까지 4년간 모두 67만 원을 들여 광장, 보트장 및 녹지, 아동 유희장 등을 조성할 방침까지 수립[53]했지만, 이러한 계획은 일부만 실현된 채 해방을 맞게 되었다. 이 같은 과정을 거쳐 간신히 명목만 유지했던 경양방죽은 1967년 완전 매립되었다. 이미 경양방죽 인근이 시가지로 개발되면서 그 주변에 산재해 있던 논밭이 사라진 데다 도심과 가까워 개발 잠재력도 높다는 이유에서였다. 완전 매립 당시에는 일

51 같은 책, 623~624쪽.

52 김광우, 「제3장 건설」, 『광주시사』 제2권(광주직할시사편찬위원회, 1993), 258~261쪽.

53 조선총독부, 「1944년도 광주부 세입세출예산(CJA0003854)」(국가기록원, 1943), 1,503~1,639쪽.

광주의 아름다운 자원인 경양방죽은 1936년 일제의 고급 주택지 조성사업으로 1차 매립되었고, 당시 지역 유지들의 반발로 3분의 1 정도가 남아 있었다. 하지만 31년 뒤인 1967년 광주시의 신청사 개발사업 등에 의해 완전히 사라졌다. 도시의 역사와 정체성을 가진 자연 자원이 정부와 지자체에게는 매우 쉬운 개발 대상이 되곤 한다. 사진은 1946년 경양방죽의 모습(1989년 10월 광주광역시가 발간한 『사진으로 본 광주 100년』에서 발췌).

제강점기 때보다 반대여론이 높지 않았는데, 기하급수적으로 늘어나는 인구가 쏟아내는 오폐수가 경양방죽으로 유입되었고 그나마 이를 정화했던 물길마저 사라지면서 악취가 진동했으므로 매립에 찬성하는 시민 여론도 있었기 때문이다.

문제는 매립에 쓸 토사가 없다는 것이었다. 이때 매립업체가 내놓은 아이디어가 광주광역시 북구의 태봉산(1624년 인조의 아들인 용성대군의 태를 묻은 산)을 헐어 나머지 경양방죽을 매립하는 것이었다. 이 안이 받아들여져 결국 경양방죽과 태봉산은 동시에 사라지게 되었다. 국가기록원의 자료에 따르면, 태봉산은 광주공립보통학교(지금의 서석초등학교)의 학교림으로 산 정상에 1627년 제작된 석비가 있었으며, 1928년 여름 당시 서방면 부인단체가 조선 왕족의 태의(태반)을 묻은 석실을 발견했다고 한다. 이 경양방죽의 2차 매립은 광주 전체에 큰 영향을 미쳤다. 광주광역시 동구 남동 구시청 사거리에 있었던 시청이 매립지로 이전하면서 주변 개발이 촉진되었고, 태봉산이 없어지면서 인근의 도로 구조가 결정되었다.[54]

광주천의 명물이었던 석서정과 조탄보도 거론할 필요가 있다. 석서정은 『여지승람』(1481)과 『광주읍지』(1879)에도 소개되어 있다. 광주천에서 두 물줄기가 서로 합류하는 지점, 즉 지금의 광주광역시 동구 금동 147번지 인근에 물줄기의 힘을 완화하기 위해 석성을 쌓고 그 위에 정자를 지었는데, 이것이 곧 석서정이다. 석서(石犀)란 '돌로 만든 물소'라는 의미이며, 그 맞은편에는 지금도 그 명맥을 유지하고 있는 양파정이 있다. 조탄보 역시 광주천에 보를 쌓아 재해를 막는 장치였는데, 옛 적십자병원 앞에 자리했을 것으로 추정된다.

한편 광주부는 이후 도로 추가 개설 및 광주천 정비, 경양방죽 및 광주천 주변 매립을 통한 주거지 정비, 하수 및 수도 확장 등 '제2기 도시적 시설 설치'에 박차를 가했다. 사정시장을 천정(지금의 양동)으로 이전하는 사업을 시작했고, 학강정(지금의 학동)에 도시 빈민을 위한 갱생지구를 조성했으며, 군사적 요지였던 점을 감안해 극락면(지금의 상무지구)에 비행장을 설치하기도 했다. 이 같은 개발을 하는 데서 반드시 필요한 것은 지도였다.

일제는 1928년 1/600 시가지 지도를 만들기 시작했다. 시가지 측량에 들어가기 직전 광주면의 토지대장등록 지번 수는 5,130건이었다.[55] 광주

54 광주광역시, 『광주도시계획사』, 628~631쪽.

55 조선총독부, 「광주시가지개측 관계서류(CJA0003985)」(국가기록원, 1928~1931), 1~158쪽.

면이 5,130개의 필지로 나뉘어 있었다는 의미이다. 이는 1934년 계획적인 시가지 조성을 위한 '조선시가지계획령'을 실시하기 전 준비 단계였다. 광주는 1939년 10월 31일 나진, 경성, 청진, 성진, 목포, 대구 등에 이어 20번째 대상으로 지정된 도시로, 30년 뒤의 미래를 예측하며 계획적인 가로 및 구획 정리에 나섰다.[56]

일제가 경양방죽을 매립해 일본인과 부유한 조선인들을 위한 근대적인 주택단지를 조성하는 데 주력했다면 조선인 지도층 인사들은 1920년대부터 1930년대까지 이어진 근대화, 산업화, 도시화로 인해 발생할 수밖에 없었던 도시 빈민들을 구제하기 위한 노력을 기울이고 있었다. 광주에는 조선시대부터 광주천 인근의 큰 장과 작은 장에 기대어 생계를 이어가는 빈곤층이 존재했으나 그다지 심각한 문제는 아니었다. 하지만 일제강점기에 접어들자 강제 수탈을 견디지 못한 전남 곳곳의 소작농, 직장을 찾거나 도시의 혜택을 보려는 젊은이들이 광주로 몰려들기 시작했다. 이들의 합류로 광주천 주변의 빈민들이 급증했다. 그런데 일제의 개발이 광주천 주변에 집중되자 그들은 한순간에 쫓겨나는 신세가 되었고 도시 곳곳으로 흩어져 비참한 삶을 이어갈 수밖에 없었다.

광주뿐만 아니라 조선의 모든 도시에서 빈민 문제가 발생했다.[57] 여기서 잠깐 수도 경성과 부산의 사례를 살펴보자. 도시 빈민 문제는 일제가 거점으로 삼은 이들 도시에서 더 심각하게 발생했다. 농촌 인구가 도시로 이주하고 도시 영역이 확장됨에 따라 일제강점기 경성을 필두로 전국 거점

56 광주광역시, 『광주도시계획사』, 123~135쪽.

57 빈민 문제와 관련해서는 윤현석, 「일제강점기 빈민 주거 문제에 있어서 광주의 조선인 지도층 대처에 관한 연구: 광주 갱생지구의 조성과 운영 과정을 중심으로」, ≪도시연구: 역사·사회·문화≫, 제22권 제22호(2019), 149~183쪽을 참조해서 작성했다.

도시들의 인구가 폭발적으로 증가했다. 인구의 증가는 도시 내 개발을 촉진했고, 이는 사유지, 공유지 등에서 토막을 치고 거주했던 토막민과의 마찰을 초래했다.

1920년 24만 7,000명(면적 36km²)이던 경성의 인구는 1944년 98만 9,000명(면적 132km²)으로, 1920년 7만 4,000명(면적 34km²)이던 부산의 인구는 1944년 32만 9,000명(면적 112km²)으로, 1920년 4만 4,000명(면적 7km²)이던 대구의 인구는 1944년 20만 7,000명(면적 116km²)으로, 1920년 3만 6,000명(면적 6km²)이던 인천의 인구는 1944년 21만 4,000명(면적 166km²)으로 증가하는 등 매년 최소 5.94%(경성)에서 최대 7.72%(인천)의 인구증가율을 보였다. 이는 한반도의 도시화가 일제강점기 후반부에 본격적으로 이루어졌음을 보여주는 것이다.[58]

경성부는 토막민을 '도시 토지의 불법 점유자' 혹은 '도시 미관을 해치는 자'로 규정했다. 1930년대 초까지도 토막민에 대해 어떤 적극적인 대책, 즉 이들을 근본적으로 구제하거나 반대로 전부 추방하는 식의 대책이 시행되지 않았던 것으로 보인다. 도리어 토막민의 '불법 주거'는 어느 정도 묵인되었다. 1920년대 후반에는 토막 매매가 이루어졌으며, 1930년대에는 토막을 보존등기하고 가옥세를 납부하는 호수가 전체의 26%에 이르렀다는 사실이 이를 잘 보여준다.[59]

경성부가 토막민 문제를 심각하게 받아들이고 토막민 대책을 입안·시행한 시기는 1933년 2월로, 고양군 아현리의 면유림 2만여 평을 매입해 곳

58 김홍순, 「인구지표를 통해 본 우리나라의 도시화 성격: 일제강점기와 그 전후(前後) 시기의 비교」, ≪한국지역개발학회지≫, 23(2)(2011), 23~30쪽.

59 강만길, 「토막민의 생활」, 『일제시대 빈민생활사 연구』(창작사, 1986), 268쪽.

곳에 산재한 토막민을 이곳으로 이주시키고자 했다. 1935년에는 일본 불교가 운영하는 단체가 고양군 은평면 홍제리의 국유임야를 대부받아 토막민 1,000호 5,500여 명을 이주시키는 사업을 추진했다. 지방행정기관이나 종교단체의 대책이 경성부에서 멀리 떨어진 곳에 집단 수용 단지를 만드는 데 초점이 맞춰져 있었던 것이다. 그러나 대책 시행에 있어 체계성과 지속성이 부족해 토막민들은 강제 이주를 당하더라도 수용 단지를 이탈해 다시 원거주지 근방으로 모여들었기 때문에 근본적인 대책이 되지 못했다.[60]

경성부가 토막민 문제를 다시 논의하면서 새로운 대책을 구상한 것은 1936년의 일이다. 당시는 1934년 6월 조선시가지계획령[61]이 제정되면서 토지구획정리사업이 본격적으로 시행되는 시점이었다. 조선총독부는 토지구획정리사업을 통해 한편으로는 시가지를 개발하고 다른 한편으로는 토막민의 문제를 해결하려 했던 것으로 보인다. 토막민이 급증하면서 공유지나 사유지를 불법 점유하는 사례가 빈번했으나, 이를 해결하기 위해 재정을 대거 투입해 도심 내부에 이들을 이주시킬 수도 없었기 때문이다.

경성부는 새로운 토막민 대책을 구상하는 한편, 각 토지구획정리지구별로 토막민의 주거실태에 대한 실지조사를 진행했다. 이 조사는 1938년 8월경에 끝났고, 경성부는 마침 그해 10월 경성부 주관으로 개최된 제6회 전국도시문제회의 석상에서 이른바 '도시계획적 대책'이라고 명명한 새로운 토막민 대책을 발표했다.[62] 여기서 경성부는 도시 내부에 분산적으로

---

60 염복규, 「일제말 경성지역의 빈민주거문제와 '시가지계획'」, ≪역사문제연구≫, 8(2002), 129~130쪽.

61 윤희철은 조선시가지계획령은 주로 계획가로 및 토지구획정리지구의 설정에 중점을 두었고 조선총독부는 신시가지와 기성시가지를 모두 토지구획정리사업대상으로 삼았다고 적고 있다. 윤희철, 「일제강점기 시가지계획의 수립과정과 집행」, ≪도시연구: 역사·사회·문화≫, 제15권(2016), 71~104쪽.

세민(細民, 현재의 영세민을 의미)지구를 설정해야 한다는 결론을 내렸다.

그러나 결론적으로 경성부의 토막민 대책은 제대로 시행될 수 없었다. 우선 토지 소유주들의 반대로 인해 토지구획정리사업 자체가 순조롭게 진척되지 못했으며, 조선총독부가 소극적이었기 때문이다. 주로 일본인 대표로 구성된 의사(議事)기관인 부회의 반대도 영향을 미쳤다. 경성부는 1941년 세민지구를 조성하기 위한 380만 원의 예산에 대해 각각 3분의 1씩 국고 및 도비 보조를 청하고 부비를 들여 토막민을 근본적으로 정리하기 위한 계획을 세웠는데, 보조금 인가를 받지 못하자 우선 부비만으로 사업을 시작하겠다는 계획을 수립한 것으로 보인다. 그러나 경성부회는 일관되게 보조금 없는 세민지구의 설정에 반대했다. 세민지구 설정계획은 도시계획의 부침에 따라 최초의 구상에서 후퇴를 거듭하다가 최종적으로 무산되었다.[63]

세민지구 조성을 위한 첫 시도는 토지 소유주의 반대로 무산되었고, 조선총독부의 국고 보조 거부로 인해 두 번째 시도마저 성과를 내지 못했다. 마지막으로는 주로 일본인 대표가 이끌었던 부회의 반대가 있었다. 빈민의 대부분은 조선인이었으므로 그들을 위한 예산 배정에 거부했던 것이다. 경성부에서의 실패는 다른 내륙 거점도시에서도 똑같이 반복되었다. 대표적인 도시가 부산이다. 부산에서는 경성보다 이른 시점인 1920년대 후반에 관변단체에 의해 세민지구를 설정하는 논의가 시작되었다.

1927년 12월 부산부의 관변단체적인 성격을 지녔던 사회사업연구회가 부산 세민굴지정지역 설정에 관한 실지조사를 하고 1928년에 '부산세민지

---

62 ≪동아일보≫, "토막민 정리 신제창, 도시문제회의 석상 중대 발표"(1938년 10월 12일 자).

63 염복규, 「일제말 경성지역의 빈민주거문제와 '시가지계획'」, 137~152쪽.

구 설정안'을 부산부윤에게 보고했다. 이 설정안에서는 당시 세민지구의 구체적인 위치, 선정 이유, 지구 설정에 필요한 면적과 비용, 설정지구 내에서의 경제적 활동까지 언급하고 있어 부산부의 빈민들을 위한 대책으로 큰 효과가 기대되었다. 하지만 이는 실현되지 못했던 것으로 보인다.[64]

이후 1938년부터 시작된 토지구획정리사업으로 이전해야 할 거주민이 1,000여 호나 발생하자 상당수 빈민들이 어려움에 직면하기도 했다. 이러한 사정에 따라 부산부는 다른 지역에 비해 뒤늦게 주택지 경영지구를 설정하고 임대주택사업 등을 전개했다.[65]

이처럼 경성과 주요 도시에서는 빈민 주거 대책을 수립한 뒤에도 이를 실행하지 못했으며, 거주 인구 증가에 따른 주택난 역시 모두 공통적으로 겪고 있었다. 조선총독부는 1930년대 후반 주택난이 통상적인 수준을 넘어 총체적 난국의 형태를 보이자 1939년 주택대책위원회를 설치할 정도였다. 경성부는 부영주택 운영, 세민지구 조성, 관사 및 사택 건설 등 중소노동자 및 영세민을 대상으로 한 주택 건설 등에 집중했으나 실효를 거두지 못했다.[66]

이를 종합해 보면 당시 일제강점기 지방단체[67]에서는 갈수록 증가하는

64 양미숙, 「1920·30년대 부산부의 도시빈민층의 실태와 그 문제」, ≪지역과 역사≫, 19(2006), 203~234쪽.

65 김경남, 「1930년대 일제의 도시건설과 부산시가지계획의 특성」, 역사문화학회 학술대회 발표 자료집(2004), 162~169쪽.

66 유승희, 「1920~30년대 경성부 주택문제의 전개와 대책」, ≪아태연구≫, 19(2)(2012), 131~165쪽.

67 강재호는 비용부담 단체로서의 실태나 인격의 생사가 오로지 행정구획의 존재방식에 달려 있는 종속성을 이유로 식민지 조선에는 지방공공단체나 지방자치단체가 아니라 지방단체가 존재했다고 설명했다. 강재호, 「조선총독부의 지방제도」, ≪공공행정논총≫, 29권(1호)(2011), 1~15쪽.

도시 빈민들의 주거 문제를 심각하게 인식하고 그 대책을 마련했지만, 재원 문제로 인해 실행에 옮기지 못했다. 처음에는 직접 개입하기보다 종교 단체를 통해 빈민을 교화하는 데 힘썼으나 무위에 그쳤다. 이후 급증하는 인구를 수용하고 재조선 일본인을 위한 신시가지를 개발하기 위해 토지구획정리사업을 실시하는 과정에서 도시 빈민을 수용하는 방안을 검토했으나 토지 소유주의 반대, 조선총독부의 지원 거부, 일본인 중심의 부회 반대 등으로 인해 무산되었다.

하지만 광주에서는 도시 빈민들을 위한 사업이 전국 최초로 유일하게 실시되었다. 일제의 광주천 개발사업과 함께 그 주변에서 생계를 이어갔던 토막민들이 쫓겨나자 광주 지식인들이 이들을 위한 갱생시설을 강하게 주장했고, 일제는 어쩔 수 없이 이를 받아들였던 것이다. 이 과정에서 오방 최흥종 목사는 광주를 방문한 조선총독을 직접 만나 담판을 짓기도 했다.

1930년 일제는 광주천 하류 하천정비사업을 실시하면서 하천 주변에 거주했던 빈민 500여 호를 이주대책은 물론 이전료 한푼 없이 내쫓았다. 이는 곧 사회 문제로 부각되었고, 지역민의 반발도 컸다. 6년 뒤인 1936년에도 일제는 광주천방수공사를 실시하면서 비슷한 방법으로 사업을 추진할 방침이었다. 그러나 이 같은 사실이 알려지자 최 목사를 비롯한 지역 유지들은 단체를 만들어 전남도청을 항의 방문했고 이 과정에서 조선총독과의 면담을 성사시키기도 했다. 이 사업에 대해 당시 ≪동아일보≫는 이렇게 전했다.

"광주부는 오갈 곳 없는 광주 빈민들에게 주거지를 제공하기 위해 '갱생지구'라는 새로운 명칭하에 1만여 평의 대지를 매수해 도로, 우물, 하수구 시설을 완비할 목적으로 1936년 예산에 3만 원을 계상했다. 이는 어느 도

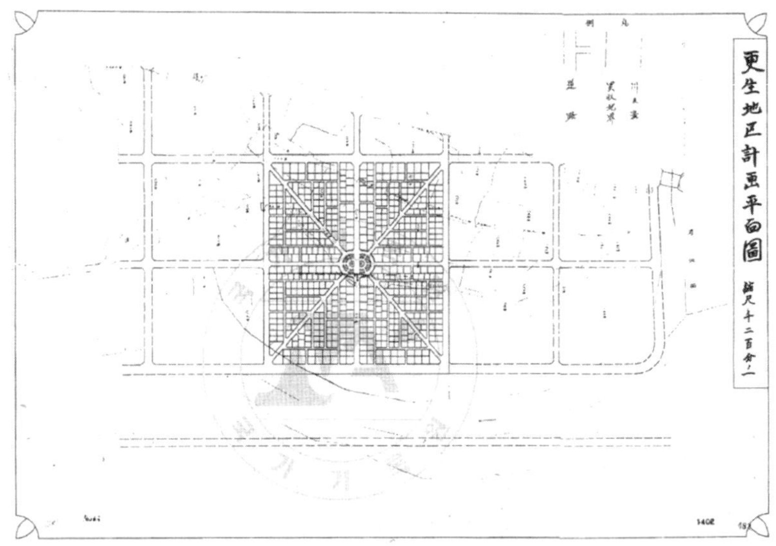

1920년대부터 시작된 광주천 주변에 대한 일제의 각종 개발사업으로 인해 광주 빈민들이 갈 곳이 없어지자 조선인 지역 유지들이 중심이 되어 이들에 대한 주거 대책을 촉구했다. 이들의 꾸준한 요구에 광주부, 전라남도, 조선총독부 등은 광주천 주변에 이들이 거주할 수 있는 갱생지구를 조성했다. 서울, 부산 등에서는 토지 소유주의 반발로 세민지구를 조성하는 데 실패했으나 유일하게 광주에서만 공유지를 사용해 전용 주거지역을 만들었다. 그림은 갱생지구 평면도이다(조선총독부가 1938년 작성한 「광주부 관계서류철」에서 발췌).

시에서도 시도하지 못했던 일이다. 인구가 5만 3,000여 명에 달하고 있는 광주부에서 자신의 집을 소유한 주민은 인구의 절반이 안 될 만큼 주택이 부족한 실정이다. 광주천 상류인 금정(동구 금동), 양림정(남구 양림동) 하천 부지에는 어느 틈에 모여들었는지 빈민 500여 호가 자리하고 있으며, 매년 여름 수해로 2,500명에 달하는 이주민이 발생하는 등 하천정리는 긴급한 중대사이다. 광주부는 6년 전, 광주면 당시 광주천 하류인 광주대교 부근 하천을 정리하면서 500여 호의 빈민들에게 이주지 지정 및 이전료 지급 없이 주택을 강제 철거해 큰 사회 문제가 된 바 있다. 그러나 광주부는 이번 광주천 상류에 대해서는 이전료를 지급하고 이주지까지 지정했다. 갱생지구 위치는 신광주역(남광주역) 남쪽 종방제사공장 건너편이 유력하며, 도로, 공동우물 2곳, 공동세탁소, 간이학교 등이 설치될 예정이다. 부회에서 일본인 의원들이 반대하기도 했으나 조선인 의원이 강력하게 주장해 실시하게 되었다."[68]

갱생지구를 조성하는 데 필요한 재원을 조달하기 위해 광주부는 1936년 7월 3일 3만 원의 기채를 조선총독부에 신청하고 그 해 10월 27일 인가를 받았다. 사업에 착수한 광주부는 약 8,680평의 하천매립지 내에 도로 예정부지 약 1,000평, 갱생지구 내의 도로 3,348평, 공동세탁장 및 공동정호 등 262평을 배치하고 나머지 4,070평의 토지를 매각할 예정이었다. 또 빈민들이 이전료만으로는 이 갱생지구에 입주하기 어렵다는 점을 감안해 이들을 광주천 방수공사와 갱생지구 매립공사에 인부로 동원한 뒤 여기서 지급되는 임금의 일부로 갱생지구 내 토지를 매입하도록 하는 방법을 도입했다. 구체적으로는 노임의 2할(한 사람당 하루 50전 가운데 10전)을 강제로 저축시켜 주택 매입에 충당하도록 했다. 갱생지구로 이전해야 할 빈민들을 자산의 정도에 따라 '갑'과 '을'로 구분했으며, 9~24평까지 623개 필지를 정비해 경제적 여력이나 실정에 따라 적당히 할당했다. 그리고 일부 주택은 일반에게 개방해 공개경매에 붙이는 경우도 있었는데, 빈민들에게 우선적으로 매각할 분량을 470호 5,148평(평균 1호의 매각면적은 11평이고, 가격은 평당 평균 2원이며, 전체 대금은 1만 296원)으로 미리 정해두고 잔여지 5,002평은 필요에 따라 적당히 매각처분에 나섰다.[69]

---

68 ≪동아일보≫, "500여 호 빈민에 갱생지구 이상촌"(1936년 4월 21일 자).

69 光州府, 『光州府勢一斑』(1937), pp.71~80.

이 갱생지구는 학동 8거리라는 이름으로 2000년대 후반까지 골격이 그대로 남아 있었으나 학2구역 주거환경개선구역에 포함되면서 철거된 뒤 아파트 단지로 변했다. 일제강점기 때 빈민들을 위한 이주단지가 조성되고 빈민들이 입주해 거주하면서 공동체를 구성한 것은 광주의 갱생지구가 유일했다. 갱생지구가 조성된 것은 당시 조선인 중심 지역공동체의 지속적인 노력, 지역 내 지식인들의 제도 보완 요청 등이 복합적으로 작용한 결과물이라고 할 수 있다. 일제강점기임에도 불구하고 광주의 종교인, 지역유지 등이 도시 빈민에 대한 대책을 촉구했고 조선총독부, 일본인 관료들을 강제해 거리로 쫓겨난 빈민의 주거전용지구를 만들도록 했기 때문이다. 이와 관련해 빈민들을 감시하기 위한 강제 수용이라는 비판이 일부 있는 것도 사실이지만, 궁민구제사업이라는 공공사업을 실시해 빈민들을 고용하고 노임의 일부를 일정 기간 저금하도록 하는 방법으로 주거공간을 분양받을 수 있도록 한 정책은 지금도 눈여겨볼 필요가 있다.

무엇보다 빈민을 도시 외곽으로 이주시키고 민간에게 부담을 지우는 일제강점기의 도시 빈민 대책이 현재까지도 적용된다는 점에서 시가지와 인접한 곳에 국비, 지방비 등의 예산을 들여 조성한 갱생지구가 주는 의미는 특별하다고 하겠다. 이로 인해 1940년 조선총독부의 조사에서 광주지역의 토막민 수가 다른 지역에 비해 감소했다는 점도 유의할 만하다.

이와 함께 일제는 1930년대 광주에서 기반시설인 하수도, 도로의 설치와 하천 개수에 들어가는 비용 일부를 그로 인해 혜택을 보는 인근 주민에게 특별세를 부과해 환수하는 제도를 도입했다.

광주부는 1936년 12월 26일 조례 제36호로 광주부 특별세 토지평수할(土地坪數割)조례를 제정하고 이를 1938년 2월, 1942년 3월 두 차례 개정

◂ 백화지구 재개발사업 이후 들어선 백화아파트와 학2구역 주거환경개선사업 이후 갱생지구에 들어선 아파트

◂ 백범김구기념관

▌갱생지구는 2011년 백화지구 재개발사업과 학2구역 주거환경개선사업으로 철거되고 아파트 단지로 변했다. 갱생지구 인근의 백화지구는 한국전쟁 이후 광주천변 움막 등에서 비참하게 거주하던 피난민, 빈민 등을 본 백범 김구가 광주에서 받은 강연료를 기증해 판잣집을 짓도록 해서 조성되었다. 당시 백범 김구가 "100가구가 화목하게 지내라"라고 당부해 백화라는 이름이 붙여졌다.

했다. 제정 당시 이 조례는 부비를 들여 하수도 신설과 확장, 개축공사를 한 대상지역의 경계선에서 8간(間), 즉 14.54m 이내의 토지 권리자에게 세금을 부과할 수 있는 근거가 되었다. 토지평수할을 부과해야 할 공사의 종류, 노선 및 지역은 부회의 의결을 거쳐 공사 전에 부윤이 고시하는데, 토지평수할의 부과총액은 사업비의 10분의 3 이내로 하고 총액 역시 부회의 의결을 거쳐 정하도록 했다. 이 조례는 1942년 3월 개정으로 부과 대상이 하수도 신설·확장·개축에서 도로 신설·확장·개축, 도로 개량, 하수도 신설과 확장, 개축, 측구 신설과 확장, 개축 등으로 대폭 늘어났다.[70] 국가기록원이 보관하고 있는 광주부의 예산서를 살펴보면 1936년 1만 8,615원을 시작으로 1938년 3만 6,027원, 1941년 1만 7,741원 등을 세입 항목으로 설정해 실제로 징수했다.

몽리(蒙利, 보와 저수지 등의 수리 시설에서 물을 받는 것)지역에 대한 임시특별세는 '도지방비에서 부담해야 하는 하천에 관한 비용의 일부를 도지사가 관내 공공단체에게 부담하게 할 수 있다'는 조선하천령 제36조의 규정에 의해 광주천개수공사비 부담금의 일부를 충당하기 위해 임시특별세 형식으로 부과되었다. 1941년 3월 27일 광주부 임시특별세 조례를 설정해 몽리지역인 학강정, 천정의 각 일부에 대해 임시특별세 4,965원 이내에서 징수하기로 한 것이다. 공사로 인해 혜택을 볼 것으로 추정되는 지역을 1등급에서 10등급으로 분류하고, 1940년부터 1953년까지 14년간 징수하겠다는 방침이었다.[71] 이러한 도시 개발과 관련한 특별세, 임시특별세 부과는 기반시설의 혜택을 보는 토지 소유주에게 설치 예산의 일부를 분담시키는 조치라고 할 수 있다. 공공재정이 한계에 이르고 있었고, 기반시설로 인해 인근 주민의 편의성이 높아지고 지가 역시 상승한다는 이유에서였다. 한편으로는 1930년대 후반에 접어들면서 도시기반시설이 일본인

70 조선총독부, 「목포광주부 관계철(CJA0003663)」(국가기록원, 1942), 96~150쪽.

71 조선총독부, 「목포광주부 관계철(CJA0003550)」(국가기록원, 1942), 721~920쪽.

집단거주지역에서 벗어나 조선인 거주지역에 주로 설치되면서 그 비용을 조선인들에게 전가하려 한 것 아닌가 하는 합리적인 의심도 할 수 있다.

1930년대는 광주를 비롯한 조선의 거의 모든 도시에서 일제의 근대화, 산업화, 도시화 등이 어느 정도 마무리되면서 과거 조선시대의 도시 공간과 크게 달라진 시기였다. 동시에 일제가 대륙 침략, 강제 수탈을 위해 거점으로 삼은 도시와 그렇지 않은 도시 간의 격차가 커진 시점이기도 하다. 일제는 강제병합한 조선을 가장 적은 예산을 들여 가장 효율적으로 개발함으로써 신속하게 중국 대륙에 닿는 것, 또는 농수축산물을 비롯한 공산품들을 일본 본토나 그들이 원하는 목적지로 옮기는 것이 목적이었으므로 그 목적에 맞게 국토 공간을 변형시켰다. 조선에 진출한 일본인들 역시 이른 시일 내에 부를 일굴 수 있는 방법, 즉 수익을 극대화하는 방법으로 도시 공간을 개발했다. 기반시설을 설치할 때에는 그로 인해 혜택이 예상되는 토지 소유주에게 사업비의 일부를 세금으로 징수하는 방안도 추진했다.

이에 반해 유럽은 18세기 중반 영국의 산업혁명을 시작으로 19세기 유럽 도시 전역에서 산업화가 진행되면서 해당 국가의 정부와 지방자치단체는 약자인 노동자, 빈민 등을 위한 공공주택단지를 조성하는 노력을 기울였다. 또한 대기 오염, 수질 오염, 토질 오염 등으로 인해 악화하는 도시 공간을 체계적으로 관리·운영하기 위해 근대도시계획의 법·제도를 구축했다. 그 결과 도시의 경관과 정체성을 지키면서 시민들의 만족도를 높이기 위한 도시 간 경쟁 양상도 이어졌다. 하지만 일제강점기에 뒤늦게 강제적으로 산업화, 근대화, 도시화에 돌입한 식민지 조선에서는 도시 공간이 일제와 일본인들의 목적을 달성하기 위한 수단일 수밖에 없었다. 공간의 질적 수준은 고려 대상이 아니었고, 거주민들의 의향은 무시되는 시스템이었다.

1939년 수립된 근대적인 도시계획, '광주시가지계획'

일제는 유럽이나 미국에서 이미 도입하고 있는 선진적인 법·제도를 일본 본토뿐만 아니라 식민지인 조선과 대만에도 도입하기 시작했다. 침략과 통치, 수탈과 억압이라는 제국주의의 목적과 함께 공공재정의 투입을 최소화하면서 가장 효과적인 방법으로 일제와 일본인이 이익을 취하기 위해 이들 법·제도를 도입·운영했다는 점이 본토와 달랐다.

도시계획 역시 예외가 아니었다. 근대도시계획의 원칙이 '선계획 후개발'인 이유는 개발 전에 구체적인 공간 계획을 수립함으로써 그로 인한 부작용을 예방하고 최소화하기 위해서이다. 계획 과정에서 토지 소유주, 민간업체 등 수익만을 바라는 이들의 욕망을 억제하면서 도시 전체, 지역공동체, 이웃 등과 조화를 이룰 수 있는 방안을 마련하는 것이 무엇보다 중요하다. 하지만 이러한 도시계획의 취지는 조선에서 전혀 중요하지 않았다.

일제는 1919년 본토에 '시가지건축물법'과 '도시계획법'이라는 근대적인 도시계획을 도입했는데,[72] 조선에서도 이러한 제도의 필요성이 언급되기 시작했을 것으로 추정된다. 물론 그 형태와 방식에 대한 내부 논의가 복잡했을 것이며, 식민지에 이러한 선진 제도를 도입하는 것 자체에 대한 부정적인 의견도 있었을 것으로 보인다. 어찌되었든 거론된 지 15년이 지난 시점에 조선에서는 근대적인 도시계획 법령이 제정되었다. 1934년 제령 제18호 조선시가지계획령(朝鮮市街地計劃令)(이하 시가지계획령)의 제정 배경을 알기 위해서는 1930년대 초반 조선과 그 주변의 정세를 살펴볼 필

72 原田純考 編,『日本の都市法 I : 構造と展開』(2001), pp.23~40.

요가 있다.

1931년 조선총독으로 부임한 우가키 가즈시게(宇垣一成)는 조선공업화 정책을 내놓았는데, 같은 해에 만주사변도 발발했다. 공업화와 대륙 침략의 수단으로 '계획적인 개발'이 필요했을 것이라는 의미이다. 따라서 시가지계획의 첫 대상은 경성이나 부산이 아닌 함경북도의 항구도시인 나진이었다.[73]

조선총독부는 시가지계획령의 전체 50개 조문 가운데 '제1조 내지 제14조 및 제42조 내지 제50조의 규정'만 1934년 8월 1일부터 시행했다.[74] 한편 1년 뒤에는 제15조에서 제41조까지의 '제2장 지역 및 지구의 지정과 건축물 등의 제한'을 1935년 9월 20일부터 시행한다고 발표했다.[75] 앞선 규정은 토지구획정리사업에 관한 조항으로, 나진시가지계획은 1934년 11월 20일에 계획구역, 가로, 토지구획정리지구를 결정했다. 나진시가지계획은 같은 날 나진읍장에게 사업시행명령까지 내렸다.

조선의 수도인 경성은 1936년 '경성부시가지계획'을 실시하면서 먼저 3월 26일에는 총독부고시 제180호로 계획구역을, 이어 12월 26일에는 총독부고시 제722호로 계획가로와 토지구획정리지구를 고시했다. 지역제는 3년이 더 지난 1939년 9월 18일 자로, 공원계획은 1940년 3월 12일 자로 고시하는 식으로 순차적으로 진행했다. 이를 보면 나진시가지계획이 매우 시급하게 추진되었음을 알 수 있다.

김광우 전남대학교 명예교수가 보관하고 있는 1937년 조선총독부 토목

73 광주광역시, 『광주도시계획사』, 109~115쪽.

74 조선총독부, 부령 제77호, 「조선총독부관보」(1934).

75 조선총독부, 부령 제104호, 「조선총독부관보」(1935).

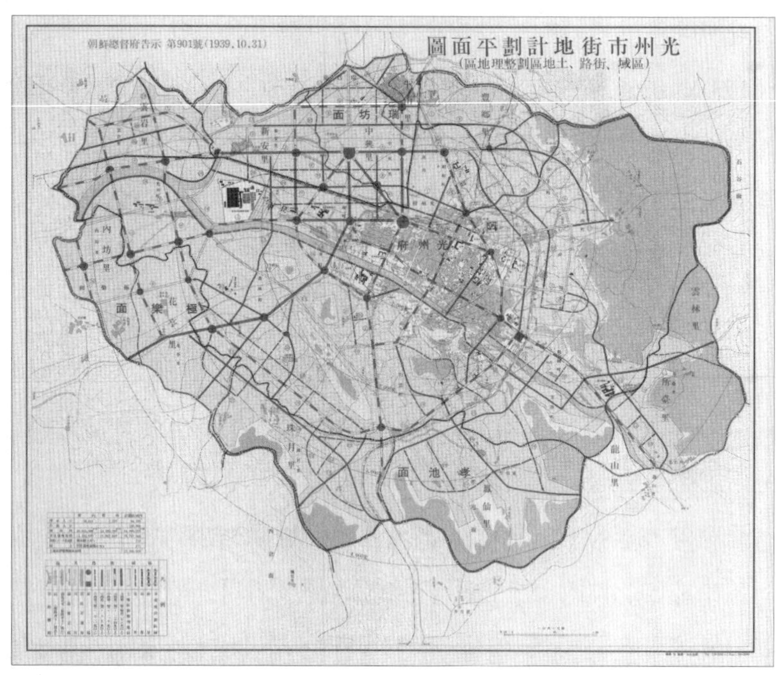

▎일제와 일본인들은 조선인들을 위해서가 아니라 자신들만의 공간을 위해 독일의 토지구획정리사업을 도입했다. 이 계획은 해방 이후에도 그대로 적용되면서 지방도시 광주의 공간을 형성하는 데 큰 영향을 미쳤다. 그림은 1939년 작성된 광주시가지계획평면도(광주광역시, 『광주도시계획사』(2011), 312쪽에서 발췌).

계가 발간한 「조선토목건축휘보」에 따르면, 조선총독부는 전국 각 도시를 입체도시로 미화 발전시키기 위해 각 주요 도시에 시가지계획령을 적용하고자 했다. 이를 위해 시가지계획령 조사위원회가 부산, 인천, 평양, 신의주, 대구, 목포 등 6대 도시에 가로망 계획 및 구획정리계획 사안을 자문한 뒤 최종 결정하기로 했다. 2차로 원산, 군산, 광주, 대전, 진남포, 마산, 개성 등 8개 도시에 가로망, 구획정리, 건축계획을 늦어도 1938년 2월경까지 입안해서 즉시 자문을 받고 같은 해 7~8월경까지 시가지계획령 적용

여부를 결정할 예정이라고 적고 있다.

이와 함께 이 문서에서는 시가지계획령의 개정 내용도 담고 있다. 50개의 조문 중 20개를 개정해 새로운 조문을 삽입했는데, 그 중 주목해야 할 개정 요점은 세 가지이다. 첫째는 시가지 토지 수용 가격의 결정 방법을 조문에 명기해 가격 급등과 투기를 방지했다는 것이다. 둘째는 상업지역, 공업지역, 주거지역 등 시가지 내 전문지역제를 엄격히 적용해 기존 도시에서는 과도하게 혼합지역을 설계할 수 있도록 한 반면 신도시에서는 원칙적으로 이 편법을 배제하도록 했다는 것이다. 셋째는 시가지 내 일정 공간을 정해 광대한 녹지지역을 조성하게 했다는 것이다.

1934년 나진을 시작으로 총 41개 지역에 시가지계획이 결정 고시되었다. 시가지계획이 고시된 지역은 크게 두 부류로 나뉘는데, 하나는 시가화가 급격히 진행되고 있는 도시이고, 다른 하나는 주요 항만이나 공장이 위치한 곳이었다. 이에 의거해 조선총독부가 1939년 10월 31일 광주에도 제910호 광주부시가지계획을 고시했다.[76] 계획구역의 면적은 광주부 일원에 광산군 서방면, 효지면, 극락면 등의 각 일부가 포함되어 34.905km^{2}로 확대 결정되었다.

이 계획에서는 대로, 중로, 소로 등 시가지계획가로의 종류에 맞춰 구역 내 도로를 설정하고, 토지구획정리사업지구로 22.3km^{2}를 지정했다. 이처럼 토지구획정리사업을 시행한 것은 시가지, 즉 광주의 기존 중심지를 벗어나 새로운 시가지를 조성하겠다는 것을 의미했다.

당시 고시에 첨부되어 있는 구역 결정 이유서[77]에서는 "부세(府勢, 광주부

76 조선총독부, 「제4회 시가지계획위원회 관계철 2책 중 1(CJA0015672)」(국가기록원, 1939), 192~250쪽.

❚ 일제가 1939년 수립한 광주시가지계획의 제1토지구획정리사업 대상지에 들어선 광주역의 모습. 광주에서 유일하게 방사형 도로 구조를 가지고 있다. 일제가 중심시가지에서 벗어나 일본인 중심의 신시가지를 계획했던 것으로 보인다. 하지만 계획은 실현되지 못했고, 1969년 광주 동구 대인동에 있던 광주역이 이전했다.

의 세력)의 확장에 대응하기 위해 도로, 하수도, 기타 모든 시설의 적극적인 확충을 도모하려 했으나 급속한 발전에 부응하기 어려웠으며, 건물은 무질서하게 건축되어 장래 건전한 도시 발전을 기대하기 어려운 상태에 이르렀다. 이에 시가지계획을 수립해 장래 질서 있는 도시 구조를 만들 필요가 있게 된 것이다"라고 밝혔다. 계획구역의 면적을 당시 광주부(20.025km^2)보다 1.7배 더 크게 설정한 것은 1967년에는 인구가 15만 명에 이를 것으로 예측했기 때문이다.

거주 인구는 시가지계획구역 결정에서 중요한 요소였는데, 1921년 말 광주 인구는 1만 8,333명이었으나 1936년 말에는 5만 6,444명으로 늘어

---

77 광주시가지계획으로 고시된 내용이나 결정 이유서에 대한 내용은 다음의 자료를 참조. 광주직할시, 『광주시가지계획: 1939.10.31 광주 최초의 도시계획 번역서』(1990); 조선총독부, 「제4회 시가지계획위원회 관계철 2책 중 1(CJA0015672)」.

증가지수가 무려 308에 이르렀다. 이후로도 같은 추세로 인구가 증가할 것으로 가정하고, 1921년 이후의 통계를 기초로 최소자승법에 따라 장래 인구를 추정했다. 그 결과 30년 후인 1967년의 인구는 13만 5,283명에 이를 것으로 판단해 목표인구를 설정했던 것이다.

도시지역은 상업, 공업, 주거의 각 구역을 분리해 도로 및 교통기관을 적당히 배치하고 주거지 분산을 도모했으며, 부내의 표고 80m 이상의 산지 및 광주천의 하천부지를 제외한 거주 적정 지역의 면적을 14.405km^{2}로 정했다. 이는 총면적의 72%에 해당하는 규모였다. 1936년 말 인구 5만 6,444명을 기초로 계산하면 1인당 거주 적지 면적은 255m^{2}로 시가지계획상 이상적인 1인당 면적인 100m^{2}보다 여유가 있었다.

광주부는 1918년 이후 지방비, 지방보조비 또는 면(읍)비 42만 6,307원으로 시가도로개수공사를 시행했다. 간선도로의 일부는 어느 정도 설치되었으나 여전히 미흡한 상태였으며, 가로의 면적은 33만 9,409m^{2}로 부내 거주 적지 면적의 2.3%에 불과했다. 도시화가 급속히 진행되면서 인구는 크게 늘어났지만 그에 맞춰 도로 등 기반시설은 뒤따르지 못했다는 의미이다. 무분별한 시가지 확장이 진행되고 있었으나 이를 통제할 수 있는 수단도 없었다.

산업혁명 이후 유럽의 도시도 마찬가지였지만, 시가지가 확장된 이후에는 토지 수용에 막대한 비용이 소요되어 도로 등 공공시설의 설치가 어려워진다는 점에서 이 부분에 대한 고민도 있었다. 건축물의 높이를 제한하는 조치도 있었다. 시가지계획령 시행규칙에서는 건축물 높이의 절대 한도를 주거지역에서는 20m, 기타지역(상업, 공업)에서는 31m로 정했다. 다만 가로의 폭과 건축물 높이를 연계시켜 주거지역에서 가로를 1.25배 확장하면 8m 더 높이 지을 수 있었다. 상업지역에서는 1.5배, 공업지역에서는 1.3배, 더 넓으면 마찬가지로 8m 높은 건축물을 올릴 수 있었다. 당시에도 지가가 상승할 장소에서는 고층 건축을 바랐지만 인구 과밀 방지, 교통 지체 완화 등을 이유로 건축물 높이를 적절히 관리했다는 것이다.

일제의 광주시가지계획은 1945년까지는 유효하게 적용되었지만, 해방과 한국전쟁 등의 영향으로 예상을 크게 벗어날 수밖에 없었다. 광주의 도시화와 인구 성장은 가속되었고, 1965년 광주의 인구는 무려 58만 8,662명에 달했다. 결국 이 계획으로 인해 '수요 대비 공급 부족' 속에 난개발이 초래되었고, 이는 지금 겪는 도시 문제의 근원이 되고 있다. 일제가 이러한 계획을 수립했다고 해서 체계적으로 개발을 한 것은 전혀 아니었다. 계획 자체가 일제와 일본인들의 목표 달성과 편의 증진을 위한 도구였고 조선총독부와 지방단체들의 재정 형편이 좋지 못했기 때문에 공공재정의 투입은 최저 수준이었다. 다시 말해 계획은 그럴듯하게 세웠지만 그에 맞춘 개발은 불가능했다는 의미이다. 그런 와중에도 그나마 남아 있는 공유지를 일본인 등이 운영하는 민간개발업체에 분양하거나 수익성이 높은 사업에 허가를 내주는 등 공간 내 무분별한 개발은 계속되고 있었다.

특히 1940년대에 접어들면서 일제가 태평양전쟁(1941~1945)을 일으키자 한반도 전체가 전시체제에 들어갔다. 이는 도시에 대한 투자를 전혀 하지 못하고 오히려 기존 시설을 철거하는 상황에 직면했다는 의미이다. 1922년 조선철도주식회사가 광주와 담양을 잇기 위해 전남선을 설치했는데, 고철이라도 필요했던 일제가 1944년 이를 걷어내버렸다.[78] 광주를

78 1944년 10월 27일 자 조선총독부 고시 제1265호에서 조선국유철도 광주선 광주~담양 간 철도운수 영업은 같은 해 10월 31일에 한해 휴지한다고 밝히고 있는 것으로 보아 철로의

비롯한 조선의 도시들은 1930년대까지 그나마 일제의 필요와 일본인 거주 편의를 위해 설치했던 도시화의 산물들을 방치하거나 심지어 철거할 수밖에 없었다. 전쟁으로 인해 어수선한 분위기에서 단기간 내 금전적인 이득을 바라는 일본인 또는 부역세력은 도시 곳곳에서 투기적 개발을 자행했다.

철거는 11월부터 진행되었을 것으로 보인다.

제2장

—

해방 이후의 난개발과 공급 위주의 촉진 개발*

1945년 9월 8일부터 1948년 8월 15일까지 3년간의 미군정기, 1948년 8월 16일 정부 수립, 1950년 6월 25일 한국전쟁, 1953년 7월 27일 휴전 협정을 거쳐 이후 1960년에 이르기까지 도시의 변화상을 규명하는 것은 매우 어려운 일이다. 격변기의 정부나 지방자치단체의 공식적인 자료는 대부분 유실되었고, 국가 존립의 위기를 극복하는 과정에서 정부는 당장 급한 사안인 기본적인 국가 시스템 복구에 나설 수밖에 없었다. 국민 모두 일단 먹고사는 문제에 집착했기 때문에 공간의 질적인 문제는 고려 대상이 아니었다. 또 철저한 중앙집권체제 속에 정부가 정책 입안, 예산 집행 등을 주도했기 때문에 도시가 자체적인 공간 정책 및 사업을 구상하거나 집행할 수도 없었다.

---

* 이 장은 윤현석·윤희철, 「1945~1960년 광주(光州)의 도시 성장에 관한 역사적 고찰」, ≪도시행정학보≫, 제31권 제4호(2018), 1~26쪽을 참조해서 작성했다.

광주는 다른 지방도시와 마찬가지로 일제강점기에 일제의 수탈과 침략을 목적으로 한 근대화를 거치면서 도시로서의 면모를 갖췄고, 해방과 함께 급증하는 인구를 수용했다. 한국전쟁으로 인해 대부분의 시설이 파괴되었기 때문에 한국전쟁 이후에는 일제에 의해 계획·개발된 도시 공간을 재건하는 데 도시 역량을 집중했다. 또한 농촌 인구의 이주, 인구 증가, 도시 외연 확장 등의 과정을 거치면서 대도시로서의 면모를 갖춰갔다.

이 장에서는 지방도시 광주의 역사 가운데 여전히 연구가 미약한 해방 이후 15년여 간의 도시 문제와 그에 대한 지방자치단체의 대응을 조명하고자 한다. 이 시기는 태평양전쟁, 한국전쟁 등과 함께 남북 분단, 이데올로기의 대립을 겪은 극심한 격동기였다. 따라서 도시 전반의 문제와 그에 대한 대응을 제대로 살펴보는 것이 물리적으로 불가능하다. 이 시기는 각종 문헌자료가 존재했다가 사라졌고, 심지어 공식적인 행정 행위 조치도 제대로 작성되어 있지 않은 단절의 시기이다.

따라서 여기서는 1947년 5월부터 1959년 7월까지 한국은행이 발간한 ≪조사통계월보≫, 정부 고시 및 공고, ≪광주민보≫ 등의 신문, 국가기록원 소장자료, 지적 자료 등과 함께 기존 연구들을 참조해 지방도시 광주에서 해방 이후 1960년까지 발생한 공간 문제들을 정리하고, 지방자치단체나 중앙정부가 어떻게 이에 대응했는지를 분석했다.

인구 급증으로 부상하기 시작한 도시 문제

해방 이후 격변기 광주는 타 도시와 유사하게 인구가 급증하면서 다양한 도시 문제에 직면했다. 당시 신문들은 적산 처리 문제는 물론, 면포 배급, 노점상 단속, 광주교 밑 궁민들 자치회 결성, 전남도 내 이북동포 2,221명 수용, 전남방직 자가 발전 설비 완료, 광주부영 직업소개소 해방 이후 1948년 12월 1일까지 구직신청자 5,105명, 신흥 부유층 세금 체납, 전남 반민특위 투서함 설치 등의 소식을 전하고 있다.[1] 한편으로는 해방 이후 일제강점기 주민조직의 이름을 바꾸고 광주부의 직원을 주재시키는 등 일제의 색채를 지우면서 주민조직을 관 조직으로 바꾸는 과정에 있었다. 인구가 급증함에 따라 도시 내 기반시설과 주택을 신속하게 설치 및 공급하기 위한 조치도 이어졌다. 광주 형무소 신축, 부립 보건소 설치, 국민주택회사 설립, 학강국민학교 낙성식, 광주 공업중학교 신축, 지산동 파출소 신설, 각 동에 공민교 설치 등의 조치가 대표적이다.[2]

전쟁 기간에는 광주 역시 여느 도시와 마찬가지로 혼돈이 불가피했다. 1951년 3월 1일 새벽 200여 명의 공비가 광주형무소를 습격했고, 같은 해 하반기에는 공비가 전선을 절단해 광주와 순천의 전기 공급이 중단되자 이앙 등에 심대한 지장이 있다는 보고가 올라오는 일도 있었다. 경남도청 회의실, 부산대통령임시관저 등에서 열린 국무회의에서는 이 사안이 논의되기도 했다. 전남대학교와 광주고등법원 설치를 위한 안건도 국무회의에서 다뤘다. 1951년 9월 14일에는 전남대학교 설치에 관한 건이 국무회의 안건으로 상정되었다. 이 안건에 따르면 전남대학교는 의과대학(도립 광주의과대학), 농과대학(도립광주농과초급대학[3]), 상과대학(도립목포상과초급대

1 ≪동광신문≫, 1946년 7월 4일 자~1947년 11월 26일 자; ≪호남신문≫, 1948년 10월 21일 자~1949년 3월 4일 자.

2 ≪동광신문≫, 1947년 12월 10일 자~1948년 3월 13일 자; ≪호남신문≫, 1949년 7월 9일 자~8월 25일 자.

3 도립광주농과초급대학과 목포상과대학은 1951년 8월 27일 문교부의 인가를 받았다.

학) 등 기존의 3개 대학에, 재단법인 대성학숙, 전남향교재단이 설립한 대성대학관을 국립으로 이관해 문리과대학을 설치하고, 전남방직회사 내 일부 건물을 교사로 해서 공과대학을 신설하는 등 2개 대학을 이관 또는 신설해 구성했다. 당시 국무회의에서는 전남대학교 설립안을 의결하고 부수되는 제반 문제를 문교부가 담당해 집행하도록 했다. 1951년 11월 16일 국무회의에서는 광주고등법원 설치 법안이 원안대로 의결되었다.[4]

전쟁과 휴전 협상 속에서도 중·고등학교, 대학교 등 교육시설의 설치, 인가, 개편 등의 조치는 계속되었다. 1950년 12월 11일 광주동중학교가 전라남도 학무국장에게 '학교인가 및 재단법인 허가 관계서류 사본'을 제출했으며, 1951년 5월 25일에는 전남지사가 교육법 일부 개정에 따른 중등학교 개편에 따라 전남여자중학교를 광주중앙여자중학교로 변경하는 것을 인가했다. 1953년 2월 25일에는 광주제일고등학교가 학교인가 및 재단법인 허가 관계서류를 제출해 문교부 장관이 4월 8일 9학급 정원 450명으로 설립을 인가했다. 1908년 3월 5일 인가를 받아 1909년 4월 10일 2년제 중학교로 문을 연 숭일중학교 역시 1951년 4월 14일 '학교인가 및 재단법인 허가 관계서류 사본'을 제출했으며, 1953년 4월 17일 6학급 300명 규모로 광주여자중학교가 설립인가를 받는 등 중·고등학교들이 제자리를 잡아갔다.[5]

1952년 2월 11일 창간한 ≪전남일보≫[6]는 전황과 광주, 전남의 실상을

---

4 국가기록원, 국무회의록 1951년 3월 5일~11월 16일.

5 전라남도교육위원회, 「초급대학개편관계철(BA0236756), 학교인가서류사본(5)(BA0236750), 학교인가서류사본(6)(BA0236751), 학교인가서류사본(6)(BA0236753)」(국가기록원, 1953).

6 ≪전남일보≫는 이후 신군부의 언론통폐합 조치로 1980년 말 ≪전남매일≫과 통합되어 ≪광주일보≫가 되었다.

엿볼 수 있는 거의 유일한 매체였다는 점에서 참조할 필요가 있다. 2면 타블로이드판인 이 신문은 주로 1면에는 정전 협상, 외신, 부산 임시정부의 움직임을, 2면에는 지역 소식과 수필, 기고 등을 실었다. ≪전남일보≫ 2월 11일 자부터 4월 30일 자까지의 지역 소식을 분석한 결과, 위조지폐, 무허가 접객업소 난립, 극심한 민생고, 광주고등법원 및 고등검찰청 건축기금 1억 원 도민 참여, 춘궁기 정부미 방출, 수도시설 완공, 광주시의회 입후보자 46명 등록, 물가 등귀, 생산 위축, 생활고에 적령아동등록 지체, 농지 쟁의 급증, 세궁민 2만 9,300명에게 1인당 1홉 5작 쌀 배급, 후생주택 건축, 구호 대상자 4만 6,000명 가운데 9,000명만 혜택, 이민 희망 535세대, 무허가 음식점 150여 개 난립, 하천부지 불법 매매, 금권선거 논란 등이 주요 소식이었다.

1950년부터 시작된 농지 분배는 기록상으로 1951년 11월부터 재개되었다. 국가기록원에는 1951년 11월 1일부터 1955년까지의 광주 신안리, 광산군 효지, 하남 등의 농지상환대장[7]이 보관되어 있다. 1950년 3월부터 광주천 일부 구간에 제방 및 호안을 만드는 공사가 시작된 데 이어 광천동 일대 250m에 대한 성토와 200m 사석 공사가 1953년 준공되는[8] 등 행정 시스템은 상당 부분 전쟁 전의 수준을 회복하고 있었다.

1952년 1월 6일에는 광주가 이승만 대통령이 상무대로 명명한 육군종합학교 기지로 결정되었는데, 이로써 광주는 군사도시로 성장하는 계기를 마련했다. 상무대는 유엔군 제6포로수용소로 지정[9]되기도 했으며, '4대 사

7 광주시 광산군, 「농지대가정산(BD0001467)」(국가기록원, 1953).
8 이리지방국토관리청, 「광주천우안1호제호안공사(BA0101685)」(국가기록원, 1953).
9 ≪경향신문≫, 1952년 1월 9일 자~8월 20일 자.

업'으로 을지문덕 장군 동상 건립, 영내 필요한 물자 수송, 신속한 연락 등을 위한 상무역 설치, 상무대 내외의 도로 확충, 녹화사업 등을 추진했다. 상무대 조성으로 인해 철도, 도로 등 도시기반시설이 좀 더 신속하게 확충되었던 것이다. 당시 이승만 대통령을 비롯한 한국과 미국의 군 수뇌부는 육군포병학교 창립기념식, 상무대 군기수여식 등 상무대의 각종 행사에 참석하기 위해 광주를 자주 찾았는데, 이 역시 광주의 도로 개설과 확장에 기여했을 것으로 추정된다. 군사도시 광주는 이로 인해 유흥시설과 여관이 난립하는 등 도시 문제에 직면하는[10] 부작용도 겪었다.

1954년 5월 13일 광주시장이 상공부 장관에게 광주중앙도매시장 개설 허가를 신청했으며, 같은 해 4월 14일에는 이리지방국토관리청이 광산군 극락면 치평리 일대의 광주천 연장 182m를 성토하는 공사에 착수해 7월 12일 준공했다.

해방 이후 미군정 실시, 좌우익의 대립과 전쟁이라는 극단적인 상황에서 지방도시 광주는 미흡하지만 영세민과 노점상 문제 해결, 상하수도, 도로·교량, 학교 등 부족한 도시기반시설 확보, 하천 정비, 공공주택정책 수립 등에 나섰다. 또 전쟁으로 인한 군부대 설치와 주변 시·군 인구의 유입으로 인구가 폭발적으로 증가하자 기반시설을 신속하게 설치하는 등 도시 성장의 계기가 마련되기도 했다. 하지만 한정된 예산과 자원, 예상 범위를 벗어난 인구의 급증, 행정기관의 미숙한 대응으로 인해 도시 문제는 해소되기보다 오히려 확대되었다.

당시 광주는 8·15 해방과 한국전쟁의 혼란기를 지나면서 일제강점기에

10 ≪동아일보≫, 1953년 2월 9일 자~1958년 11월 24일 자.

마련된 광주시가지계획을 그대로 집행하고 있었다. 그러다가 28년이 지난 1967년에 이르러 건설부 고시 제144호로 광주 일원 214.92km^2에 대해 도시건설 재정비를 결정하면서[11] 비로소 일제의 도시계획에서 조금씩 탈피하기 시작했다. 8·15 해방 이후 광주의 도시 공간은 농촌에서 이주해 온 이들이나 귀국하는 해외 동포 등 급증하는 인구를 수용하는 데 급급했다. 이 시기의 인구통계에 대한 정확한 자료가 없지만, 일부 남아 있는 행정통계를 보면, 1955년 23만 3,358명이었고, 1959년에는 30만 명이 넘을 정도로 급격하게 인구가 증가한 것으로 보인다.

1954년에 접어들면서 광주는 전후 복구와 더불어 인구 증가에 따른 기반시설 정비에 나섰다. 그러나 이는 정부의 법률 및 그에 따른 체계적인 계획에 의한 것이라기보다 기존 일제강점기에 수립되었던 계획에 따라 파괴된 시설을 복구하는 수준이었다. 이 시기에는 도시기반시설을 만들기 위한 법체계가 정리되지 못했기 때문이다. 1961년 '구법 정리에 관한 특별조치법'이 제정되면서 과거 법령을 1962년 1월 20일 자로 모두 폐지하기 전까지는 대부분의 기존 법·제도가 그대로 유지되고 있었다. 따라서 구한말, 일제강점기, 미군정, 대한민국정부의 법이 모두 혼용되고 있었고, 심지어 법규가 한자, 일본어, 영어, 한글의 네 가지 언어로 표기되었다.[12] 도시 공간에 대한 기본적인 법·제도라고 할 수 있는 도로교통법(1961), 도시계획법(1962), 건축법(1962), 토지수용법(1962), 토지구획정리사업법(1962), 국토건설종합계획법(1963) 등은 1960년대 초반에 제정되었다.[13]

---

11 광주시사편찬위원회, 『광주시사』(1982), 208~243쪽.

12 윤희철, 「시가지계획령(1934~1962)의 성립과 전개에 관한 법제사 연구」(2011), 전남대학교 대학원 석사학위 논문, 90~93쪽.

13 김원, 『도시정책론』(경영문화원, 1986), 26쪽; 국토개발원, 『제1차 국토종합개발계획의

따라서 도시 공간을 체계적으로 규제하는 수단이 제대로 자리를 잡지 못한 상태에서 무계획적인 난개발과 그로 인한 주거환경의 악화가 반복되었다. 일제와 일본인들이 남겨놓은 적산(敵產)의 처리, 1949년 농지개혁법에 따른 농지 유상몰수 유상분배 역시 도시 공간의 중요한 문제였다. 도시 곳곳에 주인 없이 남겨진 부동산 및 동산을 민간에 불하하기보다 국유화 또는 공유화함으로써 도시 공간 전반을 재정비하는 기회로 삼을 수도 있었다. 하지만 일제의 적산은 연고자 중심으로 민간에 넘겨졌으며, 이 과정은 상당히 불투명했던 것으로 보인다.

일단 미군정은 '미군정 법령' 제33호(1946.12.6)에 근거해 일본인의 사유재산을 몰수해서 미 군정청의 소유로 귀속시켰고, 귀속재산 가운데 농지의 경우에는 강제적으로 매각했다.[14] 그럼에도 불구하고 광주에서 어떠한 과정을 거쳐 적산이 처리되었는지에 대한 기록은 찾아보기 어렵다. 다만 신문자료를 통해 광주에 진주한 미군정이 적산을 어떻게 처리했는지 일부분만 살펴볼 수 있다.

미군 제33군정중대는 1945년 10월 22일 광주에 진주했고 다음날인 10월 23일에는 제101군정단과 제53, 55, 61, 63군정중대가 진주[15]했다. 미군은 광주부청에 적산관리계를 설치한 후 1945년 8월 9일[16] 이전에 일본인과 정식매매계약을 체결한 부동산에 대해 토지수속등기소에서 등기수

평가분석』(1982), 23, 423~424쪽.

14 김성욱, 「재조선 미국 육군사령부 군정청 법령' 제33호에 의한 소유권의 강제적 귀속」, ≪법학연구≫, 제42편(2011), 92쪽.

15 임선화, 「미군정의 실시와 전라남도도지사고문회의 조직」, ≪역사학연구≫(구 전남사학), 38권(2010), 324쪽.

16 1945년 8월 9일은 미국이 일본 나가사키에 원자폭탄을 투하한 날로, 미군정은 이후 정상적인 부동산 거래가 불가능했다고 인지한 것으로 보인다.

속을 완료한 자에게 등기 일체를 적산관리계에 제시하도록 했다.[17] 그럼에도 불구하고 해방 전후 갑작스러운 일본인의 철수, 미군정의 뒤늦은 진주, 격변기 혼란 등으로 인해 일본인이 남긴 부동산과 동산을 불법 점유하는 사례가 빈번했다.

광주부청은 미군정이 1945년 12월 6일 제정한 미군정 법령 제33호(조선 내에 있는 일본인재산권 취득에 관한 건)에 의거, 1946년 3월 5일 일본인 가옥 점유자에 대해 같은 달 31일까지 허가를 받고 사용하도록 하는 한편, 허가 없이 점유할 경우 철거를 명령하고, 이를 불이행 시 군정재판에 회부하겠다고 발표했다. 이와 함께 광주부 재산관리과 조사계에서는 불법 점유자 신고를 접수했다.[18]

일본인이 남긴 점포나 공장은 별도의 관리인을 두었으며, 1947년 3월 26일에는 서울 적산관리인회 부회장의 광주 방문을 계기로 광주지역 적산관리인 좌담회를 개최하는 등 조직적인 양상도 띠었다. 미군정은 다시 1947년 3월 15일 일본인의 소규모 사업체와 주택에 대해 처분세칙을 만들고 당시 시가를 기준으로 경매나 입찰을 통해 불하하기로 결정했다.[19] 불하에 앞서 원매자 자격심사위원회, 주택불하자격심사위원회, 평가심사위원회도 구성하는 등 절차적인 정당성을 갖기 위해 노력한 흔적이 보였다.

하지만 당시의 사회 혼란을 감안하면 적산이 정상적인 과정을 거쳐 계약·거래되기는 극히 어려웠을 것으로 판단된다. 전남도와 광주시는 불법

---

17 ≪광주민보≫, 1946년 2월 17일 자(전남대학교 김광우 교수 연구실 보관). ≪광주민보≫는 1945년 10월 10일 창간되어 이후 1946년 7월 속간하면서 제호를 ≪동광신문≫으로 변경했으며, 한국전쟁으로 휴간되었다. 전남일보사, 『광복 30년 1 건국』(1975), 262~268쪽.

18 ≪광주민보≫, 1946년 3월 15일 자.

19 ≪동광신문≫, 1947년 3월 25일 자~7월 27일 자.

점유에 대한 신고를 받아 이를 조사하는 정도에 그쳤는데, 이후 한국전쟁이 발발하면서 이 역시 흐지부지되고 말았을 것이라고 추정할 수 있다. 지방도시 광주의 운영 주체이자 조선총독부의 적극적인 협력자였던 재조선 일본인들이 사라진 뒤 남겨진 적산을 처리하는 과정은 재조선 일본인을 대체하는 도시 공간의 주도 세력이 새로 등장하는 과정이기도 했다.

1958년 광주시내 농지를 분배받은 소작농들이 현물 상환이나 대금 납부를 하지 못하면서 농지를 포기하는 사례가 잇따르자, 공무원들이 수납 독려에 나서는 한편 광주시가 포기농지 실태 파악에 나섰다.[20] 이 시기에 소작농 다수가 도시 빈민으로 유입되었는데, 이것은 시가지의 난개발을 부추기는 원인이 되었을 것으로 보인다.

1959년 농지개혁특별회계 광주시 세입결산보고서에 따르면 농지대가 상환금은 모두 71만 5,572원에 달했으나 이 가운데 41.5%에 해당하는 29만 7,150원이 미수 상태였다. 이는 대부분 폐업 농지, 즉 소작농이 농업을 포기한 농지이거나 생계곤란 등으로 농지대가를 내지 못한 것이라고 미납자 개인조서는 밝히고 있다. 농지대가 상환금 미수 문제의 심각성이 커지자 광주시장은 자연재해나 전쟁으로 피해를 입은 농지에 대해 상환액 감면 처리에 나섰으며, 각 출장소 직원들이 직접 분배농지 감면을 신청한 농지를 답사해 이를 보고하도록 했다. 1960년에 들어서는 광주시가지 내 농지의 용도 변경이 본격적으로 이루어지면서 도시화가 진전되었고 지역 교육시설, 조합 등이 농지를 자산으로 편입하기도 했다.

20　광주시, 「포기농지처리에 관한 건(BD0001472)」(국가기록원, 1956).

일제강점기 계획을 토대로 복원된 도시 공간의 문제점

해방 이후 상당 기간 동안 한국 경제는 주로 미국으로부터 원조를 받아 안정을 이뤘다. 그렇기 때문에 당시는 원조경제기라고도 할 수 있는데,[21] 전쟁 후인 1953년부터 1961년까지 미국의 FOA(Foreign Operation Administration), ICA(International Cooperation Agency), AID(Agency for International Development) 등은 한국에 17억 4,200만 달러의 원조를 제공했다.[22] 이 자금으로 실시한 대표적인 사업을 살펴보면 철도 분야에서는 강원, 충북, 경북의 산업철도 건설사업, 제조업 분야에서는 충주비료공장, 부산공작창(정비창), 부산조선소, 전선공장, 농약공장, 재생고무공장, 타이어공장 등의 건설사업, 전력 분야에서는 화천수력발전소, 영월, 당인리, 마산 화력발전소 복구와 신규 발전기 도입 사업이 있으며, 광주, 전남에는 그 대상이 없었다.

한국전쟁은 지방도시 광주를 비롯한 전남 전반을 폐허로 만들었다. 한국은행이 파악한 바에 따르면 전남도 내 공장 가운데 183개소가 피해를 입었고, 원료 피해 52억 8,802만 원, 건물 피해 28억 485만 원, 제품 피해 17억 7,778만 원, 설비 피해 412억 6,018만 원으로 피해 규모는 총 484억 3,083만 원에 달했다.[23] 1947년 광주시의 예산 규모가 3,896여만 원[24]이었

21 신장철, 「해방 이후의 한국경제와 초기 경제개발 5개년 계획: 원조경제의 탈피와 수출드라이브 정책의 채택을 중심으로」, 한일경상학회, ≪한일경상논집≫, 66권(2015), 5쪽.

22 이경구, 「한국에 대한 개발원조와 협력: 우리나라 수원 규모와 분야 효과사례 등에 관한 조사연구」, 한국국제협력단 연구보고서, 13~34쪽.

23 한국은행, ≪조사통계월보≫, 1950년 6월호, 182쪽.

24 광주광역시, 『광주도시계획사』, 320쪽.

다는 점을 감안하면 피해 규모가 얼마나 컸는지를 가늠해 볼 수 있다. 사실상 생산 시스템 자체가 붕괴되었다고 볼 수 있다.

한편 정부 수립(1948년 8월 15일) 뒤 지방자치법 공포(1949년 7월 4일), 행정구역 변경(1949년 8월 14일)을 거치면서 일본식 명칭인 광주부(府)를 광주시(市)로 변경했고(1949년 8월 15일), 광주 시가지에 소재했던 광산군청을 송정읍으로 이전했다.[25] 1946년 4월 5일 제1차 동명 개칭을 통해 일본식 명칭인 정(町)을 수도 경성의 조선인 시가지 명칭인 동(洞)으로 변경했고(≪광주민보≫, 1946년 3월 13일 자), 1947년 8월 15일 이를 수정·보완한 제2차 동명 개칭에 나섰다(≪광주부 월보≫ 제21호, 1947년 9월 15일). 1948년 1월 1일에는 자치회 성격의 동회(洞會)를 600호 기준으로 폐합하고, 1948년에는 41가동(街洞)을 36개 동회로 개편했다.[26]

광주의 인구는 1955년 6월 29일 법률 제361호 시·군의 관할구역 변경에 관한 법률[27]에 따라 광산군 서방면, 극락면 등을 편입하면서 시 전체 면적이 136km^{2}가 확장되었고 인구 또한 1955년 19만 1,048명, 1959년 30만 6,005명 등으로 급증했다. 1957년 11월 6일 법률 제454호[28]에 따라 광주시는 다시 광산군 대촌면, 지산면, 서창면(송대리 제외)과 담양군 남면 일부(덕의리, 충효리, 금곡리)를 병합하면서 시역은 더 넓어졌다. 하지만 이 같은 실정을 제대로 반영하지 못한 채 일제강점기의 계획을 그대로 적용하는 바람에 기반시설과 주택은 턱없이 부족했다.

그나마 도시기반시설을 갖췄던 기존 시가지는 인구가 몰려들자 난개발

25 광주직할시, 『광주도시계획연혁』(1992), 37쪽.
26 광주시사편찬위원회, 『광주시사』, 19~20쪽.
27 관보 제1352호 1955년 6월 29일.
28 1957년 11월 1일 도시행정구역 변경에 관한 법률안이 국무회의를 통과했다.

에 직면할 수밖에 없었다. 광주에서는 1939년 10월 31일 조선총독부가 확정해 제910호로 고시한 광주시가지계획이 해방 이후에도 그대로 존속되었는데, 1950년대 중반까지 자체적으로 마련한 계획적 개발의 흔적은 찾아보기 어렵다. 혼란한 상황으로 도시계획 행정을 제대로 구동하기 어려웠고, 도시 인구의 급속한 성장 또한 기존의 도시계획을 의미 없게 만들었을 것이다.

정부는 다른 도시들과 마찬가지로 광주에 대해서도 일제의 계획을 그대로 적용해 1950년대 들어 가로 개설, 토지구획정리사업 시행, 도시계획공원 및 주택지구 지정 등에 나섰다.[29] 광주시가 도시 공간과 관련된 조례를 만든 것도 이 시기이다. 1953년 광주시도로정비조례(제29호)를 시작으로, 1956년 광주시중앙도매시장설치조례(제19호), 1958년 광주시출장소설치조례(제39호), 광주시도시계획사업제1토지구획정리분담금징수조례(제44호), 1959년 광주시도로점용조례(제55호) 등이 제정되었다.[30] 해방 이후 광주에 대한 실질적인 도시적 조치는 1956년 8월 27일 발표된 내무부고시 제343호로, 광주시장이 신청한 광주도시계획가로 가운데 대로 1호선의 실시계획을 인가했던 것이다. 이는 1939년 10월 31일 조선총독부가 확정해 제910호로 고시한 광주시가지계획[31]을 그대로 따른 것이었다. 대로 1호선은 광주역 앞 제1호 광장에서 내방리의 도시계획구역 경계에 이르는 도로(연장 4,000m, 폭 30m)로, 1956년 230m를 설치하겠다는 계획을 담았다.

1958년 1월 23일에는 내무부고시 제1964호에 의해 광주도시계획 제1

29 관보 제1337호 1955년 6월 3일 내무부고시 제297호, 내무부고시 제298호.

30 광주광역시, 『광주도시계획사』, 164쪽.

31 조선총독부, 「제4회 시가지계획위원회 관계철 2책 중 1(CJA0015672)」, 192~250쪽.

광주는 물론 우리나라의 모든 도시는 해방 이후 혼돈의 상황에서 일제강점기에 수립된 도시계획 관련 법·제도가 그 기능과 역할을 하지 못했으며, 결국 계획 없는 개발, 즉 난개발에 직면했다. 일제강점기부터 추진된 개발은 주민의 삶의 질을 향상하기보다 외지인의 개발 이익을 창출하는 데 초점이 맞춰졌고, 이는 현재 도시 문제의 원인이 되고 있다. 사진은 광주 구시가지 전경으로, 가장 뒤에 보이는 것이 무등산이다.

토지구획정리사업 실시계획을 인가했다. 1939년 광주시가지계획에서는 토지구획정리지구 면적을 2,230만m^2로 설정했으나, 고시에서는 시행지구를 43만 5,886평, 즉 144만 945.45m^2로 축소했다. 이는 앞에서 설명한 일제강점기에 수립된 광주시가지계획의 시행을 본격적으로 재개한 것이며, 동시에 해방 후 첫 '선계획 후개발'이라고 볼 수 있다.

제1토지구획정리지구에 대한 환지예정인가 신청서[32]에 따르면, 당시 현안인 광주역 이전이 포함되어 있어 거액의 재정이 필요했다. 특히 광주역 이전은 정부부처(교통부)와 밀접한 관계를 맺고 있어 별도로 고려하는 것이 타당하므로 전체 부지 예정지에서 광주역 이전 부지를 제외한 32만

32 광주시, 「토지구획정리1지구(1)(BD0031308)」(국가기록원, 1958).

510평을 환지하는 것으로 설계하고 있다. 이처럼 일제강점기에 작성된 광주시가지계획을 토대로 도시 공간을 복원하거나 기반시설을 정비 및 설치하는 것은 심각한 부작용을 불러올 수밖에 없었다. 광주시가지계획은 목표연도인 1967년 광주 인구가 14만 6,712명에 이를 것으로 보고 목표 인구를 15만 명으로 설정했지만, 광주의 인구는 1959년 이미 30만 명을 넘어서는 등 계획을 벗어났기 때문이다.

무계획적인 난개발과 그로 인한 주거환경 악화

당시 광주는 상하수도, 도로 등 기반시설의 부족, 주택 수요 폭증 및 불법·부실 주택 난립, 시가지 무질서 등의 문제가 지속되면서 근근이 도시의 기능을 유지하고 있는 수준이었다. 이러한 현실에서 가장 큰 어려움에 봉착한 것은 빈곤층이었다. 도시가 기본적인 공공 서비스를 제대로 제공하지 못했고 제공한다고 하더라도 질이 낮았다. 공공(公共)이라는 개념은 주민들에게 거의 인식되지 못했고, 공공 서비스를 대체할 민간 서비스는 일부 부유층만 누릴 수 있었다. 질 낮은 공공 서비스와 고가의 민간 서비스는 이후 도시 공간에서의 양극화를 초래하는 단초를 제공했다.

1962년 광주의 재정 규모는 1억 4,400만 원에 불과했으나 1970년에는 55억 2,400만 원으로 34배 증가했으며, 상수도특별회계, 토지구획정리 및 주택사업특별회계 등을 포함한 특별회계는 1962년 4,100만 원에서 1970년 31억 9,900만 원으로 약 78배 팽창했다.[33] 특별회계는 도시기반시설을

33 정학신, 「도시과밀화 현상과 도시재정: 농촌 인구유입에 따른 광주시 재정난을 중심으로」, ≪지역개발연구≫, 4권 1호(1972), 39~64쪽.

도시에서 가장 중요한 기반시설 중 하나는 수도이다. 하지만 일제강점기에 일본인 거주 지역을 위주로 설치된 수도 시스템은 해방 이후 턱없이 미흡했고, 광주는 서둘러 제2수원지 공사에 나서 1946년 5월 준공한 뒤 다시 1957년 제3수원지를 만들었다. 그럼에도 불구하고 1960년 광주 인구 중 3분의 2는 수돗물을 공급받지 못했다. 그만큼 도시화 및 도시로의 인구 이동은 감당하기 어려울 정도로 급속했고, 그로 인한 도시 문제는 빈곤층에게 집중되었다. 사진은 일제가 조성한 제1수원지 모습(조선총독부가 1936년 작성한 「조선수도지」에서 발췌).

설치하기 위한 재정 마련을 목적으로 했고, 지출만큼 수입이 있어야 하기 때문에 충당이 가능한 지역을 우선 대상으로 삼았다.

도시기반시설 가운데 가장 급한 것은 깨끗한 물이었다. 광주는 물론 우리나라 모든 도시는 해방 이후 상수도 시설을 확충하는 데 전력을 기울였다. 광주의 경우 1950년 당시 인구 12만 5,000여 명 가운데 급수를 받는 인구는 약 5만 명에 불과했다. 심각한 급수난이 계속되자 해방과 동시에 중앙청이 자재를 주선하고 군정이 협력해서 일제강점기에 설치된 제1수원지에 이어 제2수원지 공사를 시작했고, 1946년 5월 준공했다. 이후 1957년 5월에는 채무 2,500만 원을 포함해 7,032만여 원의 예산으로 제3수원지를 조성했다. 그러나 1960년까지도 광주 인구 30만 9,000명 가운데 급수인구는 11만 명으로, 급수비율은 35.6%에 불과했다.[34]

도시의 역사를 살펴보는 이유는 현재 겪고 있는 도시 문제의 원인을 바로 알고 미래에 지속가능한 도시를 조성하기 위함이다. 지방도시 광주는 물론 우리나라의 모든 도시는 일제강점기, 미군정 시기, 1960년대까지 도시화와 근대화가 동시에 진행되면서 그 원형이 갖춰졌다는 사실은 부인하기 어렵다. 이 시기에는 도로, 철도, 공원 등 기반시설이 본격적으로 설치되기 시작했는데, 다른 한편으로는 도시 인구가 급속도로 증가하고 도시 인구를 계획 및 규제하기가 현실적으로 불가능해지면서 난개발이 빚어졌다. 또한 개발은 거주하고 있는 주민의 삶의 질을 향상하기보다 일제강점기에는 일본인들의 개발 이익을, 해방 후에는 외지인(개발업체)들의 개발 이익을 창출하는 데 더 초점을 맞춰 진행되었다. 그것이 현재 도시 문제의 원인과 배경이 되고 있는 것이다.

특히 일제와 조선 내 일본인들은 개항 이후 19세기 말부터 20세기 초반까지 50여 년 동안 조선시대까지 유지되었던 전통적인 우리나라 도시 구조를 파괴하고 자신들의 목표를 위해 도시를 정비·개조했다. 즉, 대륙 침략과 전쟁 수행, 강제 수탈, 재조선 일본인 및 부역자들의 단기간 대규모 수익 창출, 집단이기주의에 따른 기반시설 설치 등에 의해 도시 및 국토 공간이 왜곡되었던 것이다.

일제는 식민지 조선에서 자신들의 목표를 달성하기 위해 강력한 중앙집권체계를 구축했으며, 도시 공간 내에 있는 거의 모든 시설을 일본 관료가 장악한 지방행정기관이 주도해서 결정하게 했다. 단기간에 적은 예산으로 이러한 목표를 달성하기 위해서는 효율을 최우선으로 삼아 국가 및 도시를 운영해야 했다. 일제는 자신들의 목적을 위해서라면 기존 전통자원, 경

34 광주시사편찬위원회, 『광주시사』, 243~270쪽.

관, 정체성은 언제든 철거 또는 훼손할 수 있었다. 해방 이후 혼란기를 거쳐 1960년대부터 본격적으로 시작된 국가 주도의 경제 성장 및 발전 방안 역시 일제가 남겨놓은 하드웨어와 소프트웨어의 기반 위에서 시작되었다고 해도 과언이 아니다. 따라서 일제와 일본인이 남긴 도시 구조, 기반시설의 설치 기준, 개발 방식과 수익 처분 방법, 인·허가 시스템 등은 지금도 그대로 남아 있는 경우가 많다.

일제강점기에 작성된 시가지계획은 해방 이후에도 여전히 기능했는데, 계획이 추정한 범위를 훌쩍 뛰어넘을 만큼 인구가 급증하자 당시의 계획이 무력화되었다. 새로운 도시계획은 1960년까지 수립되지 못했고, 민·관 모두 해방 이후 1960년까지 광주의 도시 공간에 대해 임기응변식으로 대응했다. 누구도 당시 광주가 인구 150만 명의 대도시로 성장할 것으로 예측하지 못했다. 광주는 체계적이고 유기적인 법·제도와 체계에 의해 대도시로 성장한 것이 아니었다. 앞서 살펴본 것처럼 법·제도는 중구난방이었고, 30년 후 미래를 내다보고 세운 도시계획도 인구의 급속한 변화를 예측하지 못해 실패에 빠지고 말았다.

지금까지 우리나라 역사에서 가장 혼란스러운 시기였던 해방 이후부터 1960년대까지 지방도시 광주의 상황에 대해 간략하게 정리했다. 모든 사회 체계가 제대로 자리 잡지 못한 상태에서 도시는 변화와 양적 확산에 직면했고, 이는 도시에 거주하는 대부분의 시민에게 부정적인 영향을 미치는 방향으로 전개되었다.

이후 도시 공간 정책은 전국 각지에 일률적으로 적용된 것, 그리고 국토 공간 정책이 오로지 경제 발전이라는 목적만을 위해 국가가 결정한 대로 시행되었다. 또한 당시 한국이 경제 발전의 모델로 삼은 국가가 일본이었

1948년 8월 15일 해방되고 나서 60여 일이 지난 1945년 10월 22일에 미군이 광주에 입성했다. 이들은 서둘러 광주·전남을 장악하기 위해 기존의 일제 시스템을 거의 그대로 적용했고, 그 과정에서 일본인 자치조직의 구성원만 한국인으로 바꾼 채 다시 가동하기 시작했다. 사진은 옛 전남도청으로, 2015년 전남도청이 무안군 남악신도시로 이전하면서 현재는 국립아시아문화전당의 부속건물로 사용되고 있다.

기 때문에, 일제가 남겨놓은 외형적인 것들은 서둘러 없앴을지 몰라도, 외형적이지 않은 것들은 깊이 내재되어 사회 곳곳에서 작동하고 있었다.

여기서 일제강점기 이후 남겨진 일본인들의 자치조직의 변화상을 살펴볼 필요가 있다. 일제강점기에는 위에서 언급했듯 조선총독부, 지방행정기관의 일본 관료, 재조선 일본인의 자치조직으로 연결되는 지배 구조가 작동했다. 해방 이후 조선총독부와 일본 관료는 사라졌지만, 일본인들의 자치조직은 구성원만 한국인으로 바뀌면서 미군정, 군사독재 등을 거쳐 존속되었다. 이 자치조직은 서서히 행정기관의 말단조직으로 자리매김했는데, 이는 도시 내 중요한 주체 중 하나인 주민이 도시 공간 변화에서 수동적인 객체로 전락하게 된 하나의 원인이 되었다. 도시 공간 계획과 그에 따른 개발이 대부분 지역 공동체의 의견을 반영하지 않고 행정기관의 인·

허가 및 민간개발업체의 시행·시공만으로 완결되는 근본적인 이유는 주민공동체의 대표성 결여 및 비활성화, 주거지 불편과 가치 하락에 따른 주거지에 대한 애착 결핍, 지켜야 할 경관과 자원, 정체성에 대한 인식 미흡 등에 있다.

압축 성장이 본격적으로 진행되었던 1970년대 이후 도시에서는 밀려드는 인구를 수용하기 위해 신속하게 대량으로 주택을 공급하는 촉진 개발이 이루어지기 시작했다. 정부는 토지 소유 관계가 복잡하고 이미 가격이 오른 도심을 벗어나 외곽에 있는 저렴한 토지에 공동주택을 공급하는 방식을 선택했다. 공기업(지방공기업 포함)은 대규모 택지를 만들어서 높은 가격에 건설업체에 넘기고 건설업체는 아파트를 지어서 이익을 붙여 파는 것이다. 도로, 공원, 녹지 등 공공시설은 물론 다양한 상업시설까지 갖춘 신도시와 외곽 택지지구에 대한 민간 및 공공 투자는 계속되었다. 이제 구도심이 되어버린 시가지는 해방 이후 난개발 상태로 방치되었다. 결국 도시의 역사, 경관, 자원 등을 지닌 옛 시가지는 점차 사람이 살기에 불편한 곳이 되었고 무엇을 어떻게 해야 하는지에 대한 계획도 없이 민간 건설업체의 재개발이 이루어지기만을 기다리는 쓸모없는 공간으로 전락해 버렸다.

해방 후까지 살아남은 일제의 주민조직[35]

도시 공간에서 오랜 기간 거주하며 공동체를 구성하는 주민들은 공간의

35 이 절은 윤현석, 「일제강점기 주민조직의 변이와 존속 과정에 관한 연구: 지방도시 광주와 수도 경성을 중심으로」, ≪도시연구: 역사·사회·문화≫, 제15권(2016년 4월), 91~127쪽을 참조해서 작성했다.

구성 및 존속에서 매우 중요한 역할을 한다. 이들은 자신의 주거 공간 및 주변에 대한 애착이 있고, 살아온 과거, 역사, 전통 등에 대해 자부심을 갖고 있다. 공동체 모두가 공유하는 공간, 예를 들어 골목길이나 집 밖 화단, 작은 공터, 놀이터를 유지·관리하는 데에도 적극적이며, 공동체 내부 결속이나 단합을 위해 영세한 이웃을 돕기도 하고 심지어 육아를 챙겨주기도 한다. 공동체로 자생하는 주민조직은 공간의 변화에 대해 민감하게 반응할 수밖에 없다. 주민 이주는 공동체의 해체를 전제로 하기 때문에 전면 개발 방식에 부정적일 수 있고, 지방자치단체나 중앙정부의 지원을 전제로 공간을 정비하고 개선하기 위한 자구 노력도 기울일 것이다. 도시 공간은 이러한 주민 공동체를 형성하고 유지하는 과정, 토지 소유자의 자구 노력, 공공(정부, 지방자치단체, 공기업, 공공단체, 공동체 등)의 지속적인 투자가 조화를 이루면서 조성되는 것이다.

이러한 측면에서 도시 내 작은 구역마다 조직된 주민 공동체의 지속성, 민주성, 건전성은 도시 공간 구성에서도 긍정적인 영향을 미친다고 할 수 있다. 공동체마다 그들의 결속력이나 애착 정도는 다를 수 있으며, 이에 따라 각각의 구역은 경관이나 분위기, 구성이 다를 수 있다. 개발 인·허가 이전부터 정치적인 영향력을 발휘할 수도 있고, 집단적인 움직임을 통해 반대 의사를 명확히 할 수도 있다. 주민들은 이 과정에서 지방자치단체 및 중앙정부와 논의, 협상, 합의를 통해 자신들의 의견을 반영할 수 있는 여지를 만들어내는 것이다. 유럽이나 미국, 일본 등의 선진국에서 이루어지는 계획과 개발은 이러한 공동체의 참여를 전제로 한다.

우리나라에서는 주민 참여 계획과 개발이 사실상 불가능에 가깝고 마을 만들기, 도시재생사업처럼 수없이 시도되는 대안적인 프로그램의 효과가 광범위하게 확산되지 못하고 있는데, 그 이유는 주민 공동체가 희소하고 미약하며 쉽게 해체되기 때문이라고 해도 과언이 아니다. 따라서 우리나라 도시 공간에서 주민 공동체가 변천되어 온 과정을 구체적으로 살펴볼 필요가 있다.

조선시대는 신분 사회였고 농업을 중시했다. 그래서 조선시대에는 향약, 두레 등을 토대로 다양한 형태의 주민 공동체가 존재했다. 하지만 일제가 본격적으로 한반도 침략을 시도한 시점부터 이들 공동체는 거의 와해되거나 기능의 상당 부분을 상실할 수밖에 없었다. 일제가 이러한 조직과 시스템 자체를 부인하고 주민 공동체의 움직임을 탄압하는 등 강경 대응했기 때문이다. 대신 식민지 조선에 진출한 일본인들은 일제와 일본인 관료들의 지원을 받으면서 각 지역에 정착했고, 자신들의 안위와 경제적인 이익을 위해 자치 조직을 구성하기 시작했다.

재조선 일본인들이 다수 거주하는 지역은 앞서 설명한 대로 조선인들이 주로 사는 지역과 명칭을 달리하면서 차이를 두었고, 도시기반시설을 집중적으로 설치해 도시화를 진전시켜 갔다. 이 과정에서 일본인들의 주민 조직이 주도적으로 활동했는데, 일본인 관료가 장악한 지방행정기관은 이들을 공식적·비공식적으로 지원하면서 식민지 조선 내 작은 구역까지 샅샅이 장악해 갔다. 이 일본인 주민조직은 자치 모임 정도의 성격을 갖고 있다가 서서히 지방행정기관의 하부조직으로 변화했고, 시간이 가면서 여기에 조선인들이 합류해 규모를 키워나갔다. 이 조직은 해방 이후 재조선 일본인들이 사라진 이후에도 여전히 기능하면서 존재했다. 따라서 이 조직의 변천 과정은 도시 주민 공동체를 이해하는 데 매우 중요하다.

재조선 일본인의 주민조직은 강제병합 이전부터 개항장과 내륙 거점도시를 중심으로 구성되었다. 일제강점기 이전인 1876년 9월 조일수호조약(강화도조약)으로 조선이 개항한 이후 일본인들은 부산, 인천, 원산 등 개항장에 진출해 집단을 이루면서 그곳에서 자치회를 구성했다.[36] 일제는 이러한 재조선 일본인들을 관리·감독하고 자국민을 보호한다는 명분으로 1905년 3월 일본 법률 제41호 거류민단법을 공포했으며, 1906년 7월 14일 자 통감부령 제21호 거류민단법시행규칙에 의해 1906년 8월부터 1908년 2월에 걸쳐서 다수의 일본인이 거주한 경성, 용산, 인천, 부산, 진남포, 목포군산, 평양, 원산, 마산, 대구, 신의주에 거류민단을 설치했다.[37] 강제병합 전인 1909년 말 이미 15만 명의 재조선 일본인들은 12개의 거류민단 외에 74개의 일본인회, 6개의 거류민총대역장(總代役場), 9개의 학교조합 등의 자치조직을 구성했다.[38]

이는 강제병합 전부터 식민지 조선에 이미 일본인들이 진출해 있었고 이들의 자치권이 일정 부분 보장되었음을 의미한다. 일제는 재조선 일본인들의 자치를 제어하면서 이들을 동일한 통치 체계에 편입시키고자 했고, 조선인과는 제도적으로 차별했다. 재조선 일본인들은 자신들의 자치조직의 명칭과 성격, 기능을 본토에서 차용했다. 정총대(町總代)와 구장(區長)이라는 명칭이 대표적이다.

일본 본토에서 정총대는 정(町)의 총대(總代)[39]라는 의미로 쓰였고, 구장

---

36 姜再鎬, 「植民地朝鮮の地方制度」, 東京大學大學院法學政治學研究科 博士(法學) 學位請求論文(1999), p.136.

37 손정목, 『한국개항기도시사회경제사연구』(일지사, 1982), 198쪽.

38 姜再鎬, 「植民地朝鮮の地方制度」, pp.140~142.

39 총대는 졸업생 총대 등 단체나 관련된 자들의 대표 또는 대리자라는 의미로 일본 내에서 지금도 사용되고 있으며, 국내에서도 1980년대까지 농협이나 수협 단위조합, 종교계에서 신도 대표라는 의미로 통상적으로 쓰였다. ≪매일경제≫, "총대 다수 득표자 둘 추천"(1984년

은 구(區)의 장(長)이라는 의미로 쓰였다. 여기서 정은 일본 에도시대에 도시지역의 자치적 공동체의 단위[40]로 촌(村)[41]과 구별되는 오래된 명칭이며, 구장은 근대 일본의 지방자치제도 정비 과정에서 생겨난 명칭이다.[42] 일본 본토의 경우 각 지역마다 주민조직의 명칭이 모두 달랐다. 홋카이도(北海道)의 하코다테(函館)의 경우 1872년 일본의 호적구(戶籍區)와 대구(大區), 소구(小區)가 설치되면서 관료인 구장에게 주민을 대표해 자문하는 선출직 정총대가 등장했다.[43] 반면 수도인 도쿄(東京)에는 1800년대 후반 정내회(町內會),[44] 정총대, 정세화인(町世話人)[45] 등 다양한 명칭의 주민조직이 존

2월 20일 자).

40 정의 토지 소유권을 갖고 정의 자치를 주도한 계층을 정인(町人)이라고 불렀다. 역사적인 배경에서 성하정(城下町), 문전정(門前町), 오거전정(鳥居前町), 사내정(寺內町), 사가정(社家町) 등 특별한 정도 있었다. ja.wikipedia.org(町)에서 2015년 6월 12일 열람.

41 근대화 이전의 촌은 자연촌이라고도 불리며 생활의 장이 되는 공동체의 단위였다가 에도시대에는 백성 신분의 자치결집 단위로, 중세 총촌(惣村, 자치 촌락)을 계승했다. 에도시대에는 이러한 자연촌이 약 6만 개 이상 존재했으며, 근현대의 오오아자(大字)라고 불리는 행정구역은 대개 자연촌을 계승한 것이다. 자연촌은 지구회(地區會), 정내회 같은 자치회나 소방단(消防團)을 결성하는 단위로, 지역사회의 최소단위로서의 명맥을 유지했다. 메이지유신 이후로는 중앙집권화를 위해 자연촌의 합병이 추진되어 과거 자연촌과 대비해 행정촌이라고 부른다. ja.wikipedia.org(村)에서 2015년 6월 12일 열람.

42 자세한 내용은 윤현석, 「식민지 조선의 지방단체 광주(光州)에 관한 연구」, 98~107쪽을 참조.

43 函館市, 『函館市史』(2014), pp.362~366.

44 정내회는 일본의 집락 또는 도시의 일부분(정)에서 주민 등에 의해 조직된 친목단체 또는 공통의 이익이나 지역자치를 촉진하기 위한 임의단체 및 지연단체를 뜻하며, 그 관할지역을 지칭하는 경우도 있다. 시구정촌마다 또는 주민 자체적으로 자치회, 부락회, 지구회 등 다양한 명칭을 사용하고 있다. ja.wikipedia.org(町内会)에서 2015년 6월 12일 열람. 정내회는 정회, 자치회 등으로 흔히 불리며, 농촌지역에서는 구회(區會), 부락회(部落會)라고 불리기도 한다. 이러한 지역생활조직은 각 시정촌 내의 일정한 지역을 단위로 하고 그 지구에 속하는 있는 세대(사업소 포함)를 구성원으로 지구 내의 공동사업을 포괄적으로 행함으로써 그 지역을 대표하는 자치조직이다. 이시재, 「일본의 지역생활조직 연구: 町內會 활동을 중심으로」, ≪지역연구≫, 2권 3호(1993), 98~99쪽.

45 일본어사전에는 단체나 회합 등의 중심이 되어 조직, 운영, 사무를 처리하는 사람을 지칭한다고 되어 있는데, 정세화인은 통상적으로 자치회장의 의미로 사용되고 있다.

식민지 조선에 진출한 일본인들은 본토의 자치조직을 식민지에도 이식하려고 했다. 일본인회를 시작으로 학교조합을 만들었고 자신들의 대표를 조선총독부의 지방행정기관인 면장으로 직접 선출하기도 했다. 광주의 일본인들은 강제병합 전인 1907년 4월 인가를 받아 광주심상고등소학교를 건립한 뒤 1913년 6월 광주 동구 궁동에 건물을 신축해 이전했다. 이 학교는 해방 이후 중앙초등학교로 이름이 바뀌었다. 일본 관료들은 자신의 자녀가 다니는 광주심상고등소학교 인근에 도로와 상수도를 서둘러 설치했다. 사진은 광주 동구 궁동의 중앙초등학교 전경.

재했다가 1920년대 정내회로 명칭이 정리되었다.[46] 또 요코하마(横浜)는 1890년 들어 위생조합이 구성되었고 1923년 관동대지진 이후 청년회, 정내회 등 임의단체들이 조직되었다가 1940년 9월 11일 통달된 내무성 훈령 제17호 '부락회정내회 등 정비요강'에 의해 비로소 정내회로 정비되었다.[47]

이 같은 사례에서 볼 때 일본에서는 근대지방제도의 도입과 정착 과정에서 각 지역에 따라, 그리고 도시인지 농촌인지 여부에 따라 주민조직의 역사부터 구성 시기, 구성원 자격, 명칭이 모두 달랐다는 것을 알 수 있다. 또 이들 주민조직은 일본 정부의 공식 인정을 받아 점차 행정 보조의 기능

---

46 内閣府, 『災害教訓の継承に関する専門調査会報告書 1923 関東大震災 第3編』(2009), pp.170~180.

47 横浜市 市民局 地域振興部 地域振興課, 『住民組織の現状と活動(平成15年度 自治会町内会実態調査報告書)』(2004), pp.32~33.

을 지니게 되었다는 공통점을 지니고 있다. 일본 본토와 명칭이 유사한 행정기관 및 주민조직은 식민지 조선의 개항장에도 등장했다.

정총대에서 기인한 거류민총대, 정세화인과 연관이 있을 것으로 추정되는 세화괘(世話掛)라는 명칭이 개항장인 목포에서 사용되었으며, 1897년 인천에 본부를 두고 각 도(道)에 대구(大區)와 소구(小區)를 구획하면서 같은 해 10월 개항한 목포를 제4대구로 했다.[48]

재조선 일본인들은 강제병합 이전부터 수도 경성뿐만 아니라 각 내륙 거점에 진출해 자치권이 인정되는 주민조직을 구성하고자 했다. 이들은 또 일본인 주민조직 대표를 조선총독부의 지방단체장으로 선출하는 등 지방통치에도 깊숙이 개입했다. 일본인회와 그 후신인 학교조합, 1917년 10월 1일 시행한 면제에 의해 설치된 지정면이 그 대표적인 사례이다.

1897년 10월 목포 개항과 거의 동시에 광주에 진출하기 시작한 일본인들은 이후 꾸준히 증가해서 강제병합 전인 1907년 3월 68명의 재조선 일본인이 평의원을 선출하는 등 자치기관적인 성격을 지닌 일본인회를 구성했다.[49] 일본인회는 이후 1911년 1월 학교조합[50] 설립과 함께 해산되었는데, 당시 재조선 일본인 1,685명 가운데 조합원은 420명[51]이었다.

1917년 10월 면제를 시행함에 따라 재조선 일본인 집단 거주지가 지정면이 되었는데, 광주면장이 기존 조선인 최상진에서 일본인 대표인 마츠다(松田德次郎)로 바뀌었다.[52] 마츠다는 당시 구성된 학교조합의 관리자를

48 윤현석, 「식민지 조선의 지방단체 광주(光州)에 관한 연구」, 110쪽.

49 北村友一郎, 『光州地方事情』, pp.62~72.

50 1909년 통감부령 제71호로 「학교조합령」이 제정되었으며, 광주에서는 2년 후 이에 따라 학교조합이 구성되었다.

51 김광우, 「제3장 건설」, 『광주시사』 제2권, 173~261쪽.

맡고 있었으므로 재조선 일본인 대표가 조선총독부 지방행정기관의 대표를 겸임하는 형태였다. 마츠다가 면장으로 선출되었다는 표현[53]을 감안하면 재조선 일본인들은 자신들의 대표를 행정기관의 장으로 만드는 등 상당한 영향력을 가졌다고 볼 수 있다. 또 하나의 사례가 있다. 1925년 1월에는 관등 6등 6급의 광주군수 구라시나(倉品益太郞)가 광주면장에 취임했다.[54] 일제강점기 지방행정체계에서 상급기관인 군의 군수가 그 하급기관인 면의 면장으로 자리를 옮긴 것이다. 이는 광주의 일본인들이 자신의 의지를 면 운영에 반영하면서 지역 발전에 기여할 수 있는 관료를 선택해 자신들의 대표로 삼았다는 해석도 가능하게 한다.

1910년 12월 '시가지의 정명(町名)에 관한 건', 1912년 5월 '시가지 명칭 정리에 관한 건' 등 조선총독부 내무부 장관 통첩(通牒)에 따라 재조선 일본인들이 주로 거주하는 시가지의 명칭을 일본식 지명인 정(町)으로 바꾸면서[55] 정의 대표라는 의미인 정총대의 명칭도 공식화되었을 것이다. 다만 식민지 조선의 수도인 경성과 지방도시인 광주의 시가지 구역 명칭은 달랐다.

서울, 즉 경성부의 사례를 보자. 1914년 4월 부제를 실시함에 따라 경성부를 모두 186개의 동(洞), 정(町), 통(通), 정목(丁目) 등으로 재편했는데,

52 北村友一郞, 『光州地方事情』, p.55.

53 北村友一郞는 자신이 쓴 『光州地方事情』에서 『光州面は總督府の新面制による指定面にして內地人面長として學校組合管理者松田德次郞氏其の選に當り外に相談役として內地人側吉村軌一, 魚谷與藏 の兩氏…』라고 적었다. 같은 책, p.55.

54 윤현석, 「식민지 조선의 지방단체 광주(光州)에 관한 연구」, 114쪽.

55 姜再鎬(1999)는 토지조사사업을 통해 토지 경계를 정리·획정하면서 거류민단이나 학교조합의 지구 내에 일본과 조선의 지명이 혼재되어 있는 경우 이를 한 가지 명칭으로 정리하도록 한 결과 시가지에 일본식 명칭인 정이 만들어졌다고 했다. 姜再鎬, 「植民地朝鮮の地方制度」, p.228.

조선인이 거주하는 지역에는 동이라는 명칭을, 일본인이 다수 거주하는 지역에는 정이라는 명칭을 붙였다. 이들 186개 정동에 133명의 정동총대[56]가 선임되었다.[57] 1916년 9월 28일 경성부 고시 제19호 '정동총대 설치규칙'에 따르면 총대는 각 정동에 설치하고, 몇 개의 정동을 하나의 구역으로 할 수 있으며, 정동 내에서 부윤이 선임하도록 했다. 또 5명 이내의 평의원(評議員)을 두고 임기는 2년으로 정했다. 총대의 주요 업무는 전염병 예방 등의 위생을 담당하고 법령 등 주지를 요하는 사항을 전달하며 공과 체납을 교정하는 것으로, 직무에 필요한 비용은 경성부가 지급했다. 조선인도 총대가 되었는데, 1922년 12월 8일에는 조선인 총대들이 조선인총대연합회를 구성해 쓰레기와 분뇨를 매일 청소할 것 등 6개 항목의 청원서를 경성부에 제출하면서[58] 지역 대표자로서의 역할을 수행했다.

반면 광주면의 경우 1913년 3월 옛 광주읍성 내부를 의미하는 성내면(城內面)을 동문통, 서문통, 남문통, 북문통, 동광산정, 서광산정, 서석정, 북성정, 궁정, 중정 등으로, 그 외 지역은 수기옥정, 부동정, 화원정, 금정, 성저리, 금계리, 서남리, 향사리, 누문리 등으로 각각 개명해 기존 리(里)를 14개 정·통, 5개 리로 변경했다.[59] 수도 경성은 행정구역 전체를 시가지로 해서 일본인 집단 거주지는 정이라는 명칭을, 그 외에 대해서는 동이라는 명칭을 사용한 반면, 지방도시 광주는 일본인 집단 거주지만 시가지로 칭

56 김영미는 총대는 공무원은 아니며 무급의 봉사자로, 농촌지역의 구장과 마찬가지로 주민의 대표이면서 부 행정의 보조자 역할을 담당했다고 정의했다. 김영미, 「일제시기 서울지역 정·동회제와 주민생활」, ≪서울학연구≫, 16(2001), 181쪽.

57 박세훈, 「일제시기 도시근린조직 연구: 경성부의 정회를 중심으로」, ≪공간과 사회≫, 19(2003), 145~149쪽.

58 서현주, 「京城府의 町總代와 町會」, ≪서울학연구≫, 16(2001), 111~125쪽.

59 北村友一郎, 『光州地方事情』, pp.42~44.

1897년 10월 목포항의 개항과 함께 광주에 진출한 일본인들은 일본인회, 학교조합, 정회, 정총대 등 일본 본토의 자치조직을 그대로 모방해 이식하기 시작했다. 일본식 지명 역시 사용했다. 충장로는 본정(모토마치), 금남로는 명치정(메이지마치)이라고 했다. 사진은 읍성 내 작은 골목길이었다가 전남도청 건립과 함께 자동차가 다닐 수 있는 도로가 된 금남로.

하고 일본인들이 소수 거주하거나 없는 경우에는 비시가지, 즉 농촌으로 여겨서 리의 명칭을 계속 사용했다. 지방도시인 광주의 정에는 일본인을 대표하는 정총대를, 리에는 일본인과 조선인 구장을 두었다. 1920년 7월 29일 면제, 부제 등 지방제도를 개편하면서 이장이라는 명칭을 아예 없애고 구장으로 개칭했다.[60] 다만 구장이라는 명칭은 그 이전부터 사용되었고, 일제의 임시호구조사에서 조사원을 맡기도 했다.[61] 광주의 일본인 집단 거주지이자 시가지에는 선출직 주민대표를 두고, 일본인이 소수 거주하거나 거의 없는 경우에는 지방단체의 명예직 직원인 구장을 두어서 관리·감독하게 했던 것이다.

1936년 12월 그동안 정총대 체제를 유지해 왔던 광주부의 정에는 정회

60 ≪동아일보≫, "지방제도의 개정에 취하야"(1920년 8월 7일 자).

61 ≪동아일보≫, "임시호구조사"(1920년 7월 27일 자).

가 설치되었다. 부는 이 정회를 공공적인 방면에서 조력하게 함과 동시에 부의 세포 기관으로 활약하게 할 방침이었다는 점[62]에서 볼 때 이때부터 지방단체의 하부조직이라는 측면이 강조되었고, 참여 범위도 일본인뿐만 아니라 조선인까지로 확대되었다는 것을 알 수 있다. 광주면, 읍, 부의 예산서에는 이들 정총대나 정회와 관련된 별도의 예산 항목이 없었다는 점으로 미루어 볼 때 운영 예산은 자체 조달되었을 것이다. 1936년을 기점으로 수도인 경성과 지방도시 광주의 행정구역 정에 대해 동일한 형태의 정회가 구성되었고, 일제의 국민정신총동원운동이 시작된 1938년부터는 전시조직의 성격까지 가미되었다.

1938년 7월 국민정신총동원운동을 위한 국민정신총동원조선연맹(후에 국민총력조선연맹으로 개명)이 조직되었고, 연맹은 농회(農會)를 시작으로 각종 직능단체를 각급의 지방행정단위별로 묶었다. 지역연맹체계는 1940년 12월 21일 각 도지사에게 보낸 내무국장 통첩 '지방행정 하부조직의 정비 및 국민총력연맹과의 연락조정에 관한 건'에 의해 완성되었다. 각급 지방관이 중심이 되어 동급의 각종 직능연맹과의 조정을 도모함과 동시에 하부의 지역연맹 및 각종 직능연맹을 지휘하에 두었던 것이다. 그리고 정총대와 구장이 지역연맹의 근저를 구성하고 있었다. 이 체계에서 국민총력연맹과 지방행정조직의 하부조직은 표리일체의 관계였다. 정회의 구역 설정 권한을 부윤에게 일임했고, 정회 내에 구(區)와 호(戶)를 두도록 했으며, 총대공선제를 폐지하고 부윤이 위촉하는 위원 가운데 총대 이하 임원을 선임하도록 했다.[63]

---

62 ≪매일신보≫, "光州府 各町에 町會를 組織"(1936년 12월 6일 자).

63 姜再鎬, 「植民地朝鮮の地方制度」, pp.327~330.

이처럼 국민정신총동원조선연맹이 구성되자 주민조직은 대표 선출, 구역 설정 등 자치조직으로서의 면모를 제도적으로 상실했다. 이는 재조선 일본인 거주 비율이 높은 정에서 극심한 반발을 초래했다. 재조선 일본인 거주자가 전체 주민의 절반을 넘거나 절반에 가까운 관계로 일본인이 주도하는 용산구와 중구 산하의 정회는 합병을 거부하고 선거제를 고집했으며 이후에도 선거제가 유지되기도 했다.[64] 하지만 조선총독부는 자신들의 방침을 강행했다. 1939년 6월 정회 산하의 애국반(愛國班)의 수는 전국적으로 약 35만 개에 달했고, 반원의 수는 460여만 명이었으며, 가족까지 포함하면 전 조선인을 아우르는 조직이 되었다.[65]

1944년 10월 15일에는 총독부령 제343호 '정회에 관한 건'에 따라 각 부의 고시로 조직되어 있던 정회가 조선총독부의 통일된 규정으로 정비되었고, 부윤에게 정회 및 연합회의 사무·재산 및 경비를 관리하는 권한과 구역을 변경하는 권한을 부여했다. 이로써 정회는 명실상부한 조선총독부의 공식 조직이 되었다. 이러한 과정을 통해 조선총독부 내무장관 → 부윤·도지사 → 군수 → 읍·면장 → 정총대 → 구장 → 통·반장이라는 일제강점기 말 하향식 지방 관료 시스템이 구축되었다.

일본 본토에서는 식민지 조선보다 1년 앞선 1937년 8월 24일 각의 결정으로 국민정신총동원 실시요강이 발포되었고,[66] 조선보다 2년 뒤인 1940년 9월 11일 통달된 내무성 훈령 제17호 '부락회정내회 등 정비요강'을 통해 정 내의 주민조직 명칭을 정내회로 통일하면서 정 내의 주민조직을 국

64 서현주, 「京城府의 町總代와 町會」, 131~136쪽.

65 박세훈, 「 일제시기 도시근린조직 연구: 경성부의 정회를 중심으로, 155~159쪽.

66 石川準吉, 『国家総動員史 資料編 第4』(国家総動員史刊行会, 1976), pp.452~453.

가 체제로 편입시켰다.[67] 이후 1943년 3월 19일에는 시제와 정촌제를 개정함으로써 시정촌장에게 시정촌 내 부락회, 정내회, 연합회 등 각종 단체에 지시를 내릴 수 있는 권한을 부여했다.[68]

종합해 보면 개항과 동시에 조선에 정착한 일본인들은 본토와 유사하게 자치권을 보장받은 주민조직을 구성, 강제병합 이후 이러한 주민조직을 통해 일제의 지방통치에 참여하거나 때로는 앞장섰다. 통치 대상인 조선인에 대해서는 상대적인 차별을 두었으며, 일제강점기 중반 주민조직은 점차 지방단체의 하부조직 성격을 가지게 되었다. 일제강점기 후반부에 들어 주민조직은 전시체제에 흡수되면서 자치권을 상실했다. 일본 본토의 주민조직과 식민지 조선의 주민조직은 서로 다를 수밖에 없었다. 주민조직을 구성하는 주체가 재조선 일본인인지 통치 대상인 조선인인지에 따라 구성 시기와 자치 정도에서 큰 차이를 보였다. 본토에서는 시가지 내에 정이라는 행정구역을 만들고 이곳에서 다양한 주민조직이 생성되었다가 정부 지침에 의해 정내회라는 명칭으로 정리되는 과정을 거쳤지만, 조선에서는 일본인이 집단으로 거주하는 행정구역을 정이라 칭했고, 그 행정구역과 일치하는 주민조직이 구성되었다.

일제가 일본 본토보다 식민지 조선의 주민조직을 더 이른 시점에 전시조직으로 삼은 이유는 1937년 7월 중일전쟁 발발과 함께 조선을 대륙 침략의 병참기지로 삼았기 때문인 것으로 풀이된다. 이는 일제강점기 주민조직은 일부 자치적 성격을 지니고 있었다고 하더라도 내부 요인보다 외

---

67 平川毅彦, 「部落會町内會等整備要綱」を讀む: 地域社會の「負の遺産」を理解するために」, ≪新潟青陵學會誌≫, 3(2)(2011), pp.11~15.

68 고려대학교 한국사연구소 일제시대사 연구실, 『식민지 조선과 제국 일본의 지방제도 관계법령 비교자료집』(2010), 630~645, 738~750쪽.

부 요인에 의해, 즉 통치기관의 필요나 지시, 명령에 의해 조직의 체계와 성격이 변했다는 것을 의미한다.

여기서 광주의 일제강점기 주민조직 실태를 좀 더 자세하게 살펴볼 필요가 있다. 1925년 12월 당시 광주면이 면사무소를 신축하면서 이를 기념해서 낸 책자인 『광주의 금석(光州の今昔)』[69]에는 면 협의회 회원, 학교조합 의원과 함께 구장, 정총대의 이름이 등장한다. 정총대와 구장은 광주면장을 자문하는 의사(議事)기관인 면 협의회의 회원, 일본인의 교육을 맡는 특별지방단체인 학교조합의 회원과 나란히 광주면의 공식 발간물에 열거되었다. 정총대 24명은 모두 일본인이었고, 구장은 조선인이 10명, 일본인이 5명이었다.

정총대 중 2명은 학교조합의 회원(정원 10명)을 겸임하고 있었다. 이뿐 아니라 1926년 11월 20일 광주면 협의회 선거에서 선출된 정총대 회원 14명 가운데 일본인 회원 7명(조선인 6명, 결원 1명)과 중첩된 자는 3명이었다. 특히 그 중 1명은 광주면 협의회 회원, 학교조합 회원, 정총대의 세 가지 직을 동시에 가졌다. 이들 정총대 중 1920년 제1기 면 협의회 회원을 거친 자는 3명이었고, 1923년 제2기 면 협의회 회원을 거친 자는 2명이었다.[70] 이는 정총대가 광주 재조선 일본인을 대표하면서 조선총독부의 지방통치에 꾸준히 참여하고 있었다는 것을 의미한다.

일본인 구장 5명 가운데 학교조합의 회원인 자는 없었으며, 다만 1명이 1926년 선출된 제3기 면 협의회 회원을 역임했다. 조선인 구장 가운데 면 협의회 회원은 없었으며, 특정 성씨인 최씨가 전체 구장 10명 가운데 절반

69 光州面, 『光州の今昔』, pp.40~48.

70 광주직할시사편찬위원회, 『광주시사』 2권(1993), 96쪽.

을 넘는 6명을 차지했다. 『광주의 금석』 말미에 게재된 광고를 보면 이들 정총대는 당시 병의원, 서점, 시계점, 공업사 등을 운영했다. 정총대와 구장 명단에 동시에 오른 일본인은 2명이었다. 구장은 명예직 직원으로 해당 구역 거주자 가운데 임명되었지만, 정총대는 정 내의 부동산 소유자, 정 내에 거주하는 세대주, 점포, 공장, 사무소를 가진 자의 대표자 등 특정 자격을 갖춘 주민의 대표였다[71]는 점에서 이러한 겸임이 제한적이지만 가능했을 것으로 추정된다.

1937년 광주부가 발간한 책자[72]에 따르면 부회 의원과 정총대가 공직자로 분류되어 있는데, 부회 의원은 30명, 정총대는 43명이었다. 부회 의원 가운데 재조선 일본인은 17명, 조선인은 11명, 결원은 2명이었으며, 정총대 가운데 일본인은 23명, 조선인은 20명이었다. 이는 당시 광주가 행정구역을 확장하고 기존 일본식 지명과 조선식 지명이 혼재되고 있었던 정·통·리 명칭을 일본식 명칭인 정으로 통일한 데 따른 변화로 추정된다. 이에 따라 정총대, 즉 정의 대표 수가 늘고 행정구역 명칭이 리에서 정으로 바뀌면서 조선인 정총대가 등장했다. 동·리장을 대신해 일제가 설치했던 명예직 직원인 구장은 정회의 하부조직 수장으로 그 성격이 바뀐 것으로 보인다. 1920~1930년대에 광주면, 읍, 부의 예산서 항목에 들어 있던 구장에 대한 비용 변상이 1940년 광주부 예산서에서 사라진 것이 그 근거이다.

1927년 광주면 예산서[73] 설명에 따르면, 경상부 제1관 급여 제5항 비용 변상에서 면 협의회 회원 정원 증가와 구장 증원의 필요를 인정해 91원을

71 윤현석, 「식민지 조선의 지방단체 광주(光州)에 관한 연구」, 117쪽.

72 光州府, 『光州府勢一斑』, pp.70~71.

73 조선총독부, 「지정면세입세출예산서류철(CJA0002605)」(국가기록원, 1927), 280~354쪽.

증액했다. 1932년 광주읍 결산서[74]에서는 읍회 의원에 226원, 구장에 72원의 비용을 변상했다고 적고 있다. 1935년 광주읍 예산서[75]에서는 경상부 세출 제3관 사무비 제3항 잡급에서 구장의 증원에 의해 비용 보상 45원을 증액한다는 설명과 함께 구장 50인에게 1인 일액 1원씩 연간 250원을 집행하겠다고 적었다. 그러나 1940년 광주부 예산서[76]에는 구장과 관련된 예산 항목이 없었다. 이는 지방단체의 명예직 직원이었던 구장의 신분이 변화했음을 의미한다.

관할 구역 내의 주민에 의해 선출되었든 지방단체에 의해 임명되었든 간에 일제강점기에는 의사기관 또는 의결기관인 면 협의회, 읍회, 부회 등에 의원, 학교조합 회원, 정총대, 구장이라는 주민대표가 존재했다. 이들은 상호 중복해서 대표직을 수행하기도 했다. 이들이 일제에 의해 공인된 주민대표였다면, 그렇지 않은 주민대표도 존재했다.

광주의 조선인들은 다양한 주민조직이나 모임의 구성을 시도했으며, 때로는 시민대회[77](주민대회)를 통해 중요한 사안과 관련된 주민의 의견을 공식적으로 분출함으로써 지방단체나 조선총독부를 압박하기도 했다. 특

74 조선총독부, 「읍 세입출결산서 2책 중 1책(CJA0002925)」(국가기록원, 1932), 334~356쪽.

75 조선총독부, 「대전 전주 광주부 신설 관계서류(CJA0003074)」(국가기록원, 1935), 285~727, 561~604쪽.

76 조선총독부, 「목포광주부관계철(CJA0003550)」(국가기록원, 1940), 755~868쪽.

77 허영란은 일제강점기 조선 민중의 주권행사가 봉쇄된 가운데 조선시대 이래의 영향하에서 상인을 비롯해 장시(場市)와 관련을 맺는 시가지의 주민에 대해 시민이라는 호칭을 사용했으나 도시나 시가지의 주민이라는 의미로 사용하는 사례도 증가했다고 주장했다. 허영란, 『일제시기 장시 연구』, 역비한국학총서 31(2009), 160~162쪽. 박명규는 도시의 발달이 늦었고 일본의 지방행정제도와 달랐기 때문에 지방거주 단위의 집회에서는 '시민대회'라는 명칭보다 도민대회, 부민대회, 군민대회, 면민대회, 리민대회 등으로 지칭했다고 설명했다. 또한 '시민'이라는 개념보다 각 행정단위별로 이름을 붙이는 경향이 많았지만 도시 주민을 시민으로 지칭하는 일본의 용례는 점차 확대되었다고 했다. 박명규, 『한국개념사 총서 국민 시민 인민: 개념사로 본 한국의 정치주체』(도서출판 소화, 2014), 219~231쪽.

일제강점기 때 광주의 일본인들은 주로 관제 집회를 가졌고, 조선인들은 일제의 조치에 반발해 정당한 조치를 요구하는 집회를 열었다. 일제는 조선인 집회를 철저히 통제했고, 1930년대 중반에 들어서는 강제로 해산시키기도 했다. 사진은 일제강점기에 광주신사가 위치했던 광주공원의 계단으로, 당시의 모습을 그대로 유지하고 있다.

히 지역 주민들의 집단행동에 해당하는 시민대회는 개최 전에 대회의 주체가 결정되고 주민의 공감대를 얻을 수 있는 안건을 정하며 경찰의 허가를 받는 과정을 거치는 것은 물론, 이후 이러한 안건을 지방단체 등에 건의하는 조직을 구성한다는 점에서 앞에서의 공식적인 주민조직 활동과는 비교된다.

국사편찬위원회 역사정보통합시스템(http://www.koreanhistory.or.kr)의 ≪동아일보≫ 기사를 토대로 분석한 결과, 1920년부터 1941년까지 주민대회의 명칭으로 개최되거나 개최가 시도되었던 대회는 2,400여 건이다. 면 단위 이상의 대회를 대상으로 하고 6개월 내에 동일 사안에 대한 중복대회 개최는 1건으로 처리하면, 부민대회는 280여 건, 군민대회 310여 건, 읍민대회 680여 건, 면민대회 1,180여 건, 동민대회, 정민대회, 리민대회는 300여 건 이상을 찾아볼 수 있다. 이들은 모두 주민들이 발의한 것이자 주민들의 참여가 확인된 것이다.[78]

일제강점기에 발행된 ≪동아일보≫[79] 기사에 따르면, 지방도시 광주에서도 1921년 7월부터 1934년 2월까지 다양한 안건을 주제로 시민대회가 개최되었고, 동시에 주민조직이 결성되어 활동했다. 1921년 6월 28일 일본인소학교 강당에서 광주상공회가 주최해서 열린 전기 개선에 대한 시민대회를 시작으로(≪동아일보≫, 1921년 7월 2일 자 4면), 같은 해 7월 9일에는 같은 주제로 2차 시민대회가(≪동아일보≫, 1921년 7월 17일 자 4면), 1922년 5월 4일에는 전 광주면장인 마츠다의 사회로 광주중학교 신설을 위한 시민대회가 각각 개최되었다(≪동아일보≫, 1922년 5월 13일 자). 1920년대 초반의 시민대회는 재조선 일본인과 조선인 유지들이 지역기반시설의 설치를 요구하는 관제 성격이 강했다고 볼 수 있다.

1920년대 후반부터 광주에서 개최된 일부 시민대회의 참석 대상에서는 재조선 일본인이 사라졌다. 이들 시민대회가 일본인 면장의 비리 문제를 공식 항의하거나 조선인 학생들이 다니는 광주제일공립보통학교의 신축을 결의하는 등 조선총독부의 관료인 지방단체의 장과 지배계층인 재조선 일본인에 대한 불만을 분출하는 장이 되었기 때문이다. 1928년 4월 5일 광주천 정비공사로 인해 생겨난 시장 부지의 요지를 당시 구라시나 면장이 독단적으로 일본인 사업자에게 분양한 사실을 알고 조선인 유력자와 상인 40여 명이 면장을 면담했으며, 같은 달 10일 오후 사립보통학교에서는 김

78 한상구, 「일제시기 지역주민의 집단행동과 '공공성'」, ≪역사문제연구≫, 31(2014), 103~128쪽.

79 네이버 뉴스 라이브러리(newslibrary.naver.com)에서 일제강점기인 1920년부터 1940년까지 광주와 관련된 ≪동아일보≫ 기사 3,867건을 검색했다.

진국 등 13명이 준비위원으로 참여해 시민대회를 개최하기로 했다(≪동아일보≫, 1928년 4월 7일 자 4면). 광주경찰서가 시민대회를 불허하자 상민대회로 이름을 바꿔 10일 오후 개최했으나 서우석이 발언한 내용을 문제 삼아 광주경찰서 고등계는 대회를 중지하고 해산시켰다. 이날 상민대회에서 참석자들은 면장의 불신임안을 제출했고, 감독관청에 분양 취소를 교섭하는 위원 10명을 선출했다(≪동아일보≫, 1928년 4월 12일 자 4면). 이들 위원 가운데 김형옥은 1906년 초대 광주농공은행 은행장과 광주면 상담역을 역임했고, 최당식은 1935년부터 읍회 및 부회 의원을 역임했던 인물로 조선인 유력자였다.

1934년 2월 6일 광주공립보통학교 대강당에서 열린 시민대회는 1933년 12월 22일 화재로 소실된 광주공립보통학교의 신축 운동을 결의하기 위한 것이었다. 이날 대회에서 선임된 집행위원 10명 중 박계일은 부읍장의 지위에 있는 관료였으며, 송화식 등 6명은 면 협의회 의원, 읍회 의원, 부회 의원 등을 역임했거나 이후 선출된 인물들이었다(≪동아일보≫, 1934년 2월 9일 자 3면). 이와 같이 1920년대 후반부터 1930년대 초반까지 열린 광주의 시민대회는 광주의 조선인 사회와 의사기관 또는 의결기관에서 제 역할을 하는 데 한계가 있었던 조선인 의원 등 유력자들이 연대해 조선인의 이해와 요구를 전달하는 창구 역할을 했다. 일제는 면장으로 대표되는 지방 관료의 통치에 반발하는 행위에 대해서는 시민대회라는 명칭을 쓰지 못하게 하고 발언자를 제한하는 등 민감하게 반응하면서 금지 또는 해산에 나섰다.

1920년대 후반부터 조선인들은 다양한 주민조직과 모임도 구성했다. 1926년 9월 16일 오후 홍학관에서는 광주사회운동단체의 대표기관인 광주협회의 준비위원회가 열렸고(≪동아일보≫, 1926년 9월 19일 자 4면), 다시 같은 달 21일 오후에는 최흥종의 사회로 집행위원회가 열렸다(≪동아일보≫, 1926년 9월 25일 자 4면). 하지만 광주경찰서가 규약을 문제 삼아 이 단체의 창립총회를 불허했다(≪동아일보≫, 1926년 10월 23일 자 4면).

또 1927년 10월 29일에는 최흥종이 의장을 맡은 신간회 광주지부가 창립되었는데, 광주경찰서가 축사를 금지하자 만세 삼창 후 해산했다(≪동아일보≫, 1927년 11월 1일 4면). 이후 1년여가 지난 1928년 12월 15일 제2차 정기총회에서는 10여 명의 경찰이 참석하는 등(≪동아일보≫, 1928년 12월 19일 자 4면) 통제를 단행했다. 1933년 3월 12일에는 "광주에 거주하는 3만여 조선인을 대표할 기관이 없어 유감"이라며 각지의 유지 35명이 모여 계유구락부를 창립했다(≪동아일보≫, 1933년 3월 16일 자 3면). 같은 해 11월 15일에는 여운형 초청 대강연회를 열었는데, 1,000명의 인파가 몰리자 1시간 만에 경찰이 해산시켰다(≪동아일보≫, 1933년 11월 22일 자 3면).

1920년대 후반부터 1930년대 초반까지 광주의 조선인 사회는 자신들의 이해를 대변할 수 있는 다양한 조직을 만들었지만, 일제의 통제와 감시 속에 창립 자체가 불허되거나 심한 규제 속에 간신히 모임을 치렀다. 1930년대 후반 전시체제에 들어서면서 사실상 조선인들의 이 같은 시도는 신문 지면에서 사라졌는데, 이러한 점으로 볼 때 일제에 의해 공인된 주민조직 외에 여타 주민조직을 구성하는 것은 철저히 금지된 것으로 추정된다.

일제의 주민조직이 도시 공간에 미친 영향

한편 일제강점기 후기로 갈수록 정회는 제도적·실질적으로 지방단체의 하부조직이면서 동시에 전시조직으로서의 성격이 강해졌다. 또 전시체제에 들어서는 물자 배급, 인원 동원 등 중심적인 역할을 수행했으며, 일제 통치구조의 기층을 구성했다. 그러나 일제가 패망하고 해방이 된 이후에는 주민조직 내에서 재조선 일본인이 이탈하면서 격변을 겪을 수밖에 없었다.

1945년 9월 7일 미군은 한반도에 입성하면서 태평양미국육군총사령부 포고 제1호를 발표했는데, 여기서 "정부의 전 공공 및 명예직원과 사용인, 공공복지와 공공위생을 포함한 전 공공사업 기관의 유급 혹은 무급 직원과 사용인, 중요한 사업에 종사하는 기타의 모든 사람은 추후 명령이 있을 때까지 종래의 기능 및 의무 수행을 계속하고, 모든 기록과 재산을 보존 보호해야 한다"라는 2조에 의해 정회를 비롯한 지방단체와 의사기관도 일제 강점기 그대로 운영되었다.

1945년 8~9월에 과도적으로 운영되던 정회는 9월 중순부터 본격적으로 개편되기 시작했다. 이 시기에 정회 개편의 주요한 배경이 된 것은 미군정의 실시와 서울시 인민위원회의 결성이라고 할 수 있다. 이러한 발표에 힘입어 기존 총대들의 모임인 전경성정총대연합회는 정회가 종전과 변함없이 유지되며 일본인 총대와 일부 총대만 개선한다는 입장을 밝혔다(≪매일신보≫, 1945년 9월 19일 자). 그러나 서울시 인민위원회가 결성됨과 동시에 정회에 내재된 일제 잔재의 극복을 표방하면서 정 인민위원회도 결성되었는데, 정 인민위원회는 임원 개선이나 조직 개편에서는 일제 잔재를 청산한 반면 집단주의를 강조함으로써 동원과 통합의 효과를 거두었던 일제강점기 정회 제도의 속성 또한 활용했다고 볼 수 있다.[80]

즉, 정회는 필요에 의해 존속되었음은 물론, 재조선 일본인이 이탈하긴

했지만 일제강점기 전시체제하에 가졌던 성격 또한 여전히 갖고 있었다. 여기서는 해방 후 정회가 어떻게 기능하고 어떤 역할을 했는지를 파악하기에 앞서 먼저 이 시기 지방제도가 어떻게 변했는지를 살펴보고자 한다.[81]

미군정은 정회를 그대로 유지하면서 1946년 3월 14일 법령 제60호를 통해 1945년 8월 15일 이전까지 38도 이남 조선 내에 존재했던 각 도회, 부회, 읍회, 면 협의회, 평의회 등을, 한 달여 뒤인 4월 27일에는 법령 제74호를 통해 지방행정처를 해산시켰다. 또 1946년 10월 15일에는 법령 제109호를 통해 지방세를 개정하고 10월 23일 법령 제114호를 통해 도 기구의 개혁에 나서는 등 지방제도 개편에도 나섰다. 1946년 11월 15일에는 일제강점기 조선총독부 관료가 임명되었던 지방단체의 장 및 의사기관인 지방 의사기관 의원에 대한 선거제 도입을 규정하는 법령 제126호 '도 및 기타 지방의 관공리, 회의원의 선거'를 공포했는데, 이로써 민주주의적 지방자치의 원칙하에 국가발전을 촉진한다는 명분을 내세우기도 했다. 이 법령 제7조는 일제강점기 중앙 및 지방의 의사기관 의원, 칙임관 이상의 지위를 가진 자, 일본인에게 협조해 조선 인민에게 해를 끼친 자 등의 피선거권을 박탈했으므로 일제 청산의 의미도 가지고 있었다. 그러나 조선과도입법위원이 보통선거법을 제정할 때까지 한시적으로 도지사, 서울특별시장, 이하 지방단체장을 임명하도록 하는 법령 제135호 '관공리 임면'이 1947년 3월 15일 공포되면서 선거는 전면 연기되었다.

1948년 8월 15일 대한민국 정부가 수립되어 1948년 11월 17일 법률 제

---

80 김영미, 「일제시기 서울지역 정·동회제와 주민생활」, 49~53쪽.

81 지방제도의 변화에 대해서는 국가기록원(http://theme.archives.go.kr/next/gazette/viewMain.do)에서 발행날짜 검색을 통해 1945년 8월 1일부터 1960년 12월 31일까지의 관보를 참조했다.

8호 '지방행정에 관한 임시조치법'이 공포되었는데, 이는 앞서 미군정의 법령 제126호와는 완전히 다른 내용을 담았다. 이 법령에서는 시장과 도지사는 내무부 장관의 지휘감독을 받도록 했고, 각 부처 소관 사무에 관해서는 국무총리 또는 각 부 장관의 지휘감독을 받도록 했다. 또 시장이 구청장, 경찰서장, 소방서장을 임명하고, 도지사가 부윤, 군수, 도사, 경찰서장, 소방서장 등 지방단체의 장을 선임하도록 했다. 한편 읍·면 구역 내에서 시행하는 국가 행정사무는 자치단체인 읍·면에 위임하며, 읍장과 면장은 선거하도록 했다. 선출직의 범위를 읍·면으로 대폭 축소한 것이다.

다시 1949년 7월 4일 법률 제32호 '지방자치법'을 공포하면서 도지사와 서울특별시장은 대통령이 임명하고, 시·읍·면장은 지방의회에서 무기명 투표로 선출하는 간접선거방식을 도입했다. 군수는 도지사의 추천으로, 서울특별시 구청장은 시장의 추천으로 내무부 장관을 경유해 대통령이 임명하고, 시의 구청장은 시장의 추천으로 도지사가 임명하도록 하면서 중앙정부에 종속적인 지방행정체제를 구축했다. 일제강점기에 중앙 및 지방 의사기관에서 의원을 지낸 일제 협력자에 대한 피선거권 박탈 규정도 사라졌다. 다만 시·읍·면 아래 동·리의 장에 대해서는 동·리민이 직접 선거하도록 하는 조치를 취했다. 이는 당시 정회에서 동회로 명칭을 바꾼 주민 조직에 일정한 자치권을 보장한 것으로 해석된다. 의결기관인 도의회, 서울특별시의회, 시의회, 읍의회, 면의회, 지방의회 의원은 명예직으로 선거하도록 했다.

하지만 1950년 2월 8일 국내외 정세가 비상상태여서 지방자치단체 선거 전부를 국무회의 의결로 당분간 연기했다. 이러한 혼돈 속에서도 일제강점기의 전시 물자 배급, 인원 동원, 공동체 사무 등을 맡았던 정회와 그

산하의 애국반은 존속하면서 다양한 역할과 기능을 담당했다.[82] 당시 발간된 신문자료와 선행연구에 따르면 정회는 해방 이후 계속 쓰이다가 1946년 동회와 혼용되었고, 이후 각 지방단체의 고시를 통해 동회로 명칭을 변경한 것으로 보인다.

해방 이후 미군정기에도 정회는 일본인 가옥 조사(≪동아일보≫, 1945년 12월 11일 자 2면), 각 애국반 단위 독립 애국금 수금(12월 12일 자 2면), 전쟁 피해 동포 구제기금 마련(12월 17일 자 2면), 임시정부 개선 봉축전 참여(12월 19일 자 2면), 각 가정에 석탄 배급(1946년 1월 7일 자 2면) 등의 업무를 수행하면서 일제강점기의 조직과 기능을 그대로 유지했다. 1946년 좌익과 우익의 대립이 정회 내부에도 파고들면서 반탁국민대회 참가(1월 11일 자 2면), 서울시정회연합회에 반대하는 한성시정회연합회 발족(1월 24일 자 2면), 미소공동위원회 대책간담회 개최(4월 24일 자 2면), 서울 시내 268개 정회 경성부정회연합회 결성(6월 7일 자 2면) 등 앞서 언급한 기능 외에 입법의원 대의원 선거에 깊숙이 개입하면서(10월 29일 자 2면) 정치적인 면모도 보였다.

미군은 1945년 10월 22일 지방도시 광주에 진주한 뒤 300여 명으로 구성된 '화이트 셔츠(white shirts)'라는 조직이 금품 갈취, 제품 몰수 등의 불법을 저질렀다며 첫 조치로 이 조직을 해산시켰다. 20여 일 만인 11월 3일에는 전남도인민위원회가 좌익 세력에 의해 장악되었다고 판단해 같은 조치를 취했다.[83] 미군은 자신들의 통치체제를 확립하기 위해 해방과 함께

82 네이버 뉴스 라이브러리(newslibrary.naver.com)에서 1945년 8월 1일부터 1955년 12월 31일까지 정회 및 동회와 관련된 ≪동아일보≫, ≪경향신문≫ 기사를 참조했다.

83 국사편찬위원회, 「미군정기군정단 군정중대 문서 5」, 『한국현대사자료집성』 51(1946), 493~495쪽.

▎미군은 해방되고 두 달여 뒤인 1945년 10월 22일 광주에 진주했으며, 곧바로 자발적으로 생겨난 조직들을 해산시켰다. 이후 도정자문위원회를 구성했는데, 위원장은 1920년 7월 광주 YMCA 창립을 주도한 최흥종 목사가 맡았다. 사진은 광주 YMCA 정문.

가장 먼저 지역 내에서 자발적으로 생겨난 조직들을 없앴던 것이다.

이어 광주에 도정자문위원회(Provincial Advisory Council)를 구성하고 입법의원 선거를 통해 지역대표를 선출했다. 먼저 1945년 11월 23일 해방 이후 전남건국준비위원회 위원장을 지내고 일제강점기 신간회와 조선노동공제회 설립을 주도하며 지역 내에서 광범위하게 지지를 받는 최흥종 목사를 위원장으로 선출하는 첫 회의를 가졌다. 위원은 모두 9명으로, 한국민주당(한민당)[84] 인사 외에 교육자, 언론인, 변호사 등 보수우파뿐만 아니라 일제강점기 신간회 같은 조직에 깊이 관여하면서 지역 내에 신망을

84 한국민주당은 미군정이 조선인민공화국과 지방인민위원회를 약화시키기 위해 정치적인 지지 기반으로 상정하고 있던 정치세력으로, 보수우익을 대변했다. 미군은 한국민주당의 주요 인사들이 일제에 협력했기 때문에 대중적인 지지를 받지 못한다는 것을 파악하고 있었다. 박태균, 「1945~1946 미군정의 정치세력 재편계획과 남한 정치구도의 변화」, ≪한국사연구≫, 74권(1991), 109~160쪽.

얻고 있는 위원도 포함되었다.[85]

이어 경성과 마찬가지로 일제강점기의 주민조직을 그대로 두고 통·반, 리·정 등의 단위에서 선거해 단계별 대표를 선출하는 방식으로 입법의원을 뽑았다. 이들 주민조직은 귀국동포, 난민 등을 구호 및 지원[86]하는 업무와 더불어 조선생필품영단, 조선식량영단 등으로부터 건네받은 식량과 생필품을 배급하는 업무도 맡았을 것으로 추정된다. 전남에서는 광주지역, 목포지역, 순천지역 등 3개 지역으로 나뉘어 입법의원 선거가 치러졌는데, 리·정은 1946년 10월 24일, 읍·면은 10월 26일, 구·군은 10월 28일 각각 2명씩 대표를 선출하도록 했으며, 이들 대표가 10월 30~31일 투표해서 고광표 등 6명의 의원을 선출했다.[87]

입법의원 선거는 반관반민(半官半民) 형태의 의원 구성(군정장관이 임명한 관선이 45명이고 민선이 45명이었다), 4단계 간접선거, 세대주 선거를 특징으로 했는데, 이는 근대적 민주주의 선거가 아니라 일제강점기의 조선총독부가 친일파를 선택적으로 등용하기 위해 고안한 부회·도회 선거를 그대로 본뜬 것이자 좌익을 효과적으로 선거에서 배제하기 위한 것이었다.[88] 따라서 경성과 마찬가지로 일제강점기 주민조직인 정회와 그 하부조직인 통·반이 선거에 깊숙이 개입했을 것으로 보인다.

한국청년회는 "일제가 침략 전쟁을 수행하기 위해 만들어놓은 정회 조

85 임선화, 「미군정의 실시와 전라남도도지사고문회의 조직」, 327~331쪽.

86 미군은 문서에서 미군정에 따르는 지역 구호 집단들(local relief groups)이 이러한 역할에 열정적으로 나섰다고 적고 있다. 국사편찬위원회, 「미군정기군정단 군정중대 문서 5」, 20쪽.

87 같은 자료, 538쪽.

88 김영미, 「미군정기 남조선과도입법의원의 성립과 활동」, ≪한국사론≫, 32권(1994), 251~305쪽.

직을 기계적으로 이용한 결과 필연적으로 일제 잔재세력의 대두를 초래한다"라며 비민주성 시정을 요구하는 담화를 발표하기도 했다(≪동아일보≫, 1946년 11월 5일 자 1면). 동회는 1946년 하반기부터 서울시와 마찰을 겪으면서 존폐 문제가 거론되기도 했다. 1947년 들어 서울시는 참사회에서 동회를 폐지하고 구청 출장소를 만드는 방안을 심의했지만(≪동아일보≫, 1947년 3월 22일 자 2면), 반대에 부딪치자 동회는 존속하되 동회장은 민선으로 하고 각 구청에서 사무장을 파견하는 중재안을 같은 해 7월 1일부터 시행하기로 했다(≪동아일보≫, 1947년 6월 21일 자 2면). 이후 8개 구의 282개 동회는 경영난으로 폐쇄 주장까지 일면서 시의 말단행정기관이자 보조 역할을 하는 성격이 강해졌다(≪동아일보≫, 1949년 4월 20일 자 2면). 이는 동회의 틀을 유지하면서 시가 일상적으로 동회를 통제할 수 있는 제도를 마련한 것으로 볼 수 있다. 동회 논쟁 직후 1947년 9월 말 동회의 통폐합이 단행되었으며, 10월 1일 전면적인 동회장 재선거가 실시되었다.[89]

지방도시 광주와 수도 경성의 동회(정회)가 일제강점기의 성격과 기능을 유지하고 좌익과 우익의 대립 속에 정치색을 띠면서 존재 이유를 확고히 한 것이다. 또 정립된 체계를 갖춘 주민조직이라는 장점을 앞세워 입법의원 선출 등 건국 과정에 핵심적인 역할도 수행했다. 대표 공선제, 역할 및 기능 자체 결정 등 자치적 성격이 강해 지방단체와 대립 관계를 보이기도 했으며, 대한민국 정부가 수립된 이후 지방자치단체의 말단기관으로 편입되기 시작한 것으로 보인다. 또 1949년 7월 4일 법률 제32호 지방자치법에 따라 임명 또는 간접선거로 선출되는 지방자치단체의 장과 달리

89 김영미, 「해방 직후 정회(町會)를 통해 본 도시기층사회의 변화」, ≪역사와 현실≫, 35(2003), 69쪽.

광주 YMCA 옆에 1930년대 지어진 것으로 추정되었던 일본식 적산가옥은 2007년 11월까지 그 자리에 있었지만, 소유주가 철거한 뒤 현재는 주차장으로 쓰이고 있다. 적산가옥을 비롯한 일제강점기 남광주역, 광주여고 등 다양한 근대유산은 그 가치에 대한 정확한 평가 없이 소유주나 지자체에 의해 사라져가고 있다.

동·리장의 선거를 명시한 것은 해방 후 지방자치법이 제정될 때까지 동회장이 선출직이었다는 점을 반영한 것이다.

일제강점기 식민지 조선의 전시조직 일부는 미군정기, 한국전쟁, 과도기로 이어진 군사독재를 거치면서 그 필요성이 인정되어 계속 존재했다. 그렇게 유지된 주민 공동체는 행정기관의 말단 조직이 되었고, 심지어는 주민들을 감시·통제하는 기능을 수행하는 경우도 빈번했다. 주민 상당수가 주민조직을 신뢰하지 못하고 주민조직이 주민 전체의 의견과 이해를 반영하지 못한 기간이 오래 지속되었던 것이다. 이러한 상황은 공간의 변화에서 주민 스스로가 주체가 되지 못하고 행정기관 주도의 인·허가와 그에 따른 외지인 개발에 끌려갈 수밖에 없는 원인이 된다는 것이 필자의 생각이다.

우리나라의 주민 공동체는 일제강점기를 거치면서 변질되었는데, 그 상태로 해방을 맞고 좌우익의 혼란기를 거치면서 이를 바로잡지 못했다.

또한 장기간 군사정권이 국가 주도 경제 성장을 강행했기 때문에 계획과 개발에서 주민이 참여하거나 의견을 제시하는 것은 원천적으로 배제되었다. 효율과 성장을 위해서라면 다른 모든 것은 무시해도 되는 시기였다. 바로 이 시기에 도시 인구는 급증했고, 그나마 상하수도, 도로 등 기본적인 기반시설이 설치되어 있는 시가지는 난개발의 대상이 될 수밖에 없었다. 몰려드는 인구와 그로 인해 곳곳에 들어선 불량주택들은 시가지 주거지역을 질적으로 하락시켰고 이와 동시에 주민 공동체의 색채를 더욱 희석시켰다.

무분별한 도시 확장이 야기한 폐단

해방, 한국전쟁, 그리고 이후의 급속한 산업화와 함께 우리나라의 도시 인구는 급증했다. 이승만 정부가 유상매입 유상분배를 축으로 하는 농지개혁을 단행하자 농지를 구매하지 못한 소작농들과 갈 곳 없는 전쟁 피난민들이 도시로 몰려들었기 때문이다. 일제강점기에 사회 혼란과 재정난 속에 설치된 기반시설은 전쟁으로 인해 파괴·훼손되었는데, 이를 원래 상태로 되돌리기도 어려운 실정에서 도시 전체가 과부하 상태에 놓였던 것이다.

1942년 광주의 시가지이자 일본인들이 주로 거주했던 광주부(해방 이후 광주시로 명칭 변경)의 인구는 7만 8,953명이었다. 외곽에 해당하는 광산군(1988년 1월 1일 광주직할시로 편입)을 제외하고 시가지에 해당하는 인구 추이만 살펴보면 1954년 14만 2,524명, 1964년 34만 3,193명 등으로 급격히 증가했다.[90] 이들 인구를 수용하기에는 시가지가 너무 비좁았는데, 그

▌지방도시 광주가 해방 이후 급속히 늘어난 인구를 수용할 수 있는 방법은 난개발밖에 없었다. 공공은 무기력했고, 민간은 기술적으로 어려운 수직 개발보다 수평 개발로, 즉 필지를 더 작게 줄이고 방을 더 만드는 방식으로 임대 수익을 챙겼다. 사진은 1951년 전남도청 주변 광주 구시가지를 항공 촬영한 것이다(1989년 10월 광주광역시가 발간한 『사진으로 본 광주 100년』에서 발췌).

나마 상하수도, 전기 등 기본적인 기반시설을 갖춘 이곳에 매우 좁은 면적의 저소득층 불량주택들이 난립했다. 이 불량주택들은 오랜 시간 광주시가지 곳곳에 자리했고, 주택 및 토지 소유주는 임차료를 더 받기 위해 세입자의 수를 늘려나가면서 수익을 올렸다.

해방 이후 상당 기간 정부와 지방자치단체의 재정은 곤궁했고, 불안한

90 광주광역시, 『광주도시계획사』, 19~31쪽.

경제 사정으로 물가가 급등하자 도시 빈곤층에 대한 지원은 최소한의 수준에 머무를 수밖에 없었다.

주택 문제의 심각성이 갈수록 더해지면서 광주시는 소규모 공공주택 공급에 나섰지만 주택난 해소에는 별다른 영향을 미치지 못했다. 해방 이후 학교, 파출소, 보건소, 형무소 등 부족한 기반시설도 보완해 나갔지만, 한국전쟁을 거치면서 이 역시 상당 부분 파괴·훼손되었다.

이러한 상황에서 도시 공간에 대한 개발은 공공이 아닌 민간이 주도할 수밖에 없었다. 공공은 법·제도와 행정 시스템을 통해 도시 공간을 계획하고 그에 따라 민간의 건축을 유도·권장·강제해야 함에도 그렇지 못했다. 급증하는 인구를 그저 수용해야 하는 처지에서 최소한의 주거 조건조차 갖추지 못한 불량주택들을 방치할 수밖에 없었던 것이다. 도시화를 겪은 유럽과 미국이 산업 발전, 식민지 개척, 세계 무역 등을 통해 부를 쌓고 도시 공간 전체를 위해 개별 민간 건축물에 대한 규제를 시작하고 공공 투자를 통해 도시를 가꿔나간 반면, 우리는 그러한 여건을 갖추지 못했던 것이다.

광주 시가지의 확장은 도시 교통수단, 여건, 기술의 한계, 도로 등 기반시설 설치 예산의 부족으로 인해 무계획적으로 그리고 느린 속도로 진행되었을 것으로 추정된다. 또한 수직 개발이 어려웠기 때문에 기존 시가지 내에 필지를 잘게 쪼개는 방식으로 개발이 진행되었다. 주거환경은 열악해졌고, 하천은 하수구가 되어 악취가 진동했으며, 좁은 도로는 자동차, 자전거, 리어카, 인파로 뒤섞였다. 시가지 건축물들 역시 조선시대 한옥, 일제강점기의 일본식 주택, 3~5층의 서양식 빌딩, 판잣집, 초가집 또는 움막 등이 다양하게 존재했다.

광주읍성, 경양방죽 등 조선시대의 전통적인 광주 경관은 일제강점기를 거치면서 사라지거나 훼손되었고, 광주신사가 있던 광주공원, 일본 왕자의 결혼을 축하해 조성한 사직공원, 전남도청 등 일제에 의해 만들어진 공간들이 시가지를 채우고 있었다. 이 공간들을 어떻게 할 것인지, 또는 일제강점기에 사라진 광주의 자원을 복원할 것인지 등에 대한 체계적이고 구체적인 논의 없이 그때그때 필요에 따라 철거·정비되거나 남겨졌다.

무허가 주택들이 시가지 외곽에 무계획적으로 들어서고 이를 뒤쫓아 도로, 상하수도 등 가장 기본적인 기반시설이 매우 늦은 속도로 설치되는 현상이 반복되었다. 기반시설의 혜택은 일제강점기에 형성된 중심시가지와 그 주변으로 제한될 수밖에 없었고, 정부와 지방자치단체, 공기업 등 공공기관은 상당수 시민들에게 기본적인 공공 서비스를 제공하지 못하고 있었다. 민간 개발업체들은 공공기관의 허술한 법·제도, 인·허가 행정 시스템을 이용해 개발 이익 챙기기에 나섰다. 다만 당시의 민간 개발은 규모가 작았고 도시 전체에 미치는 영향도 미미했다. 주거지역 내에 작은 주택들을 만들어 매매하는 수준이었다. 해결해야 할 더 큰 문제는 정상적인 주거지를 얻지 못하고 일자리 역시 찾지 못한 빈민들을 도시 공간에 수용하면서 일상적인 공공 서비스를 시민 모두에게 제공하는 것이었다.

1939년 광주시가지계획령을 통해 광주에 처음 도입된 토지구획정리사업이 실제로 집행된 것은 앞에서 설명한 대로 1960년대 초반 광주역을 이전하는 작업에서였다. 이 토지구획정리사업에 대해서는 보다 자세하게 살펴볼 필요가 있다. 우리나라에서는 토지구획정리법이 1966년 제정되면서 공식적으로 시행되었는데, 이는 독일의 제도가 일본을 거쳐 도입된 것이었다. 광주에서 실시된 1960~1970년대 토지구획정리사업지구 가운데 1

지구는 광주역 이전과 중심상업지역 조성을, 2·4지구와 광송지구는 내부 순환도로 및 광주~송정 간 도로 정비와 주택 공급을 목적으로 했으며, 5·6지구는 북쪽으로의 시가지 난개발 방지 및 계획적인 주택 부지와 시가지 조성을 목적으로 했다.[91]

1962년 1월 공익사업에 필요한 토지 수용 및 사용에 관한 사항을 규정한 토지수용법이 제정되기는 했지만, 토지를 수용할 비용이 없었던 정부와 지방자치단체는 공공시설, 공공임대주택 등을 조성하기 위한 토지를 마련할 수 없었다. 따라서 재정 투입 없이 토지를 마련할 수 있는 방법, 즉 토지구획정리사업을 1960년대 후반부터 본격적으로 시행했다. 이 사업의 특징은 감보(減步)와 환지(換地)에 있었다. 감보는 말 그대로 토지의 면적을 줄이는 것, 다시 말해 공원, 도로, 상하수도, 동사무소, 학교 등 공공시설을 설치·조성하는 데 소요되는 사업비를 마련하기 위해 토지 소유주의 토지를 일정 비율로 감소시키는 것이다. 환지는 감소한 토지, 즉 미개발된 토지를 개발된 토지로 바꿔서 토지 소유주 또는 이해관계자에게 돌려주는 것이다. 이 사업은 재정이 취약한 공공기관, 그리고 도로·상하수도 등 기반시설이 없어 가치가 낮은 토지를 보유하고 있는 소유자 둘 다 만족시킬 수 있었다. 다만 토지 가격이 저렴하면서 개발 가치가 높아야 한다는 전제 조건이 있었다.

광주시는 급증하는 인구를 감당하면서 시가지의 무분별한 확장을 어느 정도 제어하고 난개발로 인해 곳곳에 들어선 불량주택들을 해결해야 하는 시점에 토지구획정리사업을 시작했다. 이때 들어선 주택들은 2~4m의 좁

91 광주광역시, 『광주토지구획정리백서』(2000), 3~534쪽.

1968년부터 1974년까지 광주의 구도심 외곽이라고 할 수 있는 서구와 남구 일대에서는 토지구획정리사업 제2지구 사업이 시행되었다. 토지구획정리사업은 토지 소유주가 토지 일부를 개발 비용으로 충당하는 것으로, 1970년대까지 도시가 주택 부지를 마련하는 주된 방식이었다. 사진은 광주의 노후 단독주택.

은 도로 양측에 같은 부지 면적의 비슷한 양식으로 건축되었다. 이들 주택을 신축하는 데서는 지속성, 쾌적성, 견고성, 개인 취향은 배제된 채 오로지 수용성, 신속성, 효율성이 중시되었다.

1976년에는 정부가 UN 산하의 금융기관인 IBRD(International Bank for Reconstruction and Development, 국제부흥개발은행)로부터 차관을 받아 주월동, 백운동, 월산동 일대에 10~25평의 단독주택을 공급했다. 주택을 필요로 하는 시민은 대지와 건축에 필요한 비용을 각각 연 12%, 8%의 융자로 충당할 수 있었다. 면적별 공급 주택 수는 10평(35m^2) 375호, 12평(40m^2) 120호, 20평(66m^2) 45호, 25평(82m^2) 129호 등 669호였다. 1984년 같은 방법으로 광주 광산구 신가동에 9평(30m^2) 580호, 12평 496호 등 1,076호가 들어서 IBRD 주택은 모두 1,745호가 건축되었다. 이 역시 좁은 면적에 똑같은 형태와 디자인이었다. 1973년과 1976년에는 북구 용봉

동, 서구 광천동 등에 10평과 14평(46m²) 규모의 공영주택이 들어섰는데, 다량의 공공주택 공급이라는 목적을 달성하기 위해서였다. 택지를 최대한 이용하는 방식으로 과밀주택지가 들어섰던 것이다. 1970년대에는 그 외에도 철거민주택, 하사관 및 국민주택 등이 계속 건설되었다. 특히 일제강점기에 매립되어 3분의 1만 남은 경양방죽을 1966년 완전 매립한 뒤 1970년대 들어 작게 분할해 본격적으로 주거지로 조성하기 시작했다.[92]

이때부터 최악의 불량주택인 판잣집 등이 점차 사라지고 한옥을 개량한 단독주택, 벽돌로 지은 서양식 단독주택, 연립주택, 아파트, 맨션 등이 들어서기 시작했다. 맨션은 고층으로 엘리베이터를 갖췄고, 아파트는 중층으로 설비가 다소 열악했다. 1977년 시가지 중심지인 동구 금남로 3가에 금남맨션을 시작으로 맨션과 아파트들이 본격적으로 건축되어 일반화되기 시작했다.[93]

적은 비용, 건축기술의 한계, 부족한 자재와 좁은 면적에 신속한 주택 공급이라는 목표를 달성하기 위해 단시간에 들어선 단독주택들은 시간이 흐르면서 도시의 골칫거리가 되었다. 소득이 많아지고 개인 취향이 강조되면서 보다 질 높은 주택을 바라는 시민들의 요구가 높아졌으나 이를 전혀 수용할 수 없었기 때문이다. 신축한 지 20~30년이 지나면서 자신의 주거지를 벗어나려는 주민들이 외곽 택지지구의 아파트로 이주하는 과정에서 구도심에 빈집이 속출했는데, 이것은 비단 광주만의 일이 아니었다.

토지구획정리사업을 추진하면서 감보 과정에서 토지 소유주들과의 갈등이 폭발적으로 증가했고, 토지 가격이 상승하면서 사업 자체에 대한 반

92 광주광역시, 『광주도시계획사』, 684~700쪽.

93 같은 책, 700~704쪽.

▍1977년 광주 시가지 한복판인 금남로 3가에 들어선 금남맨션. 금남맨션은 연립주택, 아파트 등이 광주에 집중적으로 들어서는 하나의 신호탄이 되었다. 그저 인구의 수용만을 목적으로 좁고 멋도 없으며 똑같은 디자인으로 건립된 단독주택들은 서서히 도시의 애물단지로 전락했다.

발도 커져 사업의 성과 역시 불분명했다. 1981년 택지개발촉진법으로 인해 신속한 대규모 택지 개발이 가능해지고 고층 아파트를 지을 수 있는 기술적인 토대도 마련되면서 공동주택 중심의 택지가 기존 시가지보다 매우 저렴한 도시 외곽의 토지에 집중적으로 조성되기 시작했다. 이에 따라 1980년대에 들어서면서 토지구획정리사업은 급감했고 대신 택지 개발 붐이 일었다. 공공재정 역시 어느 정도 토지를 수용할 여력을 갖췄기 때문에 공기업, 지방자치단체 등은 개발을 마친 택지를 건설업체들에게 분양하면서 천문학적인 개발 이익을 얻을 수 있었다.

지방자치단체와 공기업들은 택지 개발로 벌어들이는 수익으로 청사를 새로 짓거나 도로, 상하수도, 공원을 조성하면서 그동안 재정 부족으로 미뤘던 공공사업들을 추진할 수 있었다. 대표적인 사례가 현재의 광주 상무지구이다.[94] 이 상무지구는 군부대가 주둔해 있던 상무대(면적 226만 4,000m^2)와 그 주변 서구 쌍촌동, 치평동, 금호동, 마륵동 일원을 합쳐 모두 505만 4,000m^{2}의 녹지를 개발해 만든 택지이다. 상무대를 이전하라는 전두환의 지시에 따라 1984년 3월부터 이 사업이 추진되었는데, 당시 국방부가 요구하는 토지 매입비, 군부대 신규 부지 조성비 등을 감당하려다 보니 초기 설계에서는 공원이나 광장 같은 공공공간을 전혀 조성할 수 없었다. 1988년 12월 상무신시가지개발구상에 따르면 주거지역 85%, 상업지역 11%, 기타 4%로 조성하려고 했는데, 이에 대해 지역 내에서는 엄청난 반대 여론이 일었다. 반발이 커지자 국방부에서는 결국 공원 부지 33만여m^{2}를 무상양여하기로 했고 이로 인해 계획은 대폭 수정되었다.

최종적으로 상무신도심의 면적은 321만 7,222m^{2}로 1995년 1월 공사를 시작해 2003년 4월 개발이 완료되었다. 상무신도심은 3단계에 걸쳐 조성되었는데, 상무1지구는 262만 1,865m^2(주택 1만 152호, 수용인구 3만 5,532명), 상무2지구는 46만 5,168m^2(주택 2,459호, 수용인구 8,607명), 상무3지구는 13만 189m^2(주택 188호, 수용인구 588명) 등으로 구성되었다. 도로가 87만 9,859m^{2}로 가장 높은 비중을 보였고, 이어 아파트(47만 9,924.3m^2), 공원(43만 7,026.2m^2), 중심상업지역(26만 7,157.4m^2) 순으로 면적이 컸다.

총사업비는 보상금 5,130억 원, 공사비 1,948억 원, 기타 1,013억 원 등

94 상무지구에 대한 설명은 광주도시공사로부터 상무지구개발 자료를 제공받아 정리했다.

▍군부대인 상무대가 장성으로 이전한 뒤 1995년부터 8년여에 걸쳐 조성된 신시가지 상무지구로 인해 광주 중심시가지는 구도심으로 불리게 되었다. 상무지구의 개발 이익은 광주광역시 신청사를 건립하는 데 쓰였고 나머지는 일반회계에 편입되었다. 사진은 광주 상무지구 내 광주광역시청사 전경.

8,901억 원이었는데, 개발 이익은 예상을 뛰어넘는 3,000억 원에 달했다. 국방부에 상무대 이전비용 3,074억 원을 지급하고도 3,000억 원 이상의 이익을 남겼다는 점에서 택지 개발을 통해 무려 6,000억 원 이상을 벌어들인 셈이다. 광주광역시는 3,000억 원 가운데 1,240억 원을 상무지구 신청사 건립에 사용하고, 나머지는 일반회계로 편입시켜 시민들을 위해 사용했다.

이 같은 외곽 택지 개발은 정부 차원의 대규모 주택 공급 정책, 비좁고 불편한 단독주택에 대한 불만 증가, 개인 소득 향상과 삶의 질을 중시하는 사고 확산, 단독주택지역 범죄에 따른 치안 불안, 대규모 개발 이익 발생 등이 원인이 되어 집중적으로 시행될 수 있었다.

광주에서는 1981년 6월 염주지구를 시작으로 1998년 1월 착공한 상무3

지구까지 1980년대와 1990년대에 모두 24개 택지지구가 기존 시가지를 감싸며 조성되었다. 2000년대 들어서는 2001년 10월 착공한 하남2지구를 시작으로, 2005년 3월 공사에 들어간 효천2지구까지 모두 7개의 택지가 개발되었다. 각각 2024년, 2029년 준공을 목표로 추진되고 있는 2개 사업까지 합치면 광주에서만 모두 33개 택지가 조성되었거나 조성될 예정이다. 전체 면적은 2,370만m^2에 달한다. 시행주체로 나눠보면 광주광역시와 자치구가 4곳, 광주도시공사가 6곳, 한국토지주택공사(LH)가 23곳을 맡았다.[95]

이 같은 다수의 택지 개발은 증가하는 인구를 수용하면서 기존 시가지의 인구까지 흡수해 구도심의 공동화 현상을 초래했다. 정부와 지방자치단체는 택지 개발을 서두르면서도 이에 따른 도심 기능의 약화 및 기존 시가지의 쇠락에 대한 별도의 대책을 세우지 못했다. 이들 택지의 설계는 인접한 자연 여건만 다를 뿐 내부는 구조와 디자인이 비슷했다. 공동주택, 즉 아파트 단지가 넓게 분포되고 그 인근에는 근린상업지역이, 중앙에는 중심상업지역이, 단지와 단지를 연결하는 녹지와 택지 내 주변 지역에는 공원이 각각 배치되는 형태이다. 도시의 정체성이나 경관, 역사성과는 전혀 무관한, 유사한 형태의 대규모 아파트 단지가 도시 외곽에 하나둘 생겨나면서 우리나라 도시를 구성하는 주요 요소로 자리 잡은 것이다.

이와 함께 공기업과 건설업체가 택지 개발과 아파트 공급으로 얻는 이익에 대한 사전 타당성 검토, 사후 공개, 과도한 이익의 환원 조치, 개발 이익의 사용 계획 공유 등과 관련된 조치 및 논의가 전혀 없었다는 것도 문제

95 광주광역시 택지개발에 대한 설명은 광주광역시청으로부터 자료를 제공받아 정리했다.

한국토지주택공사, 광주도시공사 등 택지를 개발해 공급할 수 있는 공기업들은 1980년대부터 도시 외곽의 미개발지를 저렴하게 수용해 택지로 개발한 뒤 건설업체에 높은 가격에 팔아 이익을 챙겼다. 건설업체들은 분양가를 계속 끌어올려 전체적인 집값 상승을 이끌었다. 사진은 광주 곳곳에 들어서고 있는 고층 아파트들.

점으로 지적할 수 있다. 아파트 개발이 과도하게 계획·실행될 수밖에 없는 이유는 용도의 변경 및 개발 행위 과정에서 발생하는 대규모 이익이 공기업과 건설업체에게 돌아가고 이들이 점차 더 많은 이익을 추구하기 때문이다.

택지개발사업뿐만이 아니다. 환지 방식의 토지구획정리사업이 점차 사라지고 수용 방식의 도시개발사업이 2001년부터 본격화되었다. 도시개발사업은 특정 목적을 가지고 실행되는데, 광주의 경우 2001년 광산구 신촌마을 이주단지 조성을 시작으로 모두 7개의 도시개발사업이 완료되었다. 이 가운데 세 곳이 공동주택 아파트 조성사업이었다. 이 밖에 광주광역시와 자치구, LH, 민간업체 등이 8개 지구 사업을 추진하고 있는데, 이들 사업도 모두 주택단지사업이다.[96]

96 광주광역시의 도시개발사업에 대한 설명은 광주광역시청으로부터 자료를 제공받아 정리했다.

비슷한 시기에 도시 외곽에서 공동주택을 중심으로 개발이 이루어진 데 이어 기존 시가지 내에서는 더 높은 아파트 단지들이 등장하기 시작했다. 노후 단독주택지역, 상업지역, 학교나 공장 이전부지 등을 대상으로 재개발 등의 도시정비사업과 지구단위계획구역 지정을 통한 공동주택단지 조성사업이 시작되었기 때문이다. 대상지역은 민간개발에 맡겨졌고, 경제성을 감안해서 더 높은 용적률 인센티브를 받을 수 있었다. 도시계획위원회의 심의 및 지방자치단체의 인·허가 과정에서 도시의 정체성, 경관, 특징, 미래, 지속가능성은 중요하게 다루어지지 못했다. 도시 및 주거환경 정비법에 따른 정비구역은 광주시내에 67곳이나 되며, 기존 시가지인 동구, 서구에 집중되어 있다. 주택법에 의거해 대지조성사업지구로 지구단위계획을 수립한 구역은 모두 80곳에 달한다.

거대한 부동산 시장이 되어버린 도시

1980년대 중후반은 1960년대부터 무차별적으로 공급된 단독주택들이 30년 이상 시간이 지나면서 노후 정도가 심각해져 신규 주택에 대한 수요가 폭발적으로 증가한 시점이다. 여기에 부유층을 중심으로 아파트를 하나의 상품처럼 사재기하고, 프리미엄을 얹어 판매하는 행위가 만연하면서, 주거시설인 아파트가 주요한 돈벌이 수단이 되어버렸다. 정부의 정책 실패로 아파트 가격이 지속적으로 상승하는 시점과도 겹치면서 도시에서 아파트 단지를 조성하는 사업은 민간 개발·건설업체에는 천문학적인 이익을 안겨주고 투기꾼들에게는 단기간에 높은 수익을 보장하는 '노다지'가 된 것이다. 여기에 농어촌과 지방도시가 쇠락하면서 대도시와 수도권에 주거지를 마련하려는 욕구까지 더해지자 아파트 수요는 더 부풀려질 수밖에 없었다.

아파트는 1980년대 후반부터 집중적으로 공급되기 시작했는데 40년 이상 이 같은 추세가 계속되고 있다. 민간개발업체들은 학교, 공장 이전 부지, 공터 등 도심 내 유휴 부지를 어김없이 대단위 아파트 단지로 계획·개발하고 있다. 아파트의 무분별한 공급으로 광주를 비롯한 우리나라 도시의 아파트 비율은 60%를 넘어 70%대에 육박하고 있다. 통계청의 '2022년 인구주택총조사 결과(등록센서스 방식)'에 따르면 광주 가구 수 62만 3,000가구 가운데 아파트가 42만 1,000가구(67.5%), 단독주택 15만 7,000가구(25.2%)로 집계되었다. 아파트 비율은 전국에서 세종(77.5%) 다음으로 높았다. 전국의 아파트는 1,226만 9,000호로, 전체 주택(1,915만 6,000호)의 64.0%를 차지하고 있다. 이는 전년 대비 2.7% 증가한 것으로, 조만간 국민의 70% 이상이 아파트에 거주할 것으로 전망된다.

이것은 방범, 청소, 관리 등에서 단독주택 거주의 불편이 지속적으로 증가하고 거주를 위한 아파트가 하나의 상품처럼 거래, 유통, 축재되면서 아파트의 공급량이 비정상적으로 늘어났기 때문이다. 특히 정부가 건설업체에 큰 수익이 남는 아파트를 경기 부양 수단으로 남용하면서 도시는 거대한 아파트 단지가 되어가고 있다. 광주의 아파트 비율이 특히 높은 이유는 다른 산업 기반이 미약해 건설업의 비중이 높고 수도권이나 다른 대도시에 비해 분양가, 거래가 등이 저렴해 투기세력의 타깃이 되고 있기 때문인 것으로 추정된다. 또 단독주택 거주민들은 대개 영세하기 때문에 직접 자신의 주택을 리모델링하거나 재건축할 수 없는데, 이로 인해 아파트 재개발에 쏠리는 현상이 더 강하게 나타난 것으로 보인다.

좁은 부지에 많은 주택을 공급하는 고층 아파트들이 도시 공간 대부분을 차지함에도 불구하고 서민들의 내 집 마련은 더 어려워지고 아파트 가격은 천정부지로 계속 오르고 있다. 여기에 임대 여부, 브랜드, 가격 등에 따라 계층을 나누는 아파트 간 양극화 문제도 심각해지고 있다. 아파트를 지을 수 없는 지역에 아파트를 짓도록 용도지역을 지정·변경하는 행정 행위를 통해 발생하는 이익은 도대체 누구에게 돌아가는지, 대규모 아파트 공급은 계속되고 있는데도 집 없는 서민들은 왜 점점 아파트를 소유하기 어려워지는지 구조적인 문제를 살펴봐야 한다는 것이 필자의 주장이다.

이와 함께 도시가 아파트를 거래하는 거대한 부동산 시장이 되어버린 이후로 시민 모두 누릴 수 있는 공원, 광장, 녹지, 놀이터 등의 공공공간이 갈수록 찾아보기 어려워지고 있다는 점도 지적하지 않을 수 없다. 유럽이나 미국에 있는 유명한 도시들에서 느낄 수 있는 아름다움을 우리나라의 도시들은 왜 가질 수 없는지에 대해서도 고민해야 한다. 도시는 사람이 사는 공간이어야 하고 모두가 공유할 수 있는 공간이어야 하기 때문이다.

제3장

광주를 통해 본 오늘날의 도시 개발

1995년 9월 ≪광주일보≫에 입사한 필자는 2002년 7월 한국언론재단 해외연수 프로그램을 통해 일본 도쿄자치센터에서 1년간 객원연구원으로 위촉되어 일본의 마치즈쿠리(まちづくり)[1]를 연구하고 귀국했다. 이후 계속 기자로 근무하면서 2004년 전남대학교 지역개발학과 대학원에 입학해 2007년 8월 도시계획, 도시 개발, 주민 참여 등을 주제로 석사학위를 받았으며, 2015년 8월에는 '일제강점기 지방단체 광주와 도시개발'이라는 주제로 박사학위를 받았다. 공부를 하는 과정에서 지역대학 교수, 전문가 등과 함께 일본 이와나미문고의 '도시 재생을 생각한다' 시리즈 가운데 제4

1 여기서 마치는 세 가지 의미를 갖는다. 먼저 '마치(街)'는 주로 물리적인 공간, 특히 도시성이 높은 공간을 가리킬 때 사용하며, '마치(町)'는 행정구역이나 행정기관을 가리킴과 동시에 역사적인 도시 공간을 의미하기도 한다. 일본어 히라가나로 '마치(まち)'는 지역 공동체를 형성하는 사람들의 집단이나 그 장소를 가리킬 때 사용된다. 주민이 주체가 되어 도시 환경을 정비·개선하는 것을 '마치즈쿠리(まちづくり)'라고 한다. 우에타 가즈히로 외 엮음, 『도시의 개성과 시민생활』, 윤현석 외 옮김(한울아카데미, 2011), 28쪽.

권 『도시 경제와 산업 살리기』(2009년 7월), 제3권 『도시의 개성과 시민생활』(2011년 5월), 제5권 『도시 어메니티와 생태』(2013년 2월) 등 세 권의 번역본을 한울출판사에서 발간한 바 있다. 제1권 '도시란 무엇인가', 제2권 '도시 거버넌스', 제6권 '도시시스템과 경영', 제7권 '공공공간으로서의 도시', 제8권 '글로벌화 시대의 도시' 등 다섯 권도 번역은 마쳤으나 여러 가지 사정으로 발간하지 못했다.

이러한 연구 활동과 번역의 경험은 지방도시 광주의 공간을 새롭게 보게 했고, 도시 공간에서 나타나는 현상에 대해 다른 시각을 갖게 했다. 도시 공간 곳곳은 주민 대다수를 위한 녹지, 공원, 보행로가 아니라 고층 아파트 단지로 채워졌고, 대규모로 공급되는 아파트의 가격이 고공행진을 계속함에 따라 실수요자들은 '집 없는 서민'으로 남게 되었다. 무엇을 재생하겠다는 것인지도 불분명한 도시재생사업에 재정을 투입하고 있지만, 지방도시, 읍·면 시가지의 쇠락을 막아내지 못하고 있다. 수도권 도시와 지방도시 간에는 공공공간 및 공공 서비스의 격차가 갈수록 커지고 도시 내에서도 거주 공간의 질적 차이를 둘러싼 갈등과 마찰의 정도가 점차 심해지고 있다. 외국의 제도들을 모방하고 있지만 그 안에 내재되어 있는 본질은 외면하고 겉모습만 따라하기에 급급해 시민의 삶의 질을 향상하는 데에는 기여하지 못하고 있다. 이 장은 지방도시 광주와 전남에서 나타나고 있는 도시 문제에 대해 20여 년간 작성한 기사를 근거로 집필했다.

외지인을 위한 개발과 획일적인 정부 정책으로 멍든 도시

일제강점기를 거쳐 해방 이후 혼란기 속에 도시화가 급속히 진행되면서 도시의 인구는 폭증했다. 이 인구를 수용하기 위해 정부와 지방자치단체는 대규모 공공재정 투입 없이 필수적인 기반시설만 간신히 마련했으며, 외곽에서는 토지구획정리사업을, 시가지 내에서는 단독주택 공급사업을 시행했다. 이로 인해 좁은 도로에 면한 유사한 디자인의 좁은 단독주택들이 도시에 대량 공급되었는데, 이들 주택은 주거의 질, 개인의 취향, 도시경관이나 정체성보다 신속한 건축과 새로운 시민의 수용에만 초점이 맞춰졌다. 따라서 주택을 위한 계획 같은 것은 세우기 어려웠다.

유입 주민의 급속한 증가와 단독주택의 대량 공급은 기존의 주민 공동체의 색채를 더 옅게 만들었으며, 신규 주민들은 새롭게 형성된 자신의 공간에 대한 애착이 기존 주민들에 비해 떨어졌다. 이러한 여건 속에서 개인소득이 높아지고 취향과 개성이 중시되는 분위기가 형성되었으며, 단독주택지역의 범죄가 지속적으로 증가하는 사회 현상도 중첩되었다. 이러한 시점에서, 즉 1980년대 중후반에 접어들면서 택지개발사업이 본격화되었다. 토지 가격이 오를 대로 오른 기존 시가지를 외면하고 토지 가격이 저렴한 외곽의 논, 밭, 임야, 산골마을 등을 대상으로 공동주택, 즉 아파트를 대량 공급하기 시작한 것이다.

공기업과 지방자치단체는 녹지지역을 주거 및 상업지역으로 변경하는 역할을 맡아 이를 필지로 구획해 건설업체들에게 팔아넘겼으며, 이를 통해 쉽게 이익을 챙겼다. 여기에 건설업체들은 분양가격을 높여 또 한 차례 수익을 남겼기 때문에 아파트 가격은 갈수록 비싸졌다. 좁은 부지에 많은 주택을 공급하기 위해 건설된 아파트의 가격이 오히려 단독주택보다 더 높아지기 시작했던 것이다.

시민들은 금융기관에서 대출을 받으면서까지 기존 시가지를 버리고 더

▍광주 서구 광천동에 들어선 48층 주상복합아파트. 2020년 12월 승인을 받은 이 아파트는 주변 아파트보다 높이가 두 배 이상 높아 인·허가 당시 상당한 논란이 일었는데, 이 아파트 건설 이후로 광주 전역에 고층 개발 붐이 일었다. 도시가 건축물 높이 관리에 실패한 전형적인 사례이다.

나은 주거지역을 찾아 외곽 택지로 이주하기 시작했다. 2000년대까지 계속되던 이러한 택지 개발은 더 이상 대규모 미개발 부지가 남지 않게 되자 비로소 서서히 멈춰갔다. 민간 개발·건설업체가 다음으로 눈을 돌린 것은 아무도 신경 쓰지 않고 방치해 놓았던 기존 시가지였다. 기존 시가지의 단독주택 상당수는 지은 지 50년이 넘어 노후했고 일부는 주변 주택들과의 합필을 통해 원룸이나 사무용 건축물로 탈바꿈하기도 했으나 나머지는 빈집 상태로 장기간 버려질 수밖에 없었다. 이들 단독주택과 함께 쇠락한 기존 시가지의 상업지역도 도시정비사업의 대상이 되었다. 기존 시가지는 토지 가격이 높아서 사업성을 보장받기 어려웠기 때문에 정부와 지방자치단체는 민간개발업체들의 적극적인 참여를 독려하기 위해 더 높은 아파트를 지을 수 있게 허가해 주었다.

여기에 기존 시가지에서 외곽으로 옮겨간 학교, 공장 등의 유휴부지는 물론, 헌법재판소 결정에 따라 2020년 7월 도시공원 일몰을 앞두고 정부가 민간공원특례사업을 실시함으로써 도시공원에도 고층 아파트 단지가 조성되었다. 민간 투자를 통한 도시개발사업에서도 수익을 보장하는 방법으로 대규모 고층 아파트 건축을 허가해 줌에 따라 도시는 아파트로만 꽉 차게 되었다.

아파트는 죄가 없다. 좁은 면적에 다수의 사람이 주거에 필요한 시설을 공유할 수 있는 공동주택을 짓는 것이 잘못된 것은 아니다. 다만 무분별한 아파트 개발은 획일적인 도시 경관, 정체성을 지닌 공간 자원의 상실, 도시 공간의 분절화 및 서열화, 부동산 투기에 따른 지나친 가격 상승 등 새로운 도시 문제를 야기한다. 이를 예방하기 위해서는 개발 이익을 환수하는 방안, 분양가 공개·후분양제·분양가 상한제 전면 확대 등 실수요자가 아파트를 합리적인 가격에 구매할 수 있는 방안, 주변 경관과 조화를 이루고 기존 주민들의 거주를 증진하는 방안, 개발에 따른 결과로 지역 공동체 및 도시에 기여하는 방안이 우선 검토되어야 한다. 또 이러한 개발은 건설업체, 투기세력 등 외지인에게 이익이 돌아가는 것이 아니라 현재 거주하고 있는 주민들의 삶의 질을 향상시키는 데 보탬이 되어야 정당성을 얻을 수 있다는 점도 분명히 해야 한다.

아파트가 끊임없이 공급되고 있는데도 아파트 가격은 계속 오르고 있다. 그뿐만 아니라 분양 이후에는 수천만 원, 수억 원의 프리미엄이 붙어 거래되고 있다. 일각에서는 이를 '로또 분양'이라고 부르기까지 한다. 분양가가 어떻게 결정되는지 구매자는 알 수 없으며, 주택을 필요로 하는 사람이 아닌 주택 거래를 통해 돈을 벌려고 하는 사람들이 아파트 시장을 좌지우지하는 시스템이 유지되고 있다. 주택시장 안정, 투기 방지 및 실수요자 중심의 부동산 정책 수립, 바람직한 도시 공간 조성에 노력해야 할 정부와 지방자치단체는 아파트 공급을 위해 규제를 풀고 인·허가를 남발하면서 도시 공간을 개발업체와 건설업체에 내맡기고 있다. 이로 인해 도시계획은 수시로 변경되면서 제 역할을 하지 못하고 있다. 겉으로는 '선계획 후개발'이지만 실질적으로는 '선개발 후계획 보완'의 형태인 것이다.

필자는 2017년 광주를 현장 취재하면서 아파트 분양 시스템이 심각하게 왜곡되어 있다는 것을 알게 되었다. 이러한 문제점은 5년이 지난 현재까지도 별다른 개선 없이 그대로 유지되고 있는 것으로 보인다.

광주의 경우 다른 지역의 투기세력과 지역 내에서 자생한 '아파트 투자자'가 합세하면서 분양 아파트의 50~60% 정도를 선점하고 프리미엄을 붙여 시장에 내놓거나 전·월세를 주고 있는 것으로 알려져 있다. 장기적으로 투자가치가 있거나 시장 여건이 불리하면 전세나 월세를 주고, 그렇지 않은 경우 일정 수준의 프리미엄을 붙여 팔아넘기는 것이다. 실수요는 분명히 존재하지만 프리미엄을 만드는 투기세력도 존재한다는 의미이다. 그 비중에 대해서는 의견이 분분하지만 실수요자와 투기세력이 4 대 6 또는 3 대 7 정도라는 분석이 유력하다. 이는 전매제한기간 이후의 명의변경, 입주 후 전세로 풀리는 물량 등을 감안한 것이다. 우리나라 자가 소유가 50%를 조금 넘는 수준인 이유는 이러한 구도, 즉 아파트 투기 → 가격 상승 → 자가 포기 → 전·월세 유지 및 증가로 이어지는 구도 때문이다.

실수요자와 부동산 전문가들이 아파트 시장에 던지는 의문은 크게 두 가지이다. 하나는 현재의 청약 시스템이 정상적으로 운영되고 있는지 여부이고, 다른 하나는 분양권에 붙는 프리미엄이 정당한지 여부이다.

먼저 현재의 청약 시스템은 청약자 본인이 주택청약저축통장의 공인인

증을 받아 무주택기간, 무주택 세대 전원이 주택을 소유한 적이 없는지 여부, 무주택 세대원의 수 등에 대해 기입하도록 되어 있다. 금융결제원과 국토교통부가 부적격자를 걸러내 건설업체에 통보하지만, 이후 소명 절차, 예비입주자 선정 등은 건설업체가 주도한다. 따라서 부적격자의 규모와 이후의 사후 처리 과정이 불투명하며, 특히 예비입주자 선정 역시 자치구가 제대로 점검하지 못하면서 투기세력이 청약과정에 개입할 수 있는 여지가 크다는 것이 전문가들의 주장이다. 부적격자가 양산되어 법으로 정해둔 예비입주자 비율을 넘어서는 것으로 알려졌지만, 이로 인해 남는 아파트가 어떻게 처리되는지에 대해서는 정부부처나 지자체 어디에서도 확인하지 못하고 있다.

20년 이상 분양 대행을 맡고 있는 한 관계자도 청약서류를 개인에게 작성하게 하는 제도적인 허점과 외부 투기세력이 손쉽게 지역 부동산 시장에 진입할 수 있는 현재 제도를 시급하게 개선해야 한다고 주장할 정도이다. 광주의 경우 2015년부터 3년간 분양 아파트 청약률이 평균 100 대 1이 넘었지만, 계약률은 상대적으로 낮았고, 분양이 마무리된 뒤 시장에 나오는 분양권에는 프리미엄이 붙어 있었다. 한 건설업체 관계자는 아파트 분양 현장에 가보면 주민보다 공인중개사들이 많이 몰려 있으며 그로 인해 청약률이 높아지는 것으로 보인다면서, 청약률이 높은데도 불구하고 당첨 후 3일 이내에 계약을 맺는 정당계약비율이 30%대에 머물고 있다는 점에 주목할 필요가 있다고 지적했다.

예비입주자 선정 과정과 추가 분양 정보도 제대로 공개되지 않고 있다. 아파트의 가격이 계속 상승하면서 일반 시민들까지 아파트 투기에 뛰어들고 있으며, 아파트 거래 과정에 일부 공인중개사가 개입해서 불법과 탈법

▌2023년 4월 광주 전역에 아파트 과잉 공급으로 아파트에 대한 인기가 시들해지자 건설업체들이 도시 곳곳에 홍보 플래카드를 걸고 있다. 하지만 높은 가격, 주거 여건 미흡으로 과거만큼 투기나 투자가 이루어지지 못하고 있는 것 같다.

을 저지르는 경우도 허다하다. 광주광역시가 2020년부터 2022년 6월까지 2,714개의 공인중개업체를 점검한 결과 536건의 불법행위가 적발되었는데, 이는 빙산의 일각이라는 의견이 지배적이다. 적발 건수도 해마다 증가해 2020년 180건에서 2021년 226건으로 늘었으며, 2022년 상반기에만 이미 130건을 넘어섰다.

쏟아지는 아파트들이 왜 실수요자에게 제대로 전달되지 못하는 것일까? 주택 공급에 관한 규칙에 따르면 건설업체는 시장, 군수, 구청장의 승인을 받아 아파트 입주자를 공개모집해야 하며, 이때에는 해당 주택건설 지역의 거주자를 우선으로 해야 한다. 가점제와 추첨제에 의해 당첨자가 정해지는데, 가점제에서 중요한 것은 부양가족 수, 무주택기간, 주택청약 종합저축 가입기간 등이다. 오랜 기간 집 없이 다수의 부양가족을 가진 지역 주민을 우선 입주하게 하는 것이 제도의 취지인 셈이다.

그러나 이미 아파트 시장은 '죽통', '점프통장', '깜깜이' 등 각종 불법과 탈법이 난무하면서 무법천지가 되어버렸다. 실수요자보다 프리미엄을 노린 투기세력이 아파트 시장을 장악하면서 가격 상승과 전세 폭증 현상이 발생하고 있다. '죽통'은 가치가 없는 유주택자 주택청약종합저축의 인증을 받아 직접 기입하게 되어 있는 부양가족 수와 무주택기간을 허위로 가장 높게 기재해 가점제 물량을 싹쓸이하는 것을 말한다. 이는 실제 주택이 필요한 사람들을 시장에서 배제시켜 버린다. 금융결제원이 사전검증을 거쳐 부적격자를 통보하지만, 건설업체가 소명자료를 제출받아 공급 자격의 정당성 여부를 결정하도록 되어 있는 데다, 부적격자가 법이 규정한 예비입주자의 20%를 넘어설 경우 건설업체가 선착순으로 분양할 수 있다는 점 역시 문제이다. 부적격자 처리가 제대로 이루어지고 있는지 의문이라는 것이다.

건설업체, 분양회사, 부동산업체 등이 담합해 내부 거래를 통해 '로열층'에 프리미엄을 붙여 시장에 내놓을 수도 있다. 이를 업계에서는 '깜깜이'라고 한다. 분양공고나 예비입주자공고를 다른 지역 일간지나 관심도가 낮은 인터넷에 게재하는 방법을 쓰기도 한다. '점프통장'은 외부의 '떴다방(이동식 중개업소) 세력'이 주택청약종합저축을 구입한 후 3개월 전에 분양아파트 지역으로 전입해 서류를 완벽하게 꾸민 뒤 집중적으로 '작업'에 나서는 것을 말한다. 이 경우는 투자 가치가 높은 지역이 대상이 된다. 외부 떴다방 → 지역 떴다방 → 지역공인중개사로 아파트가 순차적으로 넘어가면서 프리미엄이 큰 폭으로 뛰는 것이다. 5~10명이 한 팀을 구성해 분양회사로부터 아파트 세대수의 절반을 넘겨받는 사례도 있다는 것이 한 공인중개사의 증언이다.

아파트 분양 현장마다 나타나 100세대 이상씩 사들이는 투기세력은 부동산계약서 원본을 현금 거래하는 방식을 사용한다고 전해진다. 이들이 온갖 불법과 탈법으로 새 아파트를 미리 선점해 프리미엄을 얹어서 시장에 내놓기 때문에 집 없는 실수요자가 아파트를 분양받기는 '하늘의 별 따기'이며, 가격이 너무 뛰어 아파트 매매 시장에서는 이 아파트를 살 수도 없다. 일부에서는 수억 원씩 프리미엄이 붙은 아파트를 '로또'라고 칭하며 투기를 부채질하는 분위기까지 생겨나고 있다. 정상적인 거래 과정에서는 좋은 아파트의 가격이 오르는 것이 당연한 일이지만, 투기세력이 분양·청약 시스템을 교란하면서 아파트의 가격을 결정하는 것에 대해서는 분명한 규제책이 수립되어야 한다. 아파트 시공, 단지 조성은 민간에 맡기되 분양, 청약은 관련 공기업 또는 지방자치단체의 사무로 하는 방안도 고민해봐야 할 것이다.

건설업체는 입주자 승인 및 통보, 예비입주자 선정, 당첨자의 명단관리 등을 자치구에 보고·통보해야 한다. 특히 예비입주자 선정의 적정성 여부를 자치구가 확인하도록 되어 있다. 하지만 자치구들은 보고조차 제대로 받지 못하고 있다. 광주지역 아파트에 부적격자가 양산되면서 모든 분양 아파트가 예비입주자를 선정했지만, 자치구는 예비입주자 선정보고를 받지 못하거나 명단만 훑어보는 정도여서 의무를 다하지 못하고 있다. 이 규칙을 어겼을 경우의 벌칙이 따로 규정되어 있지 않기 때문이다. 지방자치단체가 아파트 청약 서류 일체에 대해 철저히 검증하도록 규정하고 문제가 있는 경우 시정하는 권한을 갖도록 해야 한다.

이와 함께 실수요자들이 신규 분양 아파트를 정상적인 가격에 구매할 수 있도록 하는 제도적인 보완도 시급하다. 공급자들이 정보를 독점하면서 좌지우지하는 분양 시스템도 문제이지만, 분양가가 정해지는 과정이 불투명하고 분양받을 아파트에 대한 실체적인 정보에 소비자들이 접근할 수 없는 것도 문제이다. 이를 개선하기 위해서는 아파트와 관련된 모든 정

▍왜 정부는 실수요자에게 정확한 아파트 정보가 전달되는 시스템을 구축하지 않는 것인가. 건설업체, 즉 공급자가 토지 용도의 변경부터 아파트 단지의 조성과 분양까지 모든 것을 주도하며 정보를 독점하는 현재의 시스템을 수요자 중심으로 바꿔야 한다. 사진은 광주 외곽 한 장례식장 부지에 들어선 고층 아파트.

책 및 제도를 수요자 중심으로 전면 수정해야 한다. 분양가를 공개하고, 주변 아파트 가격과 물가 등을 감안해 분양가를 적정한 수준에서 제한하는 분양가상한제도 전면 확대할 필요가 있다. 아파트라는 초고가 상품을 실물도 보지 못한 채 구매하고 입주자들이 나중에 발생하는 하자를 감당해야 하는 선분양제 역시 후분양제로 바꾸는 등 제도 개혁도 뒤따라야 할 것이다.

20~30년이 지나면 1990년대 후반부터 집중적으로 건설된 아파트 단지들의 재건축 시기가 도래할 텐데, 그때가 되면 인구 감소, 주택 과잉 공급으로 수요가 급감하면서 대부분의 아파트 단지가 그대로 방치될 수 있다.

게다가 아파트 단지들이 주거지역뿐만 아니라 상업지역까지 시가지 곳곳을 차지하게 되면서 도시가 각 단지로 나눠지는, 소위 분절화 현상에 직면할 것이다. 보행로, 골목길, 소규모 점포 등은 사라지고 자동차와 아파트만으로 가득한, 삭막한 무채색 도시로 전락할 우려가 높다.

택지 조성으로 막대한 이익을 챙기는 공기업

도시는 사람들이 어우러져 살아가면서 역사와 미래를 공유하는 곳이다. 또한 도시는 오랜 기간 함께 공간을 사용하면서 만들어지는 경관에 의해 정체성을 갖는다. 자본주의하에서는 높은 건물과 화려한 네온사인으로 가득한 공간도 있고, 오랜 기간 어둡고 쇠락한 채 방치되는 공간도 있다. 공간은 개발이라는 과정을 거쳐 상품처럼 거래되는데, 누군가는 그에 따라 이익을 챙길 수도 있다. 문제는 도시 전체를 조성하는 기준과 원칙, 지역사회가 지향해야 하는 가치가 하나씩 실현되어야 하고, 시민들이 자신이 살아가는 도시에 대해 자부심을 갖고 계속 살고 싶은 공간으로 도시가 계획되어야 한다는 것이다.

개개 시민이 거주하는 공간뿐만 아니라 그 주변의 동네 공간, 하나의 구역을 형성하는 생활권 공간, 전체로서의 도시 공간 등이 일체감 있으면서 각각의 개성과 매력이 넘치도록 형성되어야 한다.[2]

도시 공간 조성을 주도하는 것은 지방자치단체, 공기업, 지역 주민이다. 하지만 지역 주민은 각자 생업에 종사하고 전문성이 낮은 한계를 가지고

---

2 우에타 가즈히로 외 엮음, 『도시 경제와 산업 살리기』, 윤현석 외 옮김(한울아카데미, 2009), 19~50쪽.

있으므로 무엇보다 공공기관의 역할이 중대하다. 공공기관은 공간의 사유화를 최소화하면서 모두가 공유할 수 있는 공간을 곳곳에 배치해야 하고, 전체 경관과 정체성을 감안해 민간의 수익 중심 개발사업을 적정하게 제어해야 한다. 공공의 입장에서 도시를 아름답게 유지·발전시키면서 편의성과 매력을 높여가는 방안을 고민하고 주민과 업체의 의견을 수렴해 계획을 수립하고 실현해 나가야 한다.

먼저 대표적으로 공간 개발과 관련되어 있는 공기업인 한국토지주택공사(이하 LH)에 대해 살펴보자. LH는 그동안 정부의 신도시, 대도시의 외곽 택지 등을 조성하면서 막대한 수익을 올렸고 지금도 수익을 올리고 있다. 최근 일부 직원이 내부 정보를 이용해 부동산 투기에 나섰던 사실이 드러나면서 도덕성에 큰 결함이 노출되기도 했다. LH가 거둬들이는 막대한 수익이 공공성 향상을 위해 제대로 투입되었는지를 살피는 것은 매우 중요하다. 공기업인 LH는 실거래 가격보다 훨씬 저렴하게 토지를 수용할 수 있는 권한을 가지고 있다. 따라서 고층 아파트와 상업시설이 들어갈 수 있는 곳을 택지로 개발해 건설업체들에게 분양하는 과정에서 대부분의 수익을 창출한다. 물론 서민과 영세민에게 공공임대주택을 공급하는 등 주거 안정과 복지를 위해 노력하는 측면도 있다. 하지만 공공기관은 도시 공간에서의 공공성을 최대한 유지·보존·성장시키는 것도 함께 중시해야 한다. 즉, 개발을 통해 수익성만 추구하기보다는 해당 도시의 경관, 역사성, 정체성, 지속가능성 등을 감안해서 개발을 유도해야 한다는 것이다.

LH는 다른 여느 도시에서와 마찬가지로 광주에서도 신규 택지를 개발해 공급하면서 도시 외곽의 고층 개발을 이끌었다. 필자는 LH에 정보공개 청구를 요청, LH가 광주에서 가장 활발하게 택지를 조성한 2010년부터

2017년까지 8년간의 실적을 건네받았다. LH는 이 기간 동안 광주첨단, 선운, 수완, 진월, 효천, 용산, 첨단 2단계 등의 공동주택 필지 103개를 건설업체들에게 공급했다. 모두 도시 외곽에 자리한 이들 단지의 면적은 여의도 면적보다도 큰 298만 2,772.7m^{2}에 달한다. 대부분 자연부락이나 논밭, 임야 등을 택지로 조성했다.

LH는 공급가격 공개를 거부한 용산지구 등 4개 필지(13만 5,610.7m^2)를 제외한 99개 공동주택 전용 필지(284만 7,162m^2)를 1조 5,641억 원에 판매했다. 이는 상가 등을 제외한 수치이다. LH가 유일하게 조성원가를 공개한 선운지구의 경우 1m^{2}당 원가가 60만 3,946만 원이었으며, 총 사업 면적 62만 5,516m^2 가운데 35만 5,997m^{2}를 유상 공급했다. LH는 이 가운데 공동주택 8개 필지(17만 8,678.7m^2)를 1,159억 9,537만 원에 판매했다. 1m^{2}당 64만 9,184원에 공급한 것이다. 1m^{2}당 4만 5,238원의 차익이 발생했다는 점을 감안하면, 상가 등을 제외한 공동주택 부지만으로 81억 원 상당의 이익을 남겼다는 해석이 가능하다. 103개 필지(298만 2,772.7m^2)에서 1m^{2}당 선운지구만큼의 차익을 얻었다고 가정하면 1,300억 원 이상의 수익을 얻었다는 추정이 가능하다. LH 측은 공공임대사업에서 발생한 손실을 보전하기 위해 택지개발 등 수익사업을 할 수밖에 없었다는 입장이었다. 임대아파트의 경우 투자액의 최대 40%까지 손실을 보기 때문에 다른 사업에서 어느 정도 수익을 확보할 수 있어야 한다는 것이다.

1990년대 후반 이후 LH는 광주 외곽에 공동주택 택지를 대거 공급해 고층 아파트 개발을 이끌면서 광주 도심 공동화와 구도심 쇠락을 부채질했다. 그러나 LH는 손실을 볼 가능성, 사업 추진의 어려움 등을 이유로 구도심의 주택재개발, 재건축 같은 도시정비사업을 외면해 왔다. 이에 따라 광

❙ 광주 구도심의 사직공원 전망대에서 바라본 전경. 멀리 보이는 도시 외곽은 모두 아파트 단지로 채워졌다. 이 택지개발을 주도한 것은 LH로, 구도심 쇠락과 아파트 일변도의 주거 문화를 이끌었다고 볼 수 있다.

주의 재개발사업은 모두 주민이 조합을 구성해 민간 건설업체를 선정하고 토지 소유주와 건설업체에게 높은 이익을 보장하기 위해 초고층 아파트를 짓는 방식으로 진행되고 있다. 재개발 등에 대해 용적률 인센티브까지 더해지면서 도시 외곽은 물론 기존 시가지까지 도시 전체가 '아파트 숲'으로 변하고 있는 것이다. LH 측은 이것이 엄격한 경영투자심사를 통해 신규 사업을 결정한 결과이고, 주민들 역시 공기업보다 민간 건설업체를 선호한다는 입장을 보였다.

그렇다면 LH는 광주에 공공임대 아파트를 적절하게 공급하고 있는지를 알아봐야 한다. 아파트 가격이 급등하면 서민과 영세민을 위한 적정한 수준의 주택을 찾기 어려워지고 공공·민간 임대아파트의 공급이 수요에 비해 턱없이 부족해지기 때문이다. 2022년 11월 광주광역시 자료에 따르면 지역 내에 사람들이 거주 중인 아파트는 분양된 1,078개 단지 38만 5,072

세대, 임대 124개 단지 6만 3,650세대 등 1,202개 단지 44만 8,722세대이며, 시공 중인 아파트는 분양된 58개 단지 2만 6,024세대, 임대 5개 단지 1,057세대 등 63개 단지 2만 7,081세대이다. 거주 중인 아파트 가운데 임대의 비율은 14.18%, 시공 중인 아파트 가운데 임대의 비율은 3.90%에 불과한 실정이다. 민간임대나 5년, 10년 공공임대의 경우 기간 만료 후 분양으로 바뀌기 때문에 주기적으로 공급되지 않으면 임대아파트의 수는 감소할 수밖에 없다.

LH가 2010년 이후 8년간 광주에 공급한 임대아파트는 9,804세대로, 같은 기간 광주 아파트 공급량(6만 2,239세대)의 14.6%를 차지하고 있다. 공급세대 수는 과거에 비해 증가했으나 문제는 공급 유형과 시기, 장소가 분산되지 못하고 있다는 점이다. 9,804세대 가운데 남구가 4,512세대(46.0%)로 절반에 육박하며, 광산구 3,384세대(34.5%), 북구 1,908세대(19.5%)로 이들 지역에 집중되어 있다. 같은 기간 서구와 동구에는 임대아파트 공급이 없었다. 임대아파트 중 30년 이상 임대할 목적으로 건설되는 국민임대주택이 5,936세대(60.5%)로 가장 많았고, 10년 공공임대 1,878세대(19.2%), 행복주택(대학생, 신혼부부, 사회초년생을 위한 임차료가 저렴한 도심형 아파트) 902세대(9.2%), 5년 공공임대 838세대(8.5%) 등의 비중을 보였다. 영세민들을 위한 영구임대는 250세대(2.6%)에 그쳤다. 이들 공공임대아파트가 민간아파트에 비해 질이 낮고 면적이 좁아 입주 대상자들의 외면을 받고 있다는 점도 곱씹어볼 부분이다. 과거 영세민을 위해 저렴한 주택을 신속하게 공급하던 데서 벗어나 선진국 수준에서 다양한 계층이 언제든지 선택할 수 있는 공공임대주택정책을 수립해야 할 시점이다.

최근 우리 사회를 뒤흔들고 있는 전세 사기 문제는 어쩌면 영세민은 아니지만 중산층도 아닌 계층이 적절히 거주할 수 있는 주택이 없기 때문에 발생한 것일 수 있다. 공인중개사를 믿고 집주인에게 큰돈을 맡기는 전세라는 주거방식이 주택 공급을 민간시장에 맡기는 우리나라에만 존재하는 시스템이라는 것도 인식해야 한다. 의식주의 하나로 인간이 살아가는 데 반드시 필요한 주택 부문에서 공공은 자신의 역할과 영역을 넓혀나가야 한다.

공기업은 '공공성'과 '경제성'이라는 두 개의 어려운 과제를 모두 충족해야 하고 동시에 사기업의 자금력이 미치지 못하거나 해낼 수 없는 공공의 업무를 독점해서 처리해야 한다. 과거에는 모든 것이 어렵고 부족한 시기였으므로 공기업의 존재와 역할이 충분히 공감을 얻을 수 있었다. 주거, 전기, 통신, 기차, 고속도로 등의 분야에서 공기업이 없었다면 현재와 같은 수준 높은 공공 서비스를 제공하는 것은 불가능했을 것이다. 그러한 공기업에 이상 신호가 감지된 것은 2000년대 들어 사기업의 능력과 영역이 커지고, 공기업이 자신의 존재 이유와 핵심 가치인 공공성을 조금씩 망각하기 시작하면서부터라고 할 수 있다. 공기업이 수익과 이익에만 집착하면서 사기업과 경쟁하는 모습을 보이거나 법·제도적인 혜택과 독점적 지위를 누리면서 제 주머니를 채우는 데 힘을 쓰는 모습을 보였던 것이다.

막대한 부채를 안고도 임직원은 성과급 잔치를 벌였고, 신입사원의 연봉은 나날이 높아졌으며, 신규 채용은 비리의 온상이 되었다. 거기에 최근 LH 직원들의 내부 정보를 이용한 부동산 투기 문제까지 불거졌다. 과거 공공개발로 인해 빚어진 구도심 쇠락, 주거 양극화, 도시 전체의 무분별 고층화 등 현재의 도시 문제에 대해 LH는 책임을 통감하면서 향후 보다 명확한 기준과 원칙을 갖고 도시의 미래 지속가능성까지 염두에 둔 개발 방안을 마련해야 할 것이다.

도시관리계획의 잦은 변경과 난개발에 눈감은 지자체

우리나라 도시 공간의 균형과 주택 공급의 다양성은 심각하게 훼손되고 있다. 도심은 물론 외곽에도 고층·초고층 아파트 개발이 연이어 계속되면서 '상업지역에는 초고층·고층 건물을 배치하고 주거지역에는 중저층 건물을 배치하며 녹지와 공원은 곳곳에 배치한다'는 기본적인 도시 공간 구성 원리마저 사라졌다. 사실상의 난개발이 계속되고 있는 가운데 도시 공간의 질적 향상, 미래 지속가능성 제고를 위해 정책 전반을 평가 및 반성하고 대책을 수립하는 일이 시급하다.

도시 공간 곳곳을 아파트로만 채우고 있는 현상은 외곽 논밭이나 임야 등을 주거용도로 변경해 주는 지구단위계획, 재개발 및 재건축의 사업성 향상을 위한 과도한 인센티브, 도심 상업지역에서의 고층 주상복합아파트 건축허가 등이 별다른 여과 장치 없이 수십 년간 계속되고 있기 때문이다. 도시 공간 전체 또는 구역을 보지 못하고 개별 대상지역의 사업성만을 고려한 근시안적인 도시·건축행정이 고층·초고층 아파트의 남발을 초래하고 있는 것이다. 필자가 논문을 통해 이미 발표한 바 있지만,[3] 2013년부터 2017년 5월까지 광주광역시는 36개의 주택법 의제(擬制) 지구단위계획을 승인했는데, 36곳 가운데 지목(地目, 토지의 사용 목적)이 논, 밭, 임야인 곳은 각각 9곳, 6곳, 7곳 등 22곳에 달했다. 건축물을 지을 수 있는 대지는 13

3 윤현석·윤희철·홍상호, 「주택법 의제 처리 지구단위계획의 운영실태 연구: 광주광역시 35개 사업지구를 중심으로」, ≪한국지역개발학회지≫, 제29권 제3호(2017), 91~112쪽.

광주 북구 임동에 있는 일신전일방직 부지. 일제강점기인 1934년에 일본 회사인 가네보가 조성한 이 근대식 공장 부지는 40층 이상의 고층 아파트 4,000여 세대와 복합쇼핑몰로 개발되는 방안이 검토되고 있다.

곳에 불과했다. 이는 4년여 간 아파트 단지가 주로 도시 외곽에 들어섰다는 것을 의미한다. 이들 아파트 층수는 최저 9층에서 최고 39층으로, 36곳 가운데 20층 이상이 20곳에 달했다.

지구단위계획 수립은 기존 도시관리계획의 변경을 전제로 하며, 도시계획위원회는 이러한 안건 대부분을 승인해 주고 있다. 계획되어 있는 부지는 사업성이 낮기 때문이다. 건설·개발업체들은 토지 가격이 낮은 용도지역, 즉 녹지, 단독주택지역 등을 값싸게 매입하고 이 부지의 용도를 변경해 더 높은 수익을 얻으려 하는데, 지자체에서 이를 쉽게 허가해 주는 것이다. 행정기관이 도시 공간의 난개발을 부추기고 있는 셈이다.

도시 외곽의 값싼 논이나 밭, 임야를 20층 이상의 고층 아파트로 개발한 건설업체와 토지 소유주는 큰 수익을 얻지만, 도시 외곽에 자리하고 있는 미개발지를 아파트 단지로 조성하면서 발생하는 부작용은 광주광역시와 시민이 감당할 몫이 되어버린다. 도로, 상하수도 등 기반시설을 설치하는 데 드는 과다한 비용, 도로 지체나 정체에 따른 불편, 무차별 고층화에 따른 경관 및 정체성 훼손, 인근 주민들의 조망과 일조 침해 등이 대표적인 부작용이라고 할 수 있다.

광주 등 지방도시의 고층화 추세는 2010년 이후 뚜렷하게 나타나고 있다. 2000년대에는 25층으로, 2015년 전후로는 30층으로, 2016년 이후로는 40층 이상으로 아파트 높이가 급상승하고 있다. 도시 외곽에는 지구단위계획에 의해 임야, 전답 등에 10~25층 높이의 아파트가, 구도심에는 재개발, 재건축 등에 의해 20~35층 높이의 아파트가, 도심 상업지역에는 최고 40층 후반대의 초고층 아파트가 들어섰거나 신축될 예정이다. 그러면 이러한 아파트 계획에 대한 심의가 어떻게 진행되고 있는지 살펴보자.

2017년 1월 1일부터 11월 23일까지 건축위원회는 12차례 회의를 열어 21건의 안건을 처리했는데, 이 가운데 1건이 원안의결, 17건이 조건부 의결, 2건이 재검토 의결, 1건이 부결이었다. 21개의 안건 가운데 공동주택, 즉 아파트 관련 안건이 15건에 이르고 있으며, 30층 이상 아파트 관련 안건이 5건이었다. 2015년 서구 광천동에 48층짜리 주상복합을 조건부 의결한 데 이어 2년 만에 북구 누문구역 46층 13동, 북구 문흥동 45층 2동 등이 건축위원회를 통과했다. 건축위원회가 내건 조건은 대부분 건축계획이나 구조, 색채·경관·디자인, 교통과 관련된 것이었다. 일부 아파트의 2~3개 층을 줄이기도 했지만 이는 극소수에 불과했다. 40층 이상 건축물이 들어설 수 있었던 것은 상업지역에 주상복합으로 아파트를 짓기 때문이었다. 상가와 점포를 공급하기 위한 상업지역에 사실상 주택이 공급되고 있는 것이다.

2021년 1월부터 2022년 12월까지 2년간 광주광역시 도시계획위원회가 심의한 67건의 안건에 대한 위원들의 발언을 분석한 광주환경운동연합은 "전문성, 투명성, 공정성을 확보했다고 볼 수 없으며 시민의 알권리, 참여의 권리는 여전히 무시되고 있었다"라고 밝혔다. 회의는 신속한 의결을 위해 분위기를 몰아가거나 이전 심의에서 논란이 된 사안은 다음 심의에서 아예 논외로 하는 등 연속성이나 공공성을 확보하기 위한 노력이 없었다. 67건의 안건 중 부결은 없었고, 안건의 40%가 재심의를 거쳐 통과되었다.

도시계획위원회의 고루한 구성 및 운영 방식도 여전하다. 단체장, 정치인 등의 외부 개입이 간혹 있지만 대부분 기술직 공무원들이 중심이 되어 위원을 구성한다. 따라서 위원회는 기술직 공무원들이 안건을 상정하고 중요한 안건에 대한 가결이나 조건부 가결, 부결 등을 주도한다. 기술직 공무원과 마찰을 겪는 위원들은 자연스럽게 배제된다. 모든 안건을 비공개로 심의하고 심의 시 위원들의 발언이나 의견 역시 공개하지 않는 것은 분명히 공개할 수 없는 이유가 있기 때문일 것이다. 위원들은 각 안건에 대해 그 가부를 심도 깊게 논의하기보다는 내용을 조금 수정하는 조건을 내걸거나 원안 그대로 통과시키고 있으며, 그 결과 우리나라의 도시는 아파트로 덮인 잿빛 도시가 되고 말았다.

이렇듯 최후의 보루 역할을 해야 할 도시계획위원회, 건축위원회, 경관위원회의 운영이 불투명할 뿐만 아니라, 단체장이나 기술직 공무원들은 위원의 구성부터 구체적인 안건 심의에 이르기까지 사업자의 고층 아파트 단지 조성 계획에 대한 심의를 통과시키는 데 강력한 영향을 미치고 있다. 위원 선정에서 시민의 대표로 구성된 지방의회가 주도하도록 하는 제도의 혁신, 위원회 안건의 투명한 선정, 공정한 심의를 위한 회의과정 실시간 공개 등 아파트 인·허가와 관련된 위원회가 업체가 아닌 공공을 위해 제대로 기능과 역할을 다하도록 운영 전반을 혁신할 필요가 있다.

필자는 도시 곳곳에 들어서고 있는 고층 아파트의 규제 대책을 새롭게 마련해야 한다고 생각한다. 고층·초고층 아파트가 단독주택, 상업시설, 녹지를 잠식함에 따라 도시 공간의 균형이 붕괴되어 획일적인 회색 건물이 도시를 뒤덮었고, 특정 구역의 인구 집중에 따른 기반시설 부족, 주거지 양극화 같은 부작용이 속출하고 있기 때문이다. 공간을 개발하는 인·허가는 시민들이 지방자치단체와 단체장에게 위임한 것으로, 궁극적으로 이 개발권은 공공의 소유이다. 인·허가를 토대로 민간 개발·건설업체가 합법적으로 천문학적 개발 이익을 독점하는 것은 분명한 특혜이다.

토지 소유주와 건설업체의 끝없는 이윤 추구를 적절히 제어해야 할 도시계획위원회, 건축위원회, 경관위원회가 자신들의 역할을 제대로 하지 못하면서 도시는 사실상 공공의 계획이 아닌 민간의 계획이 그대로 반영되어 무분별하게 개발되고 있는 것이다.

우리나라의 도시는 실천 없이 계획만 세우고 있다고 해도 과언이 아니다. 전국적으로 일률적인 법률과 중앙정부의 지침하에 지나치게 장기간에 걸쳐 계획을 수립하다 보니 수십억 원의 혈세를 투입해 마련한 도시계획은 시청 담당부서의 책상에서만 맴돌고 있다. 도시계획의 내용은 일반 시민이 도저히 알 수 없을 만큼 광범위하고 추상적이다. 공람과 공청회를 거친다고 하지만 다분히 형식적인 절차이며, 지방자치단체는 시민들의 참여와 그에 따른 문제 제기와 제안을 제대로 수용할 자세를 갖추지 못했다. 용역업체, 일부 대학 교수와 전문가가 참여한 도시계획은 온갖 미사여구를 사용해 세계 선진 도시들의 계획을 모방하고 있지만, 목표연도가 지나도록 계획한 내용이 거의 실현되지 못하고 있다.

도시계획은 수립과 함께 도시계획위원회에 상정된 용역업체의 각종 개발계획에 의해 변경되는 것이 당연하게 여겨진다. 해당 부지의 용도지역 변경을 전제로 한 아파트 단지 조성 사업이 안건의 대부분이다. 도시계획이 도시 공간을 아파트로 개발할 수 있게 하는 계획으로 변질되어 버린 것이다.

국토의 계획 및 이용에 관한 법률 제2조에 따르면 도시계획이란 관할 구역에 대해 수립하는 공간 구조와 발전 방향에 대한 계획으로, 도시기본계획과 도시관리계획으로 구분한다. 도시 공간을 좌우하는 이들 계획은 지나치게 장기간을 예측해서 수립하는 데 초점이 맞춰져 있기 때문에 급변하는 시대 변화에 대응하지 못한다. 도시계획은 같은 법률 제34조에 의해 5년마다 그 타당성을 전반적으로 재검토해 수정할 수 있게 되어 있는데, 지방자치단체장의 교체 시기와 엇갈리면서 공약사업과 기존 도시계획이 연계되지 못함에 따라 실현성도 떨어진다. 게다가 도시계획은 하향식으로 수립되기 때문에 시민들은 그 내용을 알지 못하며, 공사가 시작된 뒤에야 자신의 주변 공간이 어떻게 변할지 알게 된다.

광주광역시는 2017년 2월 3년에 걸쳐 11억 5,800여만 원을 투입한 '2030 도시기본계획'을 확정해 고시했다. 앞으로 12년 뒤를 목표연도로 하는 이 계획의 기본 자료는 2014년을 기준연도로 삼고 있다. 장기간을 예측하는 계획을 단계별로 세부적이고 구체적으로 작성하다 보니 실제 적용할 시점에서는 실효성이 떨어지는 것이다. '2030 도시기본계획'은 광주의 미래 발전상을 담은 정책계획, 토지이용·기반시설·공원·녹지 등의 물적 측면뿐

도시의 거의 모든 공사 현장은 아파트를 짓기 위한 것이다. 주택 수요에 대한 면밀한 조사 없이 주택 공급을 위주로 한 도시계획은 단독주택, 녹지, 공원, 학교부지, 공장부지, 공터 등 도시 내 거의 모든 공간을 아파트 단지로 만드는 데 일조하고 있다. 사진은 광주의 한 신축 아파트 공사 현장.

만 아니라 인구·산업·사회·재정 등의 사회적·경제적 측면까지 포괄하는 종합계획이다. 또 토지의 개발·보전, 기반시설의 확충 및 효율적인 도시 관리전략을 제시한다. 도시의 미래 밑그림이자 광주광역시가 수립하는 모든 계획의 기본인 계획이라는 의미이다. 당시에는 2030년 광주광역시의 미래상을 '자연과 첨단이 만나는 예술도시, 광주'로 설정했지만 향후 12년간 단체장들과 시민 대다수가 이에 동의할지는 미지수이다.

통계청은 2030년 광주의 인구를 149만 5,000명으로 예측했으나 도시기본계획은 이를 10만 명 이상 초과한 170만 명을 설정해 수립되었다. 미래 인구가 증가할 것으로 보고 필요한 주거용지 면적을 95.9km^{2}로 설정해, 2014년 83.3km^{2}보다 무려 12.6km^{2}를 추가 개발할 수 있도록 했다. 도시기본계획에서 인구를 부풀려놓자 모든 계획에 '주거지역 개발'을 강조할 수 있는 기반이 제공되었고, 이는 결국 시민 전체의 삶의 질을 낮추는 결과를 초래하고 있다. 시민 대다수는 공원 녹지의 면적 증가, 대중교통 및 녹색교통 중심의 시스템 구축을 바라는데, 계획 수립 후 5년여가 지난 현실에서는 정반대의 경향이 나타나고 있다. 민간공원특례사업으로 공원 면적은 감소했고, 대중교통 및 녹색교통의 수송 분담 비율은 더 낮아지고 있다. 광주광역시의 경우 '2030 광주도시기본계획'에 근거해 12억 1,000만 원의 예산으로 '2030 광주도시관리계획'을 수립했다. 도시관리계획이 애초에 아파트 공급을 중심으로 작성되어 있는데도 이를 수시로 변경해 아파트를 추가로 공급하고 있는 것이다.

무엇보다 문제는 도시기본계획과 도시관리계획을 토목, 건축 등의 기술직들이 중심이 되어 수립하고 있다는 점이다. 이 기술직 공무원들은 학연과 지연을 토대로 업계와 끈끈한 네트워크가 구축되어 있고 퇴직 이후를 대비해 인·허가 과정에서 자칫 업계의 입장에 설 수도 있다는 지적이 계속되고 있으나, 이러한 틀은 해방 이후 지금까지 그대로 존속되고 있다. 도시 행정 전반에 대한 종합계획을 광주의 경우 도시재생국 도시계획과가 맡고 있는데 이는 건축, 토목, 조경 같은 기술적인 측면만 강조될 수밖에 없는 구조이다.

지자체가 도시의 미래를 내다보고 수립하는 계획들이 모두 컨트롤타워 없이 각기 다른 시스템으로 작성되면서 유기적으로 연계되지 못하고 있다는 점도 문제이다. 각 부서에서 독자적으로 예산을 배정받아 각각 용역업체에 맡기는 현재의 시스템으로는 도시의 미래를 제대로 담아낼 수 없기 때문이다.

도시재생국 도시재생정책과에서는 2017년 12월 3억 6,000만여 원을 들여 '2030 광주도시경관기본계획'을 수립했는데, 이 경관계획은 도시기본계획, 도시관리계획과 유기적으로 연계되지 못한 채 '사문화'되었다. 도시재생국 건축주택과에서는 2014년 4억여 원을 들여 '2025 도시 및 주거환경정비기본계획'을 수립했지만, 이 계획에 따라 재개발이나 재건축이 제대로 진행되지 못했고, 구역 해제 역시 매몰 비용이 없어 실제로 추진되지 못했다. 환경생태국 공원녹지과는 비슷한 시기에 4억여 원을 들여 '2030 광주공원녹지기본계획'을 수립했는데, 이 계획은 공원녹지 분야의 최대 현안인 2020년 도시공원 일몰제 도입과 민간공원 특례사업 내용을 구체적으로 담지 못했다. 교통건설국 교통정책과는 2016년 2억여 원의 예산을 들여 '2025 도시교통정비기본계획'을 내놓았지만, 다른 계획들과 상이한 통계를 사용해 실효성이 없다는 지적이 나왔다.

도시 공간과 관련된 각종 계획은 기술직 공무원이 수립하는 종합계획과 각 부서가 별도로 수립하는 개별 계획이 혼재되면서 일관성, 실현성, 주관성을 갖추기 힘든 시스템으로 운영되고 있다. 따라서 계획에는 온갖 이상적인 내용이 담기지만 실제 행정에서는 실용성이 거의 없어 책상이나 캐비닛에 처박히는 신세로 전락하는 것이다. 법으로 반드시 수립하게 되어 있는 계획이어서 어쩔 수 없다는 해명이 뒤따르지만, 이들 계획을 수립하는 데 시민 혈세가 투입되고 이들 계획이 시민 삶의 질을 향상하는 데 반드시 필요하다는 점에서 지자체 차원에서의 대책 마련이 시급하다. 최소한 도시공간계획과 관련해 이를 총괄할 수 있는 부서를 정하고 개별 계획의 내용을 조율하면서 체계적으로 종합 검토할 수 있도록 제도적인 뒷받침도 필요하다.

도시에서의 규제 완화는 개발 특혜를 몰아주는 것

우리나라는 철저히 중앙집권에 길들여진 나라이다. '말은 제주로 보내고 사람은 서울로 보내라'라는 말이 증명하듯 출세를 하려면 서울로 가야 하는 것이 당연시되어 왔다. 조선왕조 500년 동안에는 왕이 사는 한양으로 모든 것이 쏠렸다. 분명 지방에도 사람이 살고 있었지만, 지방은 언제나 부가적이고 이차적이며 비주류였다. 중앙관료가 유배를 가거나 개인의 의지에 따라 낙향하는 경우를 제외하면 중앙관료가 지방에 내려가는 것은 곧 좌천을 의미했다. 일제강점기에도 일제는 부산을 거쳐 경성을 지나 신의주로 중국 대륙을 침략하는 국토 개조에 나섰기 때문에 이들 도시를 중심으로 성장·발전해 갔다. 우리나라의 중앙, 즉 서울과 수도권만 집중해서 도시를 키우는 전략은 해방 이후에도 계속되었다. 이는 공공과 민간 모두 열악했던 당시의 한정된 자원을 한곳에 집약시켜 국가 경제 성장이라는 목표를 신속하게 달성하기 위함이었다. 도시 정책 역시 수도권을 위주로 수립되고 집행되었다. 정부가 지방에 대해 별도의 대책을 세우기보다 수도권 정책의 규모와 수치를 줄여 그대로 지방에 적용시킨 것이다.

경제가 어려워지고 경기가 하락세로 접어들면 정부가 입버릇처럼 내놓는 대책이 '규제 완화'이다. 규제라는 것은 일반적으로 부정적인 용어이다. 경제 분야에서 무엇인가를 규제한다는 의미는 기업의 경제 활동에 대해 법·제도적으로 한계를 정한다는 것이다. 자본주의 경제하에서 수익을 남기려는 기업의 경제 활동이 불필요한 규제로 제대로 보장받지 못하는 경우 이를 완화하거나 철폐해야 하는 것은 당연한 일이다. 다만 기업의 경제 활동이 공정한 기준과 원칙하에 부작용을 최소화하는 범위 내에서 가계,

▌인구와 자본은 물론 다른 좋은 것들도 모두 서울에 모여 있다. 광화문광장은 드넓은 광장, 세종문화회관이나 대한민국역사박물관 같은 문화시설이 잘 갖추어져 있어 서울시민뿐만 아니라 지역민들도 자주 찾는 곳이다.

정부 등의 경제주체와 원활하게 상호작용함으로써 이루어져야 한다는 것이 전제되어야 할 것이다.

하지만 도시의 규제 완화는 완전히 차원이 다른 이야기이다. 여기서 규제를 완화한다는 것은 부동산 경기 활성화라는 명목으로 개발·건설업의 특혜를 보장해 주기 위해 도시에서 필요한 최소한의 원칙과 기준을 허무는 것이기 때문이다.[4] 도시 공간에서의 규제 완화를 위해서는 몇 가지 전제 조건이 있다. 먼저 도시를 계획하는 권한을 중앙정부가 가져야 한다.

4 우에타 가즈히로 외 엮음, 『도시 어메니티와 생태』, 윤현석 외 옮김(한울아카데미, 2013), 173~177쪽.

수도권뿐만 아니라 전국 모든 도시에 대해 일률적으로 규제를 완화해야 하기 때문이다. 또한 금전 가치에 따라 주거지를 오가고 주택을 사고팔아 수익을 얻으려는 투기와 투자가 혼재된 부동산 시장이라는 측면만 강조될 경우에도 규제 완화가 요구된다. 규제를 완화하려면 분명한 신호, 즉 부동산 시장 활성화가 실질적인 경기 상승으로 이어지는 효과가 있어야 하기 때문이다.

이를 위해서는 수도권, 그러니까 인구와 자본이 몰려 있어 언제나 부동산 수요가 넘쳐나는 수도권에 높은 건물을 마음껏 지을 수 있게 하는 방향으로 규제를 완화해야 하는 것이다. 이러한 부동산은 대부분 아파트로, 기준과 원칙이 없어진 시장에서 개발·건설업의 부흥으로 '상품'들이 시장에 쏟아지자 투기와 투자에 익숙한 부유층은 이를 축적하면서 시장을 움직이는 힘을 갖게 되는 것이다. 이러한 과정을 거치면서 규제 완화는 도시 공간을 특정 계층이나 세력이 주도하는 부동산 시장으로 만드는 데 기여하고 있다. 도시에서 규제를 완화한다는 것은 실제로 건설업 및 그와 관련된 업종, 그리고 부동산을 투기와 투자 수단으로 삼는 부유층의 부를 더 축적시키는 '특혜 남발'의 의미를 갖는다고 할 수 있다.

서울에서 지지부진한 재개발과 재건축의 도시정비사업을 부추기기 위해 과거보다 더 높게 지어 '사업성'을 높여주는 행위, 일부 부유층이 아파트를 과도하게 보유하면서 부족해진 주택을 공급한다는 핑계로 그린벨트를 해제해 택지로 개발하는 행위는 지방에서도 그대로 적용되고 있다. 정비구역 내에 거주하고 있는 주민과 무주택 서민을 위한다는 핑계를 내세우지만, 실제 사업을 통해 이들에게 새 아파트가 주어지지 않는다. 앞서 언급했듯 이유를 알 수 없는 비싼 분양가로 인해 서민들은 새 아파트에 접

2015년 4월 도로사선제한 기준을 폐지하면서 상업지역 골목길 옆에도 고층 주상복합 아파트를 지을 수 있게 되었다. 주민 삶의 질을 향상하는 것이 아니라 건설업계에 이익을 얹어주는 정부의 규제 완화는 도시 공간을 망칠 뿐만 아니라 주민의 안전까지 위협하고 있다. 사진은 광주 동구 구시가지 좁은 골목길 바로 옆에서 진행 중인 고층 아파트 공사 현장.

근할 수 없고, 민간에 전적으로 일임된 비정상적인 청약·분양 시스템으로 인해 투기세력과 부유층이 신규 아파트를 선점하기 때문이다.

도시 공간에 대한 결정적인 규제 완화 조치는 이명박·박근혜 정부에서 실행에 옮겨졌다. 이명박 정부는 건설 경기 부양과 서민 주거환경 개선이라는 이유로 '도시형 생활주택'을 짓도록 했다. 말은 그럴듯하지만, 이는 필로티 허용, 주차 의무 면적 축소, 건물 간 이격거리 감축, 용적률 상향 등을 통해 단독주택지역에 중소형 오피스텔이나 원룸 건물을 촘촘히 지을 수 있게 하는 조치였다. 이로 인해 화재나 지진 같은 재해에 취약한 건축물들이 양산되었고, 골목길 곳곳이 주차 차량으로 뒤덮여 안전사고가 빈발하고 거주자 불편이 증대되는 부작용이 심각하게 발생했다. 이는 규제 완화가 주민 삶의 질 향상과는 큰 거리가 있음을 보여준다. 2017년 11월 발생한 포항 지진, 같은 해 12월 충북 제천의 스포츠센터 화재, 2018년 10월 경남 김해의 빌라 화재는 모두 이 규제 완화로 인해 피해가 커진 대표적인 사례이다. 여기에 도시형 생활주택은 주택법이 아닌 건축법의 감리 규정에 따라 건축주가 감리업체를 직접 선정하도록 했다. 허술한 감리로 건축물 안전 및 방재에 문제가 생길 가능성이 높다는 의미이다.

2015년 4월 30일 국회에서는 도로사선제한 기준 등을 폐지하는 내용의 건축법 개정안이 본회의를 통과했다. 도로사선제한은 일제강점기부터 있었던 것으로, 건축물의 높이를 전면도로 폭의 1.5배 이하로 제한하는 것을 취지로 하며, 1962년 건축법 제정 당시부터 도시 개방감과 미관을 위해 법제화되었다. 2015년 당시 박근혜 정부는 전면도로 중앙에서 사선을 그어 그보다 높은 건축물을 짓지 못하게 하는 이 제도가 상층부를 계단식으로 만드는 건축물을 양산해 도시 미관을 해치고 계단 부분을 증축하는 불법도 부추긴다는 이유를 들어 폐지한다는 설명을 덧붙였다. 하지만 이로 인해 도로 폭이 좁은 기존 시가지의 좁은 골목길에 고층·초고층 건축물이 양산되었다. 도로를 축으로 건축물이 정연하게 들어서게 관리해야 할 정부 및 지자체가 중요한 행정 수단을 상실하게 됨에 따라 이 같은 부작용은 이미 예견되어 있었다. 도로의 폭에 따라 적정 수준에서 관리되었던 높이 규제가 사라지면서 좁은 골목길을 중심으로 형성된 기존 시가지 상업지역에서는 개발 붐이 일었다. 도로사선제한이라는 규제가 풀리자 마치 브레이크가 고장난 자동차처럼 속도를 제어할 수 없을 만큼 급속도로 개발이 진행되었다.

지방도시인 광주의 구도심, 북구 첨단지구 등의 상업지역에는 도로 여건이나 주변 경관과 동떨어진 20~40층 이상의 건축물이 잇따라 허가가 나서 일부는 준공되었고 일부는 공사가 진행되고 있다. 상업지역에 허용되는 높은 용적률을 적용해 기존 건축주로부터 부지를 사들인 건설업체들이 고층의 주거시설(오피스텔과 아파트)을 아무런 제한 없이 잇따라 신축하고 있는 것이다. 동구 금남로 4가 옛 중앙교회에 들어선 25층 규모의 건물을 시작으로, 궁동 중앙초교 인근에 22층 건물, 금남로 4가에 26층 건물, 수기동 옛 명성예식장에 26층 건물 등 20층 이상의 주상복합건물이 동구 상업지역에서 잇따라 허가를 받았다. 2015년까지는 주상복합건물이 10층 규모였는데 2017년 들어 20층 이상의 건물이 들어서더니, 2020년 이후로는 30층을 넘어서고 있다. 기존 시가지 상업지역이 고층 주거지역으로 탈바꿈한다는 것은 근현대의 건축물을 아우르고 있는 도시의 역사적인 공간을 하나둘 지워 복구나 복원이 불가능한 수준으로 훼손한다는 것을 의미한다.

인구 유입, 경기 활성화, 서민 주택 공급 등 여러 이유를 대고 있지만 도시공간에 대한 규제를 완화하는 것은 정부와 지자체가 민간 개발·건설업체가 개발 특혜를 누릴 수 있도록 사업 대상지를 확보해 주는 것에 불과하다.

도시재생사업이 실패할 수밖에 없는 이유

광주광역시는 2020년 11월 갑자기 한류문화 콘텐츠 관련 시설에 대한 민간투자를 유치한다는 이유로 황룡강 주변에 대규모 아파트 단지를 조성하는 '평동 준공업지역 도시개발사업'을 공고해 논란이 일었다. 이 공고는 개발제한 허가지역인 황룡강 장록습지 인근의 139만 5,553m^{2}에 이르는 부지를 21개 택지로 조성한다는 내용을 담았다. 이 가운데 9개가 공동주택, 즉 아파트 부지이고, 2개가 전략산업시설부지, 3개가 상업시설부지, 1개가 유통시설부지, 5개가 학교부지이다. 이 사업 방식은 도시공원 일몰제에 따라 2020년 7월까지 지방자치단체가 도시공원 부지를 매입해야 할 예산이 없다는 이유를 들어 그 일부를 건설업체들에게 아파트 부지로 내주는 '민간공원특례사업'과 유사했다. 아파트 개발로 이익을 보장해 주고 그 수익 일부로 한류문화 콘텐츠와 관련된 시설을 건립·운영하도록 하는 것이었다. 토지 강제 수용을 위해 광주도시공사로 하여금 프로젝트 회사 지분의 절반 이상을 보유하게 하는 등 사업 내용도 불투명해 논란이 있었고 결국 광주광역시는 이 사업을 포기했다. 하지만 업체는 이 같은 조치에 반발, 행정소송을 제기해 법적 공방으로 번졌다.

광주광역시는 이처럼 대규모 개발사업 사업자 공모에 나서면서도 관련 부서와 협의를 하지 않았고, 의회에 보고하지도 않았다. '주민 민원 해결'이라는 궁색한 해명을 내놓았지만 정작 주민들은 자신의 거주지를 강제 수용 당해 충분한 보상을 받지도 못하고 내쫓길 신세에 처했다. 또한 산업단지와 바로 인접한 곳에 대규모 아파트를 신축할 경우 입주할 주민들의 삶의 질 역시 보장할 수 없다는 점에서 문제투성이 사업이 추진된 배경에 대해 의문이 제기되고 있다. 결과적으로 이 사업처럼 아파트를 통해 쉽게 큰 이익을 얻으려는 민간개발업체들은 언제든 허술한 도시 개발 행정 절차의 틈을 파고들어 도시 곳곳을 개발 대상지로 만들어버릴 수 있다.

2000년대 들어 원래 거주하는 주민들을 내쫓고 기존의 건축물과 시설물

▲ 나고야시의 도시 경관

▲ 가나자와시의 도시 경관

▲ 구마모토시의 도시 경관

▲ 요코하마시의 자동차 없는 단독주택지역

▲ 구마모토시의 자동차 없는 단독주택지역

도시계획은 도시 지방자치단체가 시민들의 의견을 기반으로 도시 공간을 개선·정비함으로써 시민들의 삶의 질을 높이는 사무이다. 도시계획은 그 자체로 지방자치이자 지방분권의 과정이며 결과물이다. 일본의 주민참여 도시계획인 마치즈쿠리는 지역에 대한 공감대 형성 → 마치즈쿠리 조직 만들기 → 구체적인 지역 미래상 고민 → 마치즈쿠리 구상 책정 → 마치즈쿠리 협의회 인정 및 구상 제안 → 마치즈쿠리 협정(원칙) 체결 및 기본계획 작성 → 지역계획 결정 → 사업계획 작성 및 실시 등의 과정을 거친다.

을 모두 철거하는 방식인 재개발과 재건축 같은 도시정비사업을 대신해, 주민들의 계속 거주를 전제로 공동체 역량 강화 프로그램, 필수 기반시설 설치, 주택 개량 등을 추진하는 도시재생사업이 실시되고 있다. 하지만 이 대안적인 사업도 지속가능하지 못할 것이라는 우려의 시선이 지배적이다.

문재인 정부 들어 2017년부터 도시재생뉴딜사업이 국토교통부 공모 방식으로 실시되었으나 6년이 지난 2023년 7월 현재까지 특별한 성과를 내지 못한 것으로 평가되고 있다. 2018년 선정된 광주의 도시재생 뉴딜사업 현장을 둘러보면 그 이유를 알 수 있다. 먼저 광주송정역이 고속철도 정차역으로 지정되면서 쇠락하기 시작한 광주역을 사례로 들어보자. 광주광역시는 2022년까지 국비 250억 원 등 1조 156억 원을 투입해 관광시설, 산업시설, 주거시설, 문화시설을 집적시키는 대형 프로젝트를 실시함으로써 광주역을 문화·청년 창업 플랫폼으로 재생하겠다는 계획을 수립했다. '경제기반형' 도시재생뉴딜사업으로 분류되는 이 사업으로 8,610개의 일자리가 만들어지고 1조 2,209억 원의 생산유발이 있을 것으로 추산했으나 현재까지 광주역은 외관상 변화가 거의 없다.

같은 해 전남대학교와 주변 120만m^2 면적에 대해서는 2023년까지 400억 원을 투입해 대학타운으로 조성하는 '중심시가지형' 도시재생 뉴딜사업이 추진되었는데, 이 역시 별다른 진척이 없다. 대학 면적 97만 5,000m^2와 인근 광주 북구 중흥 2동 노후 주거지 22만 5,000m^2 등에 대학 연접지역 담장 허물기 및 보행환경 정비(예산 73억 원), 지역공헌센터 건립(예산 60억 원), 도시재생 현장지원 복합앵커시설 조성(예산 44억 원), 237글로벌 세계문화공유 테마거리 조성(예산 22억 1,000만 원), 푸른 대학 둘레길 조성(예산 36억 4,500만 원) 등의 사업을 추진할 계획이었다. 이로 인해 직접 고용

❙ 고속철도 정차역에서 제외되어 쇠락하고 있는 광주역을 2018년 경제기반형 도시재생사업을 통해 '문화·청년 창업 플랫폼'으로 조성하겠다는 프로젝트가 추진되었다. 하지만 2023년 6월까지 광주역은 아무런 변화가 없다.

일자리 229개 창출, 생산유발액 288억 원, 부가가치유발액 94억 8,600만 원의 효과가 있을 것으로 예상되었다.

쇠락한 단독주택지역들을 대상으로 하는 사업도 일제히 시작되었지만 이 역시 마찬가지이다. 대표적으로 '주거지지원형' 도시재생뉴딜사업 대상지인 광주 서구 농성1동은 319억 원으로 '벚꽃향기 가득한 농성 공동체 마을'을 만들어보겠다는 각오로 사업을 시작했지만, 아직까지 인구 유입 등 가시적인 성과를 내지 못하고 있다.

도시재생사업에 대규모 혈세가 투입되고 있지만 쇠락한 공간을 되살리고 주민들이 계속 거주할 수 있는 여건을 만들어내지 못하고 있는 이유는 무엇일까? 재개발, 재건축 같은 도시정비사업의 대안으로 도시 내 다양한 공간을 존속시키면서 정체성과 경관을 유지하기 위한 이 사업이 성공하기 어려운 이유는 대략 다섯 가지 정도로 정리해 볼 수 있다.

첫째, 용도 변경이나 인센티브를 통한 아파트 개발로 막대한 수익을 거두고 있는 민간 개발·건설업체들이 그 외의 사업에 대해서는 무관심하기 때문이다. 상업시설의 경우 분양이 어렵고, 편의시설의 경우 수익성을 장담하기 어렵다는 단점이 있다. 반면 아파트는 거래가 활발하고 시장 내 투기세력의 비중이 높아 가격이 계속 상승하며 일정한 수요가 꾸준히 창출되고 있으므로 업체들의 눈이 아파트에 고정될 수밖에 없다.

둘째, 지방자치단체가 공모에 참여해 국토교통부의 심의를 거쳐 대상지가 결정되는 이 사업은 철저히 관이 주도하는 시스템이기 때문이다. 시장 수요, 기업 투자를 감안하기보다 관의 필요에 의해 추진되는 이 사업이 성공적으로 시작되고 지속가능하기 위해서는 관의 계속된 재정 지원이 불가피하다. 사업 계획부터 실행 과정에 이르기까지 인근 주민이나 상인의 참여가 거의 이루어지지 못하고 이들의 의견 또한 반영되기 어렵다는 것을 의미한다. 이는 곧 주민들의 무관심으로 이어진다. 단체장의 임기 내에 서둘러 사업 성과를 내려는 조급함, 담당 공무원의 잦은 인사와 전문성 미흡, 지나치게 부풀려진 사업 효과도 사업의 부정적인 요소이다.

셋째, 해당 지역 주민들의 계속 거주 의지와 애정이 약하기 때문이다. 오랜 기간 노후한 주택과 열악한 주변 환경에서 버텨온 주민들은 이러한 정부 사업으로 인해 토지 가격이 상승할 것을 기대하고 있다. 기반시설에 대한 새로운 공공 투자가 장기간 거의 없다 보니 주거환경이 매우 열악해져 여유가 있는 주택 소유자들은 이미 아파트로 이사해 버렸고, 남아 있는 주민 상당수는 영세민이다. 이들은 자신의 주거지를 개선할 수 있는 재력을 갖추지 못했으므로 조금이라도 금전적인 이익이 있다면 자신의 거주지를 떠날 수 있다.

넷째, 도시재생사업에 거주 공간 개선에 대한 직접적인 대책이 거의 없기 때문이다. 기반시설, 커뮤니티시설, 편의시설 등을 갖추는 것도 중요하지만, 더 중요한 것은 자신의 주거지에서 계속 살아갈 수 있게 해주는 것인데 이에 대한 내용이 없다. 거주 공간 개선을 철저하게 개인에게 맡기고 있는데, 앞서 이야기한 대로 그들은 자신의 주거지를 개선할 재력이나 능력이 거의 없다.

다섯째, 기존 시가지 주변에 대한 토지구획정리사업, 외곽에서의 택지개발사업, 도시 내 자투리 토지나 유휴부지에 대한 지구단위계획사업, 대규모 노후 주거 및 상업 용지에 대한 재개발 등의 도시정비사업을 통해 막대한 규모의 개발 이익을 차지한 민간 개발·건설업체들이 새로운 대상지를 물색하고 있기 때문이다. 그 대상지는 여전히 단독주택지역으로 남은 지역이 될 가능성이 높다.

사실 주민 참여를 전제로 한 단독주택지역의 도시재생사업에서는 공간에 대한 결정권한을 현 거주지에서 계속 살고자 하는 주민이 가져야 한다. 거주지 및 그 주변 지역에 애착을 가진 주민은 공간의 무차별적인 변화를 거부할 수밖에 없다. 이들은 점진적으로 좀 더 잘살 수 있는 여건을 만들어 가기를 원한다. 자신의 주택을 자발적으로 개선하면서 작은 공원이나 광장, 골목길에서 이웃들과 만나 편안히 대화를 나누는 것을 즐긴다. 자신의 자녀 역시 이 공간에 머물기를 바라는 경우도 대부분이다. 하지만 현실은 전혀 그렇지 못하다. 주거지 정비사업은 거주민의 사정과 여건, 미래 지속성 여부, 주변 및 도시 전체에 대한 영향 등을 충분히 고려해서 세밀하고 전략적으로 접근해야 한다.

도시 내 경제 기반이나 중심시가지를 조성하기 위한 도시재생사업도 마찬가지이다. 기존의 유사한 지역과 어떤 차별성과 경쟁력을 갖고 있는지를 먼저 판단할 필요가 있다. 경제 기반을 이루고 중심시가지를 조성하기 위해서는 산업과 상업의 부흥이 전제되어야 한다. 첨단 혁신, 유통·서비스, 문화 콘텐츠와 관련된 기업들을 유치하거나 투자하도록 하는 것이 사업의 전제가 되어야 한다. 지자체가 계획해서 필요한 공간을 공급하는 사업이 아니라 시장의 수요를 철저히 조사·분석해서 공간을 조성하는 것이 기본이다.

외국 선진 도시의 겉모습만 따라 하려는 지자체

도시 전문가들은 선진국 도시들의 새로운 주제들을 서둘러 우리나라에 소개하고 이를 적용하기 위해 노력한다. 외국에서 검증된 선진 제도와 시스템은 우리나라 도시의 올바른 성장과 발전을 위해 당연히 필요한 요소이다. 이미 인구 밀집에 따른 다양한 도시 문제를 먼저 겪은 유럽, 미국, 일본 도시들의 사례는 우리나라 도시에도 분명히 도움이 될 것이다. 하지만 도시의 역사부터 형성 과정, 구성 방식, 계획 및 개발 기준, 시민의식에 이르기까지 우리와 매우 다른 그들의 제도나 시스템을 그대로 적용하는 것은 매우 우려스러운 일이다. 일례로 강력한 도시계획 규제 수단이었던 독일 B플랜을 모델로 한 지구단위계획은 계획적인 개발이라는 취지와 달리 민간 개발·건설업체들이 고층 아파트를 개발하는 수단으로 왜곡되어 버렸다. 또 도시계획과 관련된 외국의 선진 제도들을 소개·검토하는 과정에서 정부와 지방자치단체의 각종 용역이 남발되고 있으며, 행정적·재정적

▌사진은 스코틀랜드의 수도 에든버러 경관. 에든버러는 2004년 유네스코에 의해 문학 도시로 선정되었으며, 해리포터 시리즈 작가 조엔 K. 롤링이 이 도시에서 해리포터를 저술했다. 구시가지는 15세기부터 스코틀랜드 왕국의 수도로 행정과 문화의 중심지였고, 신시가지는 18세기 이후 신고전주의 양식으로 조성되었다. 유네스코는 신·구시가지를 묶어 세계문화유산으로 지정했다. 이처럼 역사 자산을 그대로 유지·보존하고 있고 정체성이 명확한 유럽의 도시 정책을 우리나라의 도시가 그대로 모방할 수는 없다.

인 낭비도 상당하다.

선진국의 도시계획 및 개발과 관련된 제도들을 적용하기 전에 우리는 먼저 우리나라 도시와 외국 선진 도시의 차이점과 그 배경, 선진 도시들의 계획과 그에 따른 개발사업 추진 과정을 전반적으로 파악해야 한다. 그런 다음 우리나라 도시에서 이러한 제도를 적용하는 것이 가능한지를 판단해야 한다. 그럼에도 불구하고 외국 선진 도시들의 제도가 무분별하게 우리나라에 소개되고 도입 여부가 검토되고 있어 매우 우려스럽다. 이는 도시를 위해서도 시민을 위해서도 바람직하지 않다. 근본적으로 우리나라의 도시와 그들의 도시는 완전히 다른 역사와 기반을 가지고 있기 때문이다.

외국의 선진 도시들은 고대, 중세, 근대의 자산과 경관을 상당 부분 유지·보존하고 있으며, 도시 내 자원이 우리나라의 도시보다 훨씬 풍부하다. 산업혁명 이후 도시화 과정이 우리나라보다 앞서 진행되었고 그 과정에서 발생한 문제들을 해결하기 위해 점진적으로 법·제도를 정비해 왔다. 이러한 정책은 시민들의 공감대를 얻었고 정부는 정권이 바뀌더라도 도시의 경관과 정체성을 보존하려는 원칙과 기준을 지키려 노력했다. 압축 고도성장을 위해 모든 것을 희생했던 우리나라와 달리 외국의 선진 도시들은 오랜 역사를 지닌 시가지를 지켜냈으며, 새롭게 조성하는 시가지는 외곽에 조성하되 미관과 디자인을 중시해 독특한 매력을 갖도록 했다. 대부분의 주민은 자신의 거주 지역에 대해 애착과 자부심을 갖고 있어 오랜 기간 한 공간에 머물면서 조그마한 변화에도 민감하게 반응하는 것 역시 하나의 특징이다. 외국 선진 도시의 주민들은 지자체 행정에 구체적이고 적극적으로 참여하고, 중앙정부는 지자체의 행정에 개입하지 않는다. 따라서 지자체와 주민들이 자신의 도시 공간에 대해 장기적인 계획을 갖고 더 살기 좋게 꾸며나갈 수 있는 시스템을 갖추고 있다. 개발 역시 주민들을 위한 방식으로 이루어진다.

반면 우리나라의 도시는 한국전쟁 과정에서 완전히 파괴되었다. 이를 복구하는 과정에서 일제가 남겨놓은 것을 그대로 다시 만들 수도 없었고, 그렇다고 조선시대의 모습으로 돌아갈 수도 없었다. 일제가 남겨놓은 것 중 일부는 철거되거나 훼손되었지만, 어떤 것은 지금까지도 그대로 남아 근대유산으로 자리 잡고 있다. 여기에 이유와 배경은 없었다. 개발 대상이었던 것은 사라지고, 그렇지 않는 것은 남아 있는데, 이에 대한 기준이 대단히 모호했다. 앞서 설명했듯 일제의 도시계획은 해방 이후에도 상당 기간 그대로 적용되었는데, 개발 시스템 역시 마찬가지였다. 일제강점기 이후 오로지 경제 성장을 위해 도시를 개발했고, 그에 따른 이익을 정부, 지방자치단체, 공기업 등의 공공기관, 민간 개발·건설업체, 부동산 업체, 투기세력이 가져가는 것을 당연하게 여겼다.

이는 도시 경관과 정체성의 유지, 도시 자원의 보존, 기존 주민의 거주에 초점을 맞춘 외국 선진 도시들과 매우 다른 점이다. 우리나라의 도시 개발에서 경관이나 정체성, 거주민은 여전히 후순위에 놓여 있다.

먼저 우리나라의 도시들이 앞 다투어 도입하고 있는 '압축도시(Compact City)'에 대해 살펴보자. 이것은 일정한 공간에, 즉 중심지에 행정, 의료, 금융, 교통, 문화 관련 시설과 주거시설을 집중 배치하는 도시 정책을 말한다. 직장과 주거지를 가깝게 연결하는 직주근접을 실현하는 것에 더해, 사람이 살아가는 데 필요한 거의 모든 시설을 촘촘하게 엮어 이동에 필요한 시간과 비용을 줄이는 것이다. 이런 도시에서는 차량이 아닌 도보나 자전거 같은 친환경 교통수단을 이용하기 때문에 탄소 발생량과 대기 오염을 크게 줄일 수 있다는 장점도 있다. 도시가 외곽으로 확산되면 대중교통, 상하수도 등을 구축하는 데 막대한 재정을 투입해야 하고 기존 시가지는 쇠락해 버리는 문제점이 발생할 수 있는데, 압축도시는 이에 대한 대책이 될 수도 있다. 하지만 유럽, 미국, 일본의 도시와 우리나라의 도시는 많은 차이가 있다. 외국 선진 도시에서는 도시 구성의 원칙, 즉 기존 시가지의 역사 및 정체성이 어느 정도 보존되고 있으며 외곽으로의 확장 역시 상당 부분 제어되고 있다. 또한 다소 차이는 있겠지만 이들 도시는 도시 관광 수요가 유지되기 때문에 기존 시가지에 주거 및 상업지역이 자리를 잡고 있으며 거주 인구와 유동 인구가 적정한 수준에서 유지되고 있다.

우리나라 도시의 경우 일제강점기를 거치면서 기존 시가지에 있던 조선

▲ 자전거 도로가 250km나 되는 네덜란드 헤이그의 출근길. 자전거 행렬이 보도 한쪽을 차지하고 있다.

▲ 프랑스 리옹에서 공공자전거를 대여하고 있는 한국인 교환학생 강하나 씨. 보증금 150유로를 내면 하루 1유로에 이용할 수 있다. 도심 내 353개의 자전거 주차장이 있으며, 공공자전거는 3,500대에 달한다.

▲ 네덜란드 헤이그에 있는 2층 자전거 주차장에서 여성들이 자전거를 옮기고 있다.

▲ 독일 프랑크푸르트의 자전거 택시. 프랑크푸르트는 자전거도로가 420km에 달하며, 짐칸이나 유모차가 달려 있는 자전거, 두 명이 굴리는 자전거, 자전거 택시 등 종류도 다양하다.

▌유럽의 거의 모든 도시는 자전거 천국이다. 자전거가 도시에서 신속하고 안전한 교통수단이 될 수 있도록 도로 시스템이 잘 구축되어 있기 때문이다. 자동차 중심의 우리나라에서는 자전거를 이용해 출퇴근이나 통학을 하는 것이 거의 불가능하다.

시대의 도시 구성 요소 가운데 상당수가 파괴 또는 훼손되었다. 거의 유일하게 서울만 막대한 예산을 들여 이를 복원했지만, 지방도시는 그렇지 못했다. 되살리거나 지켜야 할 자원마저 빈약했던 지방도시의 기존 시가지는 중앙정부나 지자체로부터 철저히 외면 받았으며, 이익만을 추구하는 민간개발·건설업체들이 이 쓸모없어진 공간에 아파트와 주상복합건물을 짓고 있다. 그리고 개발 대상에서 제외된 공간들은 더욱 쇠락해 이제는 사람이 살 수 없는 지경에 이르고 있다. 도시가 단순히 확장하는 수준을 넘어 행정기관을 포함한 거의 모든 시설이 외곽으로 옮겨가거나 외곽에 설치되었다. 아파트 중심의 택지에 인구 대부분이 거주하는 비정상적인 도시가 되어버린 것이다. 물론 이를 주도한 것은 정부와 지자체였다. 그러나 정부와 지자체는 기존 시가지를 어떻게 재생할지에 대한 밑그림조차 그리지 못하고 기존 시가지를 외곽 택지지구보다 더 높은 아파트 단지로 개발하도록 방치해 버렸다. 지금까지도 이러한 도시계획·개발 정책에는 큰 변함이 없다.

따라서 인구 증가 추세가 멈추고 도시 인구마저 감소하고 있는 오늘날 기존 시가지를 압축도시로 개발한다는 것은 불가능에 가깝다. 시설을 압축할 공간도 없을뿐더러 이미 외곽에 자리한 시설들을 다시 일정한 공간으로 옮겨 집중시킨다는 것은 대단히 비효율적이다. 거주 인구 역시 마찬가지이다. 사실상의 난개발이 진행되면서 흩어져버린 거주 인구를 한데 모으는 것은 불가능하다. 이러한 압축도시 구상은 기존 시가지를 재개발 또는 재건축하는 도시정비사업을 진행하기 전에 정부, 지자체, 공기업 등의 공공의 계획으로 추진했어야 했다. 지금 시점에서는 압축이 필요하지 않다. 민간 개발·건설업체들이 외면하고 있거나 여전히 고층 아파트 개발을 추진하고 있는 기존 시가지의 주거지역에 대해 압축도시가 아닌 새로운 재개발 모델을 만들어야 한다. 중층이나 저층으로 조화를 이룰 수 있는 경관을 유지하기 위해 공공이 지구단위계획을 수립해서 계획적인 개발을

프랑스 리옹의 전경. 구도심은 중세와 근대의 모습을 지키고 있으며, 신도심에는 다소 높은 상업용 빌딩이 들어서 있다. 이러한 도시 구조를 지닌 유럽에서는 신도심을 조성할 때 공공시설을 일정한 공간에 압축하는 것이 가능하다. 하지만 도시 외곽이 무분별하게 확장되면서 구도심의 구심력이 약해진 우리나라에서는 압축도시가 불가능하다.

유도해야 한다. 공공이 도로, 공원, 광장, 녹지, 주차장 등의 다양한 기반시설을 제공하는 것이 전제되어야 개별 토지의 소유주, 이해관계자, 민간 개발·건설업체 이익에만 충실한 '이기적인' 개발을 제어할 수 있다.

공공의 기반시설 지원 계획을 토대로 민간이 해당 구역에 대한 지구단위계획안을 작성하도록 해야 하고, 공모를 통해 최고의 안을 선정하는 방안을 검토할 수 있다. 경쟁을 통해 계획의 수준을 끌어올리면서 실현성을 높이기 위해 건설업체와 공공이 함께 컨소시엄을 구성하도록 유도하는 것도 좋은 방안이다. 신규로 조성된 주거지역 내에서는 분양과 임대를 적절한 수준에서 조화롭게 배치해 건강한 지역공동체의 형성을 유도하는 것도 필요하다. 분양 및 임대 가격을 공정하게 설정하는 노력이 더해지면 기존 주민이 계속 거주할 가능성이 높아지고, 새로운 실수요자들도 증가할 것이다. 일반 분양 및 임대의 입주자 선정 과정을 투명하게 공개하고, 공공지원 예산은 물론 민간이 주거지역 조성에 투입한 실비용과 개발 이익을 공개하는 것은 정부와 지자체의 개발 행정에 대한 신뢰를 높여줄 것이다.

민간의 사업성을 중시하는 계획안이 아닌 공공성을 우선시하는 계획으로 도시를 관리해야 할 시점에 도달한 것이다. 이러한 상황에서 유럽에 최적화된 압축도시를 우리나라 도시에 적용하는 것은 오히려 민간 개발을 부추겨 인구 감소, 고령화 추세 속에 과잉 개발을 초래할 가능성이 높다. 특히 농어촌지역의 시가지, 즉 읍·면 소재지를 대상으로 압축도시를 도입하는 것은 더더욱 위험하다.

전라남도의 경우 2017년 압축도시를 '생활거점형 도시재생사업'으로 명칭을 변경한 뒤 중소도시 도심정비형과 농어촌 중심지정비형으로 구분해 22개 시·군에 적용하겠다는 계획을 내놓았다. 5개의 중소도시(목포, 여수, 순천, 광양, 나주)는 대중교통을 중심으로 300~500m 이내에 중심거점과 생활거점을 조성하고, 이들 거점에 주민들의 거주를 촉진하면서 행정시설, 의료 시설, 금융 시설, 교통시설 등 공공시설을 집중 배치하겠다는 것이었다. 나머지 17개 군 지역에서는 거점지구 내 공공공익시설의 계획적 배치, 농촌중심지 활성화 사업 적극 추진, 유휴부지 등의 집중 정비 유도, 거점 간·배후 마을 간 대중교통 및 보행교통 정비 같은 사업을 실시하겠다고 밝혔다. 하지만 문제는 이미 22개 시·군 인구가 급격히 감소하고 있는데도 '인구 증가 계획'을 수립하고 이에 따라 외곽 개발을 계속 추진하고 있다는 점이다. 공공시설들 역시 토지 가격이 비싼 도심 및 중심지에서 벗어나 외곽 주거지에 자리하고 있어 쉽게 이전하기 어려운 처지이다.

쇠락한 중심지를 되살리겠다는 취지로 압축도시 관련 정책을 추진하고 있는 시·군은 정작 시·군 정비계획에서는 미래 인구를 현재 인구보다 수천 명에서 수만 명 이상 부풀려놓았다. 과다 책정한 인구를 바탕으로 주택을 비롯한 기반시설을 더 설치할 명분을 마련하겠다는 것인데, 이는 압축도시와는 반대되는 계획이다. 도시별로 2022년 12월 말 현재 인구 대비 2025년 목표 인구로 추정한 수치를 보면, 현재 21만 6,939명인 목포는 31만 명으로, 현재 27만 4,765명인 여수는 37만 4,000명으로, 현재 6만 5,831명인 해남은 12만 5,000명으로, 현재 5만 2,395명인 영암은 12만 5,000명으로 추정했다. 이같이 부풀려진 인구를 토대로 시가지 외곽에 주거지를 개발하고 그 주변에 공공시설을 배치해 오고 있는 것이다.

2019년 3월 시행된 경관법에 의거해 각 지자체들이 수립하고 있는 경관계획 역시 제 기능과 역할을 하지 못하고 있다. 광주광역시의 경우 2005년 '2020 경관계획', 2014년 '2025 경관계획' 등을 수립했으나 개별적인 도시개발행위 및 건축허가행위, 주택건설, 도시 및 주거환경정비, 도시개발 등 각종 개발사업에 대해 규제력을 갖지 못하면서 말 그대로 계획에만 그쳤다. 또 조례, 지침 개정 같은 후속조치도 없었다. 2030년을 목표로 세운 경관계획에서는 중점경관관리구역을 지정해, 무등산 주변(3.87km^2), 영산강 주변(39.38km^2), 송정역세권 주변(0.22km^2), 국립아시아문화전당 주변(1.56km^2) 등 모두 45.03km^2 범위에서 건축 등의 개발행위에 대해 경관가이드라인을 적용받도록 했다. 또 경관거점, 연도경관지구에서도 경관심의를 받아야 개발이 가능하도록 했다. "경관 고려 없이 도시 개발 없다"를 대원칙으로 하겠다는 의지를 보였지만 개별 대상지의 높이, 디자인 등에 대한 규제를 강화하는 것에 대해 토지 소유주, 민간 개발·건설업체가 반발하자 계획 자체가 실효성을 상실해 버렸다. 또 도시 내외에서의 고층 개발로 인해 도시 경관이 이미 상당 부분 파괴·훼손되었으므로 이를 복원·개선하는 것은 사실상 불가능하다는 지적도 나오고 있다.

2014년 4월 5일부터 파리 시장을 맡고 있는 안 이달고(Anne Hidalgo)는 2020년 재선을 목표로 '15분 도시(La ville du quart d'heure)'라는 캐치프레이즈를 내걸었는데, 서울, 부산 등 우리나라 대도시들이 이를 따라 하려는 것도 어불성설이다. 자동차를 중심으로 아파트 단지와 목적지를 엮어놓은 우리나라 대도시의 교통체계를 근본적으로 변화시키지 않고 도보나 자전거로 15분 이내에 직장, 학교, 시장, 공원 같은 중요한 시설에 접근할 수 있게 하는 것은 거의 불가능하다. 15분 도시가 가능하려면 도시 공간에서 자동차의 운행과 주차에 대한 규제, 차도 축소를 통한 자전거 도로와 보도의 확장, 직장과 거주지를 가깝게 위치하게 하는 시스템 적용, 공원·광장·놀이터와 같은 여유 공간 조성 등이 전제되어야 하기 때문이다. 도시 내 통행 속도를 높이기 위한 자동차 중심의 교통체계가 유지되는 한 15분 도시는 이루어낼 수 없다. 부산, 대구, 인천, 광주, 대전, 울산 등의 광역시도 마찬가지이다.

이들 대도시는 대중교통마저 불편해 승용차가 매년 급증하는 추세이다. 공공데이터포털을 조회한 결과에 따르면, 광주광역시의 경우 승용차 등록 대수는 2013년 12월 기준 45만 3,840대에서 2020년 12월 57만 6,366대로 매년 1만 5,000대에서 2만 대 이상씩 증가하고 있다. 승용차를 구매하는 데 아무런 제약이 없기 때문이다. 기존 시가지 주거지역의 주택들은 대부분 자체 주차장을 갖추지 못해 공공공간인 골목길, 도로 등을 주차장으로 이용하고 있다. 교통 정체와 사고의 원인인 승용차가 아무런 제약 없이 시

유럽과 미국의 도시들은 주요 공간 내에서 자동차 운행과 주차를 규제하고 있다. 도로에 주차할 수 없으며 곳곳에 조성된 주차장의 주차비용도 상당해 운전자 대부분이 차량을 도시 외곽에 주차하고 대중교통, 자전거, 도보 등으로 도심으로 진입하는 것이 일상이다. 도로는 모두가 공유해야 하는 공공재라는 인식도 강하다. 사람보다 자동차를 중시하는 우리나라와는 전혀 다른 시스템이다. 사진은 불법 주차차량을 찾아볼 수 없는 독일 프랑크푸르트의 가로.

가지에 진입하고 사실상 도시를 점령하고 있는 상황에서 15분 도시를 이야기한다는 것은 너무도 허황되다. 우리나라의 도시는 우선 대중교통 중심의 교통체계를 새로 구축하고 자동차의 주차와 운행을 불편하게 만드는 제도부터 도입해야 할 것이다.

또한 우리나라의 도시는 걷거나 자전거를 타기에 도로가 너무도 불편하며, 걸으면서 볼거리나 즐길거리도 미흡하다. 광장이나 공원, 누구나 걸을 만한 골목길이 촘촘히 연계되지 못하고, 역사성을 지니거나 아름다운 건축물이 거의 없으며, 개성적인 디자인으로 눈길을 사로잡을 수 있는 요소들이 빈약하다. 이는 앞서 계속 언급했듯이 도시를 다양한 사람들이 생활하는 곳이자 후대에 물려줘야 할 공간이라고 여기지 않는 사고에서 출발한다. 지자체의 도시계획·개발 행정은 도시를 경제 성장의 도구나 부동산 시장으로 바라보는 민간 개발·건설업체의 입장을 대변하고 있으며, 중앙정부는 도시 지자체의 도시 정책에 과도하게 개입하고 있다. 현실을 냉철하게 인식하고 우리의 도시에 알맞은 정책을 구상하는 한편, 사람 중심의 도시 공간을 조성하기 위한 구체적인 대책들을 마련해야 한다.

도시는 민주주의와 지방자치를 실현하는 공간

우리나라는 해방 이후 군사독재를 지나 1980년 5·18 민주화운동, 1987년 6월 항쟁으로 직선제 개헌이 이루어지면서 급속히 민주화 조치들이 시행되었다. 경제가 압축 성장했듯이 민주적인 제도와 시스템 역시 유럽이나 미국 같은 선진국에 비해 속도감 있게 도입되었다. 문제는 압축 성장이 양극화와 불균형의 부작용을 낳았듯이 속도감 있게 진행된 민주화 역시 외관상의 변화에 치중했고 실질적인 측면에서는 부족한 점이 상당히 많았다는 것이다. 1987년 지방자치법이 부활하고 1991년 6월 지방의원을 선출하는 선거가 치러지면서 지방자치제도가 시작되었지만, 30여 년이 지난 지금까지도 지방자치·분권은 요원한 실정이다. 지방자치단체장과 지방의원을 주민이 직접 선출할 수 있지만, 공천은 중앙당이 좌지우지하고, 중앙정부가 지방자치단체의 부서 업무를 법령과 지침으로 세세히 개입할 수 있기 때문이다. 지자체는 입법권, 자치권, 행정권, 재정권을 완전히 갖고 있지 못하며, 주민들은 지자체의 사무에 자신의 의견을 제대로 반영하지 못하고 있다.

특히 시민의 이해나 의견을 충분히 반영하지 않은 채 중앙정부와 지자체의 인·허가에 의해 하향식으로 개발 여부가 결정되면서 도시 공간을 구성하는 데서의 시민의 역할은 지극히 제한적이게 되었다. 민간 개발·건설업체들이 미개발된 토지를 토지 소유주에게 저렴하게 구입한 뒤 토지의 용도를 변경해 고층 개발에 나서서 개발 이익을 얻는 구조가 가능한 것도 이 때문이다. 장기간 방치된 단독주택의 소유주는 주거공간에 대한 애정이 사라져 서둘러 매각해 새로운 거주지를 찾으려 하고 임차인은 이 과정에서 아무런 보호를 받지 못하는 것이 당연하게 되었다. 오랜 기간 자신의 거주지를 지키면서 주변 공간을 가꿔왔던 '진정한' 주민들은 점차 사라지고 토지와 주택을 거래해 이익을 남기려는 투자자(또는 투기꾼)들만 남게 되었다. 이들은 넓게는 도시 공간에 대해, 좁게는 자신의 거주지 주변에 대해 별다른 관심이 없다. 오로지 아파트 단지와 아파트 인테리어의 질, 가격에만 모든 신경을 기울일 것이다. 그렇게 도시는 사유화, 양극화, 분절화되어 가고 있다.

이에 대한 책임은 도시를 경제 성장의 도구로 보고 부동산(아파트) 경기를 유지·부양하기 위해 행정적·재정적 수단은 물론 세제·금융 혜택까지 모두 동원한 정부에 있다고 해도 과언이 아니다. 도시에서 주택(주로 아파트) 거래를 부추기고, 도시나 농촌 상관없이 전국 각지에서 주택을 사재기할 수 있도록 인정해 주며, 거의 자유롭게 주택을 조성해 공급할 수 있도록 인·허가 과정 또한 허술하기 때문이다. 정부와 지자체는 도시 공간에서 살아가는 시민들이 어떻게 하면 자신의 거주지에서 계속 살 수 있을지, 그들의 거주 만족도를 높이기 위해 무엇을 해야 할지를 고민하고 대책을 내놓아야 하는데도 전혀 그렇지 않았다는 것이다.

정부는 우선 모든 도시계획을 개발 이익이 아니라 시민의 일상을 우선시하는 시스템으로 바꾸고 시민의 의견이 최대한 반영될 수 있도록 해야 한다. 개별 대상지의 토지 소유주나 이해관계자의 의견만 중시하는 것이 아니라 도시 전반의 계획에 대해 시민 다수의 의견을 수렴하고 전문가의 시각에서 의견을 다듬어 계획에 반영해야 하며, 이를 시민들에게 다시 알려 실제 반영 여부를 확인할 수 있게 해야 한다.

앞으로 우리나라의 도시 모습을 어떻게 만들어나갈지에 대해 시민 공감대를 형성하는 것도 중요하다. 도시 공간에서 무엇을 지킬 것이고 이를 위해 어떻게 해야 하는지, 어떤 노력을 기울일지를 도시계획과 지자체의 개발 인·허가 지침에 투영해야 한다. 이를 위해서는 유럽과 미국의 도시들이 현재의 도시 구성의 틀을 완성한 19세기부터 20세기 초반까지 무엇을 했는지를 좀 더 구체적으로 살펴볼 필요가 있다.

현재 우리나라 도시들처럼 용역업체에 의뢰해 계획안을 만들고 일정 기간 일정 장소에서 제한적으로 공람이나 공청회를 실시해서 시민 의견을 받는 것은 지나치게 형식적인 방식이다. 또 일부 시민의 의견만으로 도시 전체의 미래를 결정하겠다는 것 또한 매우 위험한 발상이다. 전문성과 기술이 요구되는 부분에서 시민 참여가 불가능하고 시민 의견에 대한 피드백이 제때 정확히 전달되지 못하면 시민 참여 의욕이 낮아질 수밖에 없다. 도시계획을 일반인이 이해할 수 있는 수준에서 설명하고, 이에 대한 시민 의견을 온라인, 문자, SNS 등 광범위한 방법으로 장기간 수렴할 필요가 있다. 주민들이 관심을 가질 수 있는 거주지 주변에 대한 도시계획 정보를 내실 있게 담고, 이에 대해 제시된 의견에 대해서는 반드시 수렴 여부와 그 이유를 설명해 주어야 한다. 계획을 수립한 이후의 이행 과정이 공유되지 못하면 주민 참여가 그저 요식행위에 불과하다는 것으로 여겨질 수 있다.

독일 프라이부르크의 바우반주택단지. 자동차가 없고 다자녀를 두고 있고 에너지 자립 및 물 순환의 삶을 살아야 이 단지에 입주할 수 있다. 단지 안으로는 자동차가 들어올 수 없고, 바로 인근에 트램 정류장이 있다. 개발 이익이 아닌 도시 공간과 미래를 위해 주택단지를 조성하는 작업은 시민들의 적극적인 참여와 지방자치단체의 혁신적인 사고가 있었기에 가능했다.

도시 공간에서 표출되는 모든 것은 해당 도시의 정책과 사업, 시민의 일상, 도시의 역사, 미래 방향과 관련된다. 하지만 현재의 계획 수립 시스템은 철저하게 개별 법과 중앙정부의 계획을 반영하도록 강제하고 있다. 즉, 지자체가 명실상부한 계획 권한을 갖지 못하고 있는 것이다. 지금은 중앙정부가 전국적으로 획일적인 법·제도를 적용하고 있고 여기서 어긋날 경우 행정적·재정적인 불이익을 주고 있기 때문에 각 지자체가 고유의 특성, 개성, 매력을 반영해서 계획을 수립하는 것이 불가능한 구조이다.

도시재생이나 마을 만들기를 주제로 한 국토교통부, 행정안전부 등 정부부처의 공모사업도 중앙정부의 일률적인 시스템을 지자체들에게 강제하는 도구가 되고 있다. 공모 심사에 참여하는 전문가들은 상당수가 현장을 거의 알지 못하고 중앙의 시각에서 지방을 심사한다. 따라서 공모 사업의 국비를 받고자 하는 지자체는 그들의 기준과 시각에 맞춰 계획을 마련할 수밖에 없다. 이처럼 중앙정부의 사고에 기반을 둔 공모사업은 전면 재검토해야 한다.

지방자치와 지방분권에 맞춰 지자체는 주민들이 원하는 내용으로 도시계획을 추진해야 하고 그 책임 역시 져야 한다. 계획·개발 행정에 있어 중앙정부부처에서 광역지방자치단체 관련 부서를 거쳐 기초지방자치단체 관련 부서로 이어지는 하향식 행정을 상향식으로 혁신할 필요가 있다. 지자체 스스로 행정적·재정적 한계를 감안해 계획을 수립하고 이를 이행한 뒤 평가해야 하며, 중앙정부는 이를 뒷받침하는 시스템을 구축하는 것이 바람직하다. 지자체 역시 현실적으로 불가능한 계획을 남발할 것이 아니라 계획의 이행 여부를 정기적으로 진단하고 이를 시민에게 알리는 일에 충실해야 한다. 자치와 분권은 지자체의 역량을 전제로 하고 있는 만큼 지자체 스스로 노력해야 할 부분도 많다.

부동산 정책 역시 중앙정부가 수도권의 기준을 전국에 일률적으로 적용하는 것에서 벗어나야 한다. 지방자치단체가 지역 수요에 맞는 주택 공급을 통해 주민의 주거복지를 적극적으로 보장할 수 있도록 바뀌어야 한다. 지역 주민이 계층이나 소득에 관계없이 일정한 수준의 주거 서비스를 누릴 수 있도록 지자체가 다양한 주택을 적절한 시기에 공급할 수 있는 예산과 권한을 가져야 한다는 의미이다. 전국 인구의 절반 이상이 집중되어 여전히 주택이 부족한 수도권을 기준으로 수립한 공급 중심의 부동산 정책을 인구가 급속히 감소하고 있는 지방에도 똑같이 적용해서는 안 된다. 아파트 '사재기'가 재테크 수단이 되면서 지방에서는 수도권의 아파트를, 수도권에서는 지방의 아파트를 투기 대상으로 삼아 아파트 가격을 끌어올리

프랑스 스트라스부르의 수로와 인근 건축물의 모습. 도시에 공원, 광장, 수변 공간 등 다양한 공공공간이 존재하고, 이러한 공공공간으로 인해 시민들의 일상은 보다 풍요로워진다. 유럽에서 도시공간은 부동산 시장이 아니라 삶의 질을 향상시키는 데서 필수요소라는 철학이 보편화되어 있다.

는 행위가 횡행하고 있는데, 이에 대한 제어도 필요한 시점이다. 부동산 정책은 투기를 막고 집값을 안정시켜 실수요자들로 하여금 부담 없이 집을 사고팔 수 있게 하는 '수요 맞춤형'으로 진화해야 한다.

지금의 부동산 정책은 민간 개발·건설업체와 투기세력을 위한 것이라고 해도 과언이 아니다. 신규 택지, 신도시, 재개발과 재건축을 통해 아파트 공급을 계속 늘리면서도 실수요자에게는 아파트가 공급되지 못하는 과거의 분양 시스템을 거의 그대로 유지하고 있기 때문이다. 실수요자들은 투기세력에게 넘어간 아파트 분양권 프리미엄까지 부담해야만 자신의 주택을 가질 수 있는 구조인 셈이다. 프리미엄이 수억 원을 넘어서는 경우가 생기면서 일반인들까지 합세해서 아파트 투기가 일반화·대중화되고 있지만, 정부는 이를 방치하고 있고 지자체 역시 권한이 없다며 손을 놓고 있다. 현재 주택 및 부동산 정책의 주도권은 오롯이 중앙정부가 가지고 있는데도 2011년 개정된 주택법은 지자체들에게 '주택종합계획'을 수립하도록 규정해 결과적으로 용역비만 낭비하고 있다. 통계나 수치 모두 정부부처나 외부 기관에 의존하는 데다 주택 공급에 대한 지자체의 권한이 미약해 이 계획은 지역 부동산 시장에 아무런 영향도 미칠 수 없다.

지금까지 정부의 부동산 정책은 크게 두 가지였다. 진보 정부에서는 세제와 금융 대출을 통해 고가 아파트 소유자와 다주택자를 압박했다. 하지만 국내외 경제 여건, 투자 심리 등 부동산 시장에 영향을 미치는 다양한 요소, 해방 이후 수십 년 간 '부동산 불패 신화'를 지켜온 개발·건설·금융 등 부동산 '카르텔'의 시장 지배력을 간과했다. 그 결과는 부동산 가격의 이상 급등으로 이어졌다. 부동산 소유주들이 세금 인상분을 전세금이나 임대료에 반영했고, 대출이 막히면서 실수요자들마저도 주택을 구하지 못하게 되었다. 무엇보다 부동산 '카르텔'이 이러한 정부 정책에 대한 부정적인 여론을 형성하며 정부에 대한 신뢰를 무너뜨린 것이 결정적이었다. 대통령의 임기는 정해져 있었고, 정책은 일관되지 못했으며, 정책의 철학도 없었다.

보수 정부는 일단 공급에 초점을 맞췄다. 아파트를 계속 공급해서 거래를 늘리는 방법으로 가격을 낮춰 부동산 시장을 안정시키겠다는 것이었다. 시장 경제에 맡긴다는 것은 곧 기존의 부동산 카르텔이 더 잘 작동할 수 있도록 한다는 의미이기도 했다. 이러한 정책의 결과, 실수요자들은 아파트를 사기가 더 어려워지고 아파트 가격은 비정상적으로 상승하는 부작용이 계속되고 있다. 부동산이 거래되고 신규 아파트가 분양되는 과정이

투명하고 공정하게 관리되지 못하고 있기 때문이다. 부동산 시장을 실수요자 중심으로 운용하기보다는 거래 이익을 챙기려는 이들이 주도하도록 한 것이다.

도시 공간에서 발생하는 개발 이익을 토지 소유주, 건설업체, 투기세력이 독점하지 못하게 하려면 환수, 공공기여 등의 제도를 통해 시민 모두에게 이익을 돌려주어야 한다. 또 중앙정부나 지자체, 일부 건축·토목 등 기술직 공무원에 의해 공간 계획이 결정되는 것이 아니라 시민들이 적극적으로 참여해 자신의 사적 공간뿐만 아니라 주변, 더 나아가 도시 전체 공간의 구성까지 관여할 수 있도록 법과 제도를 정비해야 한다. 시민들은 자신이 거주하는 공간과 그 주변에 대해 넓은 의미에서의 자기결정권을 가져야 한다. 다만 이는 도시 전반의 경관이나 정체성과의 조화를 전제로 해야 하며, 개별 토지의 과도한 고층·과밀 개발은 그 주변과 도시 전체를 위해 규제되어야 마땅하다. 특정 세력이 개발 이익을 독차지하지 못하도록 하고, 중앙정부와 지자체, 일부 기술직 공무원에게 집중되어 있는 계획 권한을 시민에게 되돌리는 것, 그것이 공간에서의 민주주의이자 지방자치이다.

더 아름답고 소중하게 가꿔야 할 공공공간

우리나라의 공공임대 아파트는 영세민의 주거 복지에 초점이 맞춰져 있다. 1980년대 후반부터 전국 곳곳에 5년·10년·50년 공공임대, 영구임대, 국민임대 등이 들어섰고, 2000년대 들어서는 행복주택이 도입되었다. 행복주택은 소규모 임대주택을 역세권이나 유휴시설에 지어 저소득층뿐만 아니라 대학생, 사회초년생, 신혼부부에게도 공급하는 것이다. 하지만 이들 공공임대주택의 질적 수준은 30년 전이나 지금이나 별반 차이가 없다. 최근에 지었는데도 면적이 더 좁아진 사례도 있고, 장소 역시 같은 지구 내 민간 분양 아파트와 격리되어 있는 곳이 많다. 오래된 공공임대주택은 일부 공유시설만 조금씩 개선될 뿐, 주거공간은 거의 그대로 방치되고 있다. 공공임대주택은 저소득층이나 주거공간이 시급한 일부 계층을 대상으로 하고 있기 때문에 양적인 측면만 강조되어 온 경향이 크다. 대표적인 사례가 공공임대주택 표준건축비이다.

국토교통부는 공공이 건설하는 임대주택 표준건축비를 2016년 이후 한 번도 올리지 않다가 2022년 12월 30일 국토교통부 공고 제2022-1631호를 통해 9.8% 인상했다. 2008년 12월 15.1%, 2016년 6월 5% 올린 이후 줄곧 동결상태였다. 2022년 말 당시 임대주택 표준건축비는 1m^{2}당 101만 9,400원으로, 9.8% 인상한다고 해도 118만 8,500원이다. 이는 국토교통부가 2022년 9월 15일 고시한 분양가상한제 적용 공동주택의 기본형 건축비 190만 4,000원의 62.42%에 불과하다. 게다가 최근 분양 주택이 질적으로 향상되면서 이와 동일하게 각종 설비와 친환경주택 조건, 지하주차장 높이 등의 요건을 맞춰야 한다. 이렇게 되면 임대주택 표준건축비로는 공공임대주택의 질을 전혀 고려할 수 없는 지경에 이른다. 부실시공은 물론 안전 문제까지 부상할 수밖에 없다.

대부분의 공공임대주택은 한 명이 살기에도 너무 비좁은 데다 편의시설도 제대로 갖추지 못했다. 광주도시공사가 2019년 2월 준공해 공급한 광주 남구의 공공임대는 29m^2 219세대, 39m^2 69세대로 구성되어 있다. 상당수의 과거 영구임대 역시 24.42m^2, 26m^2 등 4인 가구 최소 주거면적 43m^{2}에도 한참 미치지 못한 면적으로 지어졌다. 공공임대아파트의 대기자들은 넘치지만, 이렇게 오래되고 비좁은 공공임대주택은 영세민들조차 외면하고 있다. 이 같은 '저질' 공공임대주택이 양산되고 있는 원인은 정부의 '엉터리' 공공임대주택정책 때문이다. 국토교통부는 매년 공공임대아파트 공급호수를 정해 건축비의 85%를 지원하면서 지자체에 물량을 '할당'하고 있으나 지원금액이 실제 건축비는 물론 정부가 정한 공공임대주택 표준건축비보다 낮다. 재정이 열악한 지자체는 정부 지원금에 맞춰 할당 공급호수를 채우기 위한 고육지책으로 임대주택의 면적을 줄여 사실상 원룸 수준의 영구임대아파트를 양산하고 있는 것이다. 이러한 정책의 결과 광주의 영구임대아파트 14개 단지 1만 5,370호 가운데 3,439호만 간신히 국토교통부가 정한 4인 가구 최소한의 주거면적(43m²)을 넘어서고 있다. 영구임대아파트뿐만 아니라 신혼부부, 사회초년생, 대학생 등을 위해 도입된 행복주택 역시 광주의 경우 16m², 26m², 36m²의 면적에 불과하다. 규정상 59m² 이하로 공급하게 되어 있는데, 훨씬 좁게 공급하고 있는 것이다. 원룸 수준의 행복주택은 인기를 얻기 어렵다.

서민은 물론 영세민마저 입주를 외면하는 '초소형 노후 공공임대아파트'가 빈집으로 방치되면서 정부와 지자체의 유지비 부담은 급증하고 있으며, 살 집을 구하지 못한 영세민과 서민들의 어려움 또한 더욱 커지고 있다. 정부가 주거의 질적 측면이 아닌 양적 측면만 강조하는 기존의 공급 위주 방식을 고집해 지역 여건이나 수요는 외면하고 있는 것이 가장 큰 원인이다. 서민과 영세민만 염두에 두고 어떤 주택이든 공급만 하면 된다는 정부의 정책은 수십 년간 변함없이 지속되고 있으며, 앞으로 공급될 공공임대주택 역시 이러한 악순환을 계속할 가능성이 높다. 이를 방지하려면 공공임대주택의 질적 수준을 높이면서 다자녀 가정, 에너지 및 물 순환 등 친환경적인 생활을 하는 가정, 외국 유학생 가정 등 다양한 시민이 공공임대 주택을 사용할 수 있도록 주거 복지를 보다 확장된 개념으로 받아들여 정책을 재설계할 필요가 있다. 공공임대주택의 질적 수준을 끌어올려 민간 주택의 질 역시 동반 상승할 수 있도록 유도해야 할 것이다.

기존 시가지를 보다 공공적이고 매력적인 공간으로 살려내는 것도 중요하다. 1960년대부터 1990년대까지 난개발의 대상이 되어 노후·불량주택 및 주차된 자동차들로 채워졌던 기존의 시가지를 민간이 아닌 공공이 주체가 되어 지속가능한 공간으로 되살려야 한다. 지금까지 정부의 주거환경개선사업과 도시재생사업은 노후·불량주택의 직접적인 개선에 초점을 맞추는 것이 아니라 도로, 주차장, 공원, 커뮤니티센터 등의 기반시설 정비에만 초점을 맞췄다. 이러한 대책은 근본적인 처방이 되지 못해 결국 떠나는 주민을 막지 못하고, 토지 가격이 상승한 이후 고층 아파트 개발이 진행되거나 다시 방치되는 수순을 밟고 있다. 도시재생사업은 지자체와 공기업이 공공사업을 통해 쇠락한 기존 시가지를 시민 누구나 거주하고 싶은 매력적인 공간으로 다듬는 작업이어야 한다. 과거 도시화와 함께 몰려든 인구를 수용하기 위해 묻어버린 자연 자원, 문화 자원, 역사 자원을 되살림으로써 시민들에게 외곽 택지지구나 신시가지가 가질 수 없는 도시에서의 즐거움을 선사해야 한다.

도시는 각각 다른 경관을 갖고 있는데, 이를 결정짓는 것은 기존 시가지이다. 신시가지는 유사한 설계를 기반으로 지형의 차이점만 가미되는 정도이기 때문에 기존 시가지가 그 도시의 정체성을 대변한다고 할 수 없다. 도시의 정체성은 한순간에 만들어질 수 없고, 하나의 건축물이나 시설로 대표될 수도 없다. 자긍심의 원천이 되기도 하고 머물러 살아가는 이유가

▲ 네덜란드 레이던의 거리카페. 수백 년 이상 된 고목을 중심으로 200여 개의 탁자가 배치되어 있다.

▲ 프랑스 파리의 거리카페. 골목길 양쪽 1층에 들어선 카페와 중세 건축물이 장관을 이룬다.

▲ 프랑스 리옹의 거리카페. 점포마다 테이블과 의자의 디자인이 다르다.

▲ 벨기에 브뤼셀 그랜드광장의 거리카페. 밤이면 유럽 각지의 젊은이들이 모여드는 공간으로 유명하다.

▎차도가 좁고 보도가 넓은 유럽의 도시에서는 보도까지 나와 있는 카페 탁자와 의자를 흔히 볼 수 있다. 보도가 단순히 사람이 지나다니는 공간인 것이 아니라 사람들이 만나고 즐기고 이야기하는 공간의 역할을 함으로써 도시의 매력을 높이고 있다.

되기도 하는 정체성은 도시를 계획하고 정비·재생하는 데서 가장 중요한 기준이자 반드시 지켜내야 할 핵심요소이다. 정체성을 가진 기존 시가지는 공공이 나서서 편의성을 보다 높이는 방향으로 재생해야 한다. 일할 장소, 쇼핑할 장소, 즐길 장소, 머무를 장소, 쉬어갈 장소를 도보, 자전거, 대중교통으로 편하게 접근할 수 있도록 해야 하고, 여기에 미술관·박물관,

분수대, 광장, 공공예술처럼 눈을 사로잡을 수 있는 멋진 공간을 배치해 매력을 안겨줘야 한다.

광주는 우리나라의 대도시 중 가장 오랜 역사를 가지고 있다. 서울과 대구는 조선시대에 들어서서 수도 및 중심지가 되었다. 부산과 인천은 일제강점기 전에는 포구에 불과했고, 대전은 경부선의 주요 거점역이 되면서부터 성장했다. 울산은 1970년대 산업화의 산물이다. 통일신라시대의 9주 5소경 가운데 무진주였던 광주는 조선시대 나주에 이어 전남에서 두 번째로 큰 도시로 역사 자원, 문화 자원, 자연 자원이 풍부했다. 하지만 이들 자원은 일제강점기, 한국전쟁, 1960년대 이후 난개발 과정에서 정부, 지자체, 민간에 의해 사라지고 말았다. 대표적인 것으로 경양방죽, 태봉산, 동계천, 광주읍성과 그 내부 건축물, 남광주역을 들 수 있다. 사라졌던 자원들 가운데 거주와 관광이 가능한 자원은 선별해서 되살리고, 최대한 공공장소를 촘촘하게 엮어서 사람들이 자연스럽게 이동할 수 있도록 유도해야 한다.

공공 투자를 통해 가장 먼저 재생해야 할 자원은 도시 밑바닥을 흐르는 도심 하천이다. 2003년 7월부터 2005년 10월까지 복원된 청계천을 통해 하천의 효과는 이미 검증된 바 있다. 기존 시가지를 중심으로 곳곳에 흐르던 하천은 조선시대 읍성과 해자, 방죽, 읍성 주변 농지 등으로 구성된 도시 구조에서 매우 중요한 자원이었다. 그러나 근대화, 산업화, 도시화 속에 인구가 도시로 과도하게 몰려들자 그 가치가 가려지기 시작했다. 도시 인구를 감당하기 어려웠던 정부와 지자체는 주거지, 도로, 주차장 등을 조성하기 위해 하천을 덮어버리는 결정을 내렸다. 이에 따라 오랜 역사를 가지고 도시 지형을 만들어냈던 하천들은 도시 밑바닥을 흐르는 하수구로 전락해 버렸다.

광주의 경우 동계천, 서방천, 용봉천 등을 비롯해 그 지류들이 기존 시가지와 가깝게 흐르고 있지만, 현재는 복개된 상태이다. 이 가운데 동계천은 기존 시가지의 중심에 해당하고 국립아시아문화전당이나 젊은이들의 장소로 부상한 동명동과 가까우며 주변이 급속도로 고층 아파트 단지로 개발되고 있으므로 복원을 적극 검토해 볼 필요가 있다. 광주는 광장이나 친수 공간이 매우 부족하므로 동계천 복원을 계기로 기존 시가지를 걷고 즐기고 사색하고 활동할 수 있는 공간으로 탈바꿈한다면 큰 반향이 기대된다. 동계천을 단순 복원하는 것이 아니라 국립아시아문화전당을 비롯한 주변 자원과 연계하면 다른 지역에는 없는 유일한 공간이면서 시민 모두를 위하고 미래 가치가 있는 공간이 될 것이다.

인간적인 척도로 적정한 건축물 높이를 정하고 이를 반드시 지켜야 할 원칙으로 여기도록 하는 것도 중요하다. 광주의 경우 국립아시아문화전당의 시너지를 낼 수 있는 시설과 장소를 꾸준히 조성할 필요가 있다. 사람들을 불러 모을 수 있는 미술관, 박물관, 역사관, 체험관 등을 도보로 연결하고, 빈집과 공터를 작은 광장이나 공원으로 조성해야 한다. 또 차도를 좁히고 보도와 자전거도로를 넓게 조성하는 방향으로 공간을 재편해야 한다. 거리에서 공연, 전시, 판매(카페) 등 시민의 자유로운 활동을 권장한다면 금상첨화이다. 중세와 근대의 유럽이나 미국이 그러했듯이 공공재정을 집중적으로 투자해 사람을 불러 모으고 이를 기반으로 민간이 상업공간을 채워나가는 구도를 추천한다. 기존 시가지가 없다면 우리나라의 도시 정체성을 가진 도시 공간은 아마도 모두 사라질 것이다. 따라서 정부와 지자체가 도시 공간, 특히 기존 시가지의 혁신적인 재생에 대해 보다 적극적으

❙ 1988년 아트폴리스 프로젝트를 시작한 일본 구마모토현은 세계적인 건축가들의 참여를 이끌어내 공공임대아파트 등 공공시설물의 건축 디자인을 획기적으로 개선했다. 이는 민간건축물 디자인의 질적 향상도 이끌었고, 시민의 자부심도 높여 호평을 받고 있다. 사진은 1989년 3월 착공해 1991년 8월 준공한 호타쿠보 1단지 내부로 구마모토현이 운영하고 있다. 중앙정원을 110세대 전체가 바라보는 구조이다.

로 나서야 한다.

지자체가 적극적으로 나서 건축물 디자인을 혁신한 사례로는 일본의 구마모토현을 들 수 있다. 1988년 후일 총리에 올랐던 호소가와 모리히로 현 지사가 구마모토 아트폴리스(Kumamoto Art Polis: K.A.P) 프로젝트를 펼쳤기 때문이다. 구마모토현은 일본 규슈지방의 중서부에 있으며, 면적은 7,404.89km^{2}로 전남(1만 2,309.03km^2)의 5분의 3 정도이다. 2022년 12월 현재 171만여 명이 거주하고 있다. 1987년 베를린 건축전시회를 계기로 후세에 물려줄 수 있는 아름다운 건축물을 짓겠다는 취지에서 시작된 이 프로젝트는 세계적인 유명 건축가 중 '커미셔너(Commissioner)' 지정·운영, 구마모토 건축전시회 개최, 홍보 및 교육 등을 내용으로 현재까지 진행되고 있다. 이를 통해 공공임대아파트, 박물관, 학교, 병원, 다리 등을 색다르게 지은 건축물이 도심 곳곳에 들어서 도시를 빛내고 있다. 특히 소외되어 온 공공영구임대아파트의 디자인을 아름답게 설계한 것이 가장 인상적이다.

대부분의 공공영구임대아파트는 획일적인 사각형의 고층 건물이었는데 영세민들에게 주거지에 대한 자부심을 심어줘야 한다는 시민단체의 주장과 가장 취약한 곳부터 디자인을 쇄신하고자 했던 전문가 의견을 반영해 공공영구임대아파트를 프로젝트의 대상으로 삼았다. 주거의 질적인 측면을 강조하면서 좁은 공간에 다수를 수용하던 기존의 방식도 과감히 개선했다. 건축가들의 창의적인 아이디어를 받아들여 설계한 단지는 중앙정원은 물론 놀이터, 꽃밭, 공동시설 등을 곳곳에 배치했고 건물 높이도 7층 이하로 낮췄다. 주변 단독주택지역과 어울리게 건축하면서도 어디서도 볼 수 없는 디자인을 적용했다. 그 결과 관광 자원으로 부상하면서 지역 재생에 기여하는 부수적인 성과도 낳았다.

제4장

—

심각한 국토 불균형, 어떻게 해결할 것인가

효율만을 강조한 국가 운영 시스템은 신속한 경제 성장이라는 열매를 맺게 해주었지만, 최근 들어서는 그로 인한 빈부 양극화, 국가 불균형 같은 부작용이 더 크게 부각되고 있다. 특정 지역에 국가 재정을 집중해서 기반시설을 설치하고 민간의 산업 자본, 상업 자본, 건설 자본의 이동을 촉진시키는 방식으로 경제를 발전시켜 왔기 때문이다. 기반시설이 상대적으로 미흡한 지역일수록 경제 성장에서 소외되고 쇠락하는데, 최근까지도 이러한 기조는 거의 변함이 없다. 특히 수도권으로 인구와 자본이 과도하게 집적되고 일제강점기에 구축된 경부선을 중심으로 기반시설이 고도화되면서 여기에서 소외된 호남, 강원, 경북의 인구 감소와 경제 쇠락이 가속화되고 있다는 점에서 정부의 정책 기조는 분명히 과거와는 크게 달라져야 한다.

국가의 제1과제는 국토 균형발전이다

국토 공간의 균형발전은 국가가 추구해야 할 가장 중요한 가치이다. 균형을 이루지 못할 경우 인구, 자본, 시설의 편중으로 인해 과밀과 과소의 문제가 발생할 것이고, 이는 국가 전반의 지속가능성을 위협할 수 있다. 국가 전체의 자원을 효과적으로 활용하지 못한다면 국가의 경쟁력 역시 더 나아질 기회를 상실할 수밖에 없다. 공공의 서비스가 전국 각지에서 공평하게 시행되지 못한다면 지역 간 차이는 차별을 낳고 갈등과 마찰의 원인이 되어 국가의 동력을 저해할 수도 있다. 따라서 자연 자원, 지리적 위치, 역사적인 배경에서 비롯될 수밖에 없는 불균형을 바로잡으려는 국가적인 노력은 필수불가결하다.

474년간 고려, 518년간 조선이라는 통일국가로 유지되어 온 우리나라의 경우 유독 중앙에 모든 것이 집중되어 왔다. 일제강점기를 거쳐 해방된 이후에도 경제 발전에 국가 역량을 집중하면서 오로지 수도권과 그 연계 지역만 앞서 성장·발전했다. 수도권으로의 비정상적인 집적은 현재 대한민국 모든 사회·경제 문제의 원인이 되고 있다. 사람이 수도권에 몰리니 부동산 가격이 오를 수밖에 없었고, 부동산을 통해 자본을 축적한 투기세력이 지방의 아파트를 대거 매입하면서 전국에 부동산 거품을 안겼다. 수도권에서 살아남기 위한 경쟁에 허덕이는 젊은 부부들은 아이 낳기를 포기하는 지경에 이르렀고, 편의시설이 가득한 수도권에 비해 텅텅 비어가는 지방에서의 삶은 점차 불편해지고 있다. 어떻게 하든 서울에 소재한 대학에 진학하기 위해, 서울에서의 삶을 유지하기 위해 매달리느라 다른 곳은 쳐다볼 여력도 없다.

부동산 거품, 낮은 출산율, 양극화, 지방 소멸, 공동체 붕괴를 해소하기 위해서는 수도권을 해체하고 지방으로 인구, 기업, 자본, 대학을 분산시키는 혁신적인 정책이 필요하다. 하지만 대책을 내놓아야 할 정부와 정당, 사법부는 이미 수도권에 집과 재산이 있고 대대손손 수도권에서 살기를 바라는 '수도권 기득세력'이 장악한 상태이다. 이들은 서울의 집값 하락을 두려워하며, 앞으로도 수도권이 더 발전해야 한다고 생각하기 때문에 이를 기조로 한 정책을 펼칠 가능성이 매우 높다.

국가 균형발전은 공정과도 연관이 있다. 수도권, 영남권, 충청권, 호남권, 강원권 등 각 권역별로 차이가 있을 수는 있지만 경제 정책, 국가 시책, 정치적 이유에 의해 권역 간 불균형이 초래되었다면 이를 해소해야 하는 책임은 그 원인을 제공한 국가에 있다.

사실 인구의 급격한 변화와 인위적인 개발이 시작된 것은 일제강점기이며, 이때부터 국토 불균형발전의 토대가 마련되었다고 해도 과언이 아니다. 조선시대까지 유지되었던 전통적인 국토 공간과 도시 공간의 구조는 일제와 식민지 조선에 정착한 일본인들에 의해 왜곡되고 불균형하게 바뀌기 시작했다. 일제는 대륙 침략과 수탈을 위해 일본 본토에서 식민지 조선을 거쳐 중국으로 향하는 가장 신속한 방안을 만드는 것을 최우선 과제로 삼았다. 그다음에는 식민지 조선의 농·수·축산물과 공산품을 본토로 가져갈 수 있도록 거점 항구와 내륙 거점을 연결하는 데 주력했다. 일제는 대륙 침략을 위해 1905년 부산과 경성을 잇는 경부선을 놓고 1939년 이를 복선화하는 등 경부선 구축에 전력을 다했다. 한반도의 철도 시스템을 경부선을 중심으로 하고 나머지는 지선으로 삼은 것도 일제의 작품이다.

해방 이후 신속한 경제 성장에 모든 것을 걸어야 했던 우리나라는 일제강점기에 왜곡되었던 국토 공간의 틀을 유지·확장했다. 이 장에서는 이 과정에서 나타난 문제점을 지적하고자 한다. 국토 공간에서 정의를 실현하기 위한 기본 전제는 바로 균형발전이다.

일제의 경부선 설치로 국토 불균형의 서막이 열리다[1]

근대화와 산업화 과정에서 철도가 해당 지역에 미치는 영향은 매우 크다. 사람과 물자의 대량 수송이 가능해지면서 과거와는 비교할 수 없는 발전을 꾀할 수 있게 되었기 때문이다. 우리나라 철도의 근간은 대부분 일제강점기에 설치되었고, 노선에 따라 지역 발전과 쇠락이 결정되었다. 정차하는 역에 의해 중심지가 바뀌는 경우도 있었다. 철도 노선과 역의 설치는 상업과 산업을 번성시키기 때문에 해당 지역에 중요한 전환점이 될 수밖에 없었다.

19세기 중반 들어 조선 정부에서도 철도 설치의 중요성을 인식했지만, 열강들의 틈바구니 속에 있었기 때문에 주체적으로 철도의 노선, 시기, 규모를 결정할 수 없었다. 근대시설인 철도를 건설해 본 경험이 없는 데다 막대한 자금을 조달할 능력이 없었던 것이 주된 요인이었다. 19세기 후반부터 이미 한반도 장악과 대륙 진출을 위해 철도를 놓으려고 치밀한 전략을 세워 움직인 일본과 영역 확장과 함께 경제적인 이익을 목표로 했던 서구 열강 간에는 철도 주도권을 놓고 쟁탈전이 벌어졌는데, 이러한 쟁탈전은

1 이 절은 윤현석, 「조선 말기 열강의 철도 부설 경쟁 결과가 지역 불균형 발전에 미친 영향에 대한 연구」, ≪한국지역개발학회지≫, 제34권 제2호(2022), 229~254쪽을 참조해서 작성했다.

쇠락한 조선 정부의 위상을 대변한다고 할 수 있다.

일본은 본국에서 가장 가까운 부산과 수도인 경성을 연결하는 경부선(경부철도) 설치에 전력을 다했고, 그 결과 1898년 3월 일찌감치 부설권을 얻었다. 이후 1901년 8월 공사에 들어가 1905년 1월 완전 개통했는데, 경부선을 계획하고 실현하는 과정은 일본이 한반도를 장악하는 과정 그 자체였다. 경부선은 경기, 충청, 경상은 물론 호남, 영서의 산물까지 집중시키면서 경제 공간의 축을 형성했고, 지역 개발에서 심한 불균형이 누적되는 기본 틀로 작용했다. 일본은 경부선 하나로 한반도 남쪽 지방 전체를 장악하기 위해 노선을 선정할 때 여러 차례 탐사에 나서며 신중을 기했고, 그 결과 경부선 이후에 부설된 한반도 남쪽의 모든 노선은 경부선의 지선 형태로 놓였다.

일본이 집요하게 경부선을 요구하며 부설 권리를 주장하는 사이 서구 열강, 특히 프랑스와 영국은 호남선(호남철도, 경목철도)에 관심을 가졌다. 호남선의 경우 일본에게 있어 경부선과 달리 군사적·정치적 필요성이 없었기 때문에 일본은 설치 시점을 뒤로 미루며 별도의 노선으로 설치하지 못하게 방해하는 전략을 구사했다. 일본이 공사관과 본국, 민간 자본가 등의 적극적인 참여로 경부선을 조기 착공한 것과 달리, 호남선 부설권을 노렸던 프랑스와 영국은 부설권 미확보, 자금 조달 실패 등으로 실제 착공까지 이르지 못했다. 우리나라에서 최초로 부설된 경인선이 미국인 제임스 모스(James Morse)에게 특허된 이후 일어난 일련의 과정은 서구 열강이 조선의 철도 노선을 소유하는 것을 인정하지 않겠다는 일본의 전략을 그대로 보여준다. 조선 정부는 호남선을 직접 설치하겠다는 방침까지 세웠고, 일제가 통감부를 설치한 이후에도 유력 관료, 민간인이 주축이 되어 호남

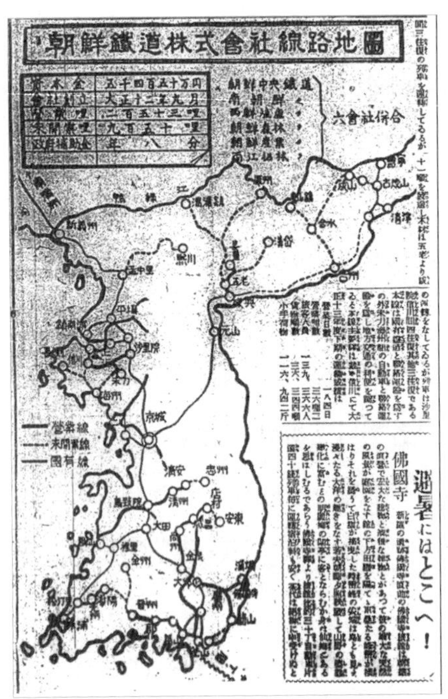

≪경성일보≫ 1925년 6월 14일 자에 게재된 1925년 당시 조선철도주식회사 선로지도. 경부선을 중심으로 경의선의 지선까지 어느 정도 구축되어 있지만, 호남은 호남선을 제외한 다른 지선이 거의 없는 상태이다. 일제가 대륙 침략을 목표로 경부선과 경의선을 중심으로 철도 시스템을 구축했기 때문이다.

선 부설운동에 나설 만큼 조선 정부와 조선인들의 호남선에 대한 애착은 남달랐다.

19세기 후반부터 20세기 초반까지 우리나라에서 철도가 부설된 과정은 특히 면밀하게 살펴볼 필요가 있다. 우리나라가 아닌 일제에 의해 설치된 철도는 인구와 자본의 대규모 이동을 촉진하면서, 기존의 국토 공간을 재편했고, 장기간 국가 재정 및 민간 자본이 결합되면서 지역 간 격차가 벌어지게 했다. 해방 이후에도 이러한 구도는 그대로 이어졌고, 1960년대부터 시작된 우리나라의 산업화는 이러한 기반하에 진행되었다.

일본은 1894년 청일전쟁에서 승리하면서 한반도에 대한 주도권을 확보했으나 러시아, 독일, 프랑스가 삼국간섭에 나서면서 조선에 대한 일제의 장악력이 약해졌고, 한반도는 다시 진공상태에 놓였다. 국력의 쇠락과 취약한 재정 탓에 자체적으로 철도를 부설하기 어려웠던 조선 정부는 이때부터 열강의 계속되는 철도 부설권 요구에 한반도를 둘러싼 역학 관계를 감안하면서 내부 논의를 거쳐 허가 여부를 결정했다. 서구 열강들과 일본은 19세기 말 한반도에 대한 주도권을 쥐자 어김없이 철도 부설권을 요구했고, 정부 대신들을 끌어들여 철도 부설권을 획득했다.

일본은 이미 1892년 일본 철도기사를 파견해 경부선 노선을 최초로 답사하게 했고, 청일전쟁 중인 1894년 11월에도 육군대신의 명령으로 부산~경성을 답사한 후 상세한 보고서 및 노선 도면을 작성해 일본 정부에 제출하게 하는[2] 등 상당히 이른 시점부터 경부선 부설을 계획하고 있었다. 하지만 이러한 선제적인 조치에도 한반도를 둘러싼 정세가 다소 복잡하게 전개되면서 일본은 그 뜻을 곧바로 이루지 못했다. 1896년 2월 11일 아관파천을 계기로 영국, 미국, 프랑스, 러시아, 독일 등 열강들 사이에서 한국 철도 이권을 탈취하려는 경쟁이 치열하게 전개되었고 친러파 정권이 들어서면서 철도를 포함한 한국의 큰 이권을 서구 열강에 매도해 버렸기 때문이다. 이 시기부터 이 국가들은 철도 부설권을 지속적으로 요청했는데, 일제는 한편으로는 이를 막아내면서 다른 한편으로는 조선 정부를 상대로 설득, 강요, 협박 등 갖가지 외교적인 조치를 취했다.

---

2 주경식, 「경부선 철도 건설에 따른 한반도 공간 조직의 변화」, ≪대한지리학회지≫, 제29권 제3호(1994), 297~317쪽.

아이러니하게도 조선 정부로부터 가장 먼저 철도 부설권을 취득한 국가는 미국이었다. 1896년 3월 29일 조선 정부는 미국인 제임스 모스에게 경인철도 부설권을 허가했는데, 이는 미국공사 호러스 앨런(Horace Allen)의 10만 달러 공증, 관제대신의 5만 달러 헌납, 20만 원의 임시차관 제공 등의 결과로 성립된 것이었다.[3] 이 같은 소식이 전해지자 신속하게 대처에 나선 국가는 러시아, 프랑스, 일본이었다. 러시아는 1891년 시베리아 철도를 기공하면서 이 철도의 종단항으로 동해안의 원산을 상정하고 원산과 블라디보스토크를 잇는 함경철도와 경원선의 부설을 계획했다. 그러면서 동맹을 맺었던 프랑스를 후원해 경의선과 호남선(경목철도)의 부설권을 확보하도록 지원했다. 러시아의 이러한 움직임은 러시아가 한반도의 간선철도를 시베리아 철도의 지선으로 삼을 계획이었음을 암시하는 것이라고 할 수 있다.

호남선이 구체적으로 언급된 것은 1896년 4월 24일이었다. 이날 주한프랑스 공사 르페브르(G. Lefévre)가 외부대신 이완용에게 경의선과 함께 최초로 경성~공주 간 철도 개설을 프랑스 회사에 허가할지에 대한 답변을 요청했다. 외부대신 이완용은 다음날인 4월 25일 경의선 부설권은 준허하되 경성~공주 사이의 땅은 장애가 있다는 이유로 불허했다.[4] 이러한 상황에서 조일잠정합동조관을 근거로 조선의 철도 부설에서 기득권을 주장해 온 일본은 적극적인 대책을 내놓으며 부설권을 되찾으려고 시도했다.

미국과 프랑스는 소요되는 토지를 조선 정부가 제공하고, 필요한 기기 및 각종 물건을 수입할 때의 관세 및 철도용 토지의 토지세를 면제받으며, 철도와 그 재산 또는 모든 수입에 과세를 할 수 없게 하는 등 자신들에게

3 조선총독부 철도국, 『조선철도사 (1)』(1937), 49~50쪽.

4 고려대 아세안문제연구소, 『구한국외교문서』 19, 법안 1, 문서번호 698호, 1896년 4월 25일.

매우 유리한 방향으로 계약을 체결했다. 이러한 계약은 향후 철도 부설 계약의 기준이 되었다. 경인선 부설사업은 일본의 뜻대로 처음에는 일본과 미국이 공동으로 추진했지만 결국에는 일본이 이 사업을 완전히 차지했다. 미국 사업자인 모스가 사업 자금 조달에 어려움을 겪으면서 1897년 5월 조선 정부와 계약을 맺을 당시 부설권 매각을 하지 않겠다고 했던 약속을 어기고 경인철도 부설권을 20만 달러 이상의 순수익을 남기면서 일본의 경부철도발기위원회에 97만 5,000달러에 매각했기 때문이다.[5]

조선의 철도 부설권을 따내려는 열강의 경쟁이 치열해지자 고종은 1896년 7월 15일 칙령 제31호 국내철도규칙을 반포, 내외국인 모두 이 규칙을 준수하고 운임도 농상공부와 협의해서 적절하게 정하도록 했다.[6] 대륙 침략을 위한 교통로 확보라는 군사적 차원에서 한반도 철도 부설계획을 수립하고 경부선과 경의선 두 축을 연결하는 남북 방향의 한반도 종관 노선을 기획하고 있던 일본은 우선 경부선 부설에 총력을 기울였다. 1896년 7월 51명의 일본 기업인이 중심이 되어 경부철도 발기위원회를 구성하고 조선 정부와 특별 계약을 체결하겠다는 취지로 청원서를 제출하는[7] 등 구체적인 움직임을 보였다. 같은 달 조선 정부의 총세무사 존 맥리비 브라운(John McLeavy Brown)은 영국 총영사 클라우드 맥도날드(Claude MacDonald)에게 경성~목포 간 철도 부설권을 조선 정부에 요구하고 현재 진행되고 있는 이권 경쟁에 참여할 것을 권하는[8] 등 영국의 보다 적극적인 경쟁 참여를 재

5 정재정, 「일제침략과 한국철도(1892~1945)」, 『서울대학교 한국사연구총서 6』(서울대학교 출판부, 1999), 61~76쪽.

6 조선 농상공부, 『농상공부법첩존안』 1, 1896년 7월 15일.

7 일본 외무성, 『주한일본공사관기록』 9, 2의(6)(1955), 1896년 7월 16일.

8 국사편찬위원회, 한국사데이터베이스 웹페이지, 『사료고종시대사 고종 33년』, 1896년 7

촉했다.

1896년 일본, 프랑스, 러시아, 영국 등 조선 철도를 둘러싼 부설권 경쟁이 치열하게 전개되자 조선 정부는 11월 13일 외국인에게 철도 부설권을 1년간 불허하겠다는 칙령을 내렸다.[9] 이는 미국, 프랑스와 맺은 불리한 철도 계약에 대한 조선 정부 내 부정적인 인식을 반영하는 동시에 철도 부설에서 주도권을 갖기 위한 조선 정부의 의지로 풀이된다. 이어 아관파천 1년여 만인 1897년 2월 20일 경운궁으로 환궁한 고종은 10월 12일 대한제국을 선포하고 광무개혁에 나섰다. 한편 일본이 지속적으로 요구한 결과 1897년 10월 1일 조선 정부는 목포, 진남포를 개항했다. 이로 인해 경성과 목포를 잇는 호남선을 둘러싼 외국 열강들의 경쟁이 치열해졌고, 일본은 다른 국가가 이곳들을 선점하지 못하도록 방해하는 전략을 폈다.

1898년 6월 15일 영국까지 나서 호남선 철도 부설권 청원을 요청해 오자[10] 3일 뒤인 6월 18일 농상공부대신 이도재가 의정부 회의에 호남선 부설 안건을 제출했다. 고종은 이를 바로 재가하면서 경성~목포 간을 관영으로 부설하는 방침을 밝혔고, 차관 알선 제의까지 거절했다.[11] 일본이 경부선 부설권을 인가받기 위해 전력을 기울이는 가운데 조선 정부는 그 반대편으로 국토를 종단하면서 주요 농·수·축산물의 생산기지 역할을 하는 호남과 경성을 잇는 호남선이라도 자체 건설하겠다는 의지를 밝힌 것이었

월 16일.

9 국사편찬위원회, 한국사데이터베이스 웹페이지, 『사료고종시대사 고종 33년』, 1896년 11월 15일.

10 고려대 아세안문제연구소, 『구한국외교문서』 13, 영안 1, 문서번호 1382호, 1898년 6월 15일.

11 국사편찬위원회, 한국사데이터베이스 웹페이지, 『사료고종시대사 고종 35년』, 1898년 6월 19일.

다. 이후 조선 정부는 1894년 6월 28일 공무아문 내에 철도국을 설치한 데 이어 1898년 7월 6일에는 농상공부대신 휘하에 별도로 철도사를 설치했으며, 27일 이를 철도국으로 개칭하는[12] 등 주체적인 노력을 기울였다.

일본은 대륙으로 진출하는 데 반드시 필요한 경부선을 차지하기 위해 집요하게 움직였다. 1898년 7월에만 세 차례나 조선 정부에 경부선 계약과 관련해 협상할 것을 촉구하면서, 조선 정부가 더 이상 지연할 경우 독자적으로 경부선 부설공사에 착수할 것이라고 위협하기도 했다.[13] 이러한 시도 끝에 일본은 1898년 9월 8일 마침내 '경부철도합동조약'으로 줄곧 추구해 온 경부선 부설권을 획득했다.[14] 프랑스와 미국이 부설권을 허가받았음에도 필요한 자본을 확보하지 못해 착공하지 못하고 있는 상황과 일본 정부의 적극적인 뒷받침, 본토 자본의 협력 의지 표명 등의 여건도 이 과정에 큰 도움이 되었을 것이다. 경부선 부설권 쟁취와 노선 선정은 우리나라 철도 체계를 확정짓는 중요한 전기가 되었고, 일본이 조선 내 철도 경쟁에서 확실한 우위를 가지는 계기가 되었다.

일본은 1897년 5월 미국인 모스로부터 경인선 부설권을 획득한 데 이어 경부선까지 손에 넣으면서 조선의 철도망에서 중요한 두 개의 노선을 확보했다. 일본이 경부선 부설권을 가져간 이 시점부터 조선의 철도 체계는 일본의 대륙 진출과 조선 병합이라는 목적에 따라 왜곡되어 갔다. 이후 일본은 다른 열강들이 나머지 중요한 철도 노선이라고 할 수 있는 경의선, 호남선, 경원선 등의 부설권을 확보하거나 허가받지 못하게 방해했다. 1899

12 같은 자료, 1898년 7월 6일, 7월 27일.

13 현광호, 「대한제국 초기 주한일본공사의 활동」, ≪이화사학연구≫, 33(2006), 213~230쪽.

14 조선총독부 철도국, 『조선철도사 (1)』, 43~50쪽.

년 7월 3일 조선 정부는 프랑스의 피브릴르(Fives-Lille)사에 허가해 준 경의선 부설권을 3년 내에 착공하기로 한 약정을 어겼다는 이유로 되돌려 받았다. 조선 정부는 7월 6일 박기종이 발기한 대한철도회사에 외국인 매도 금지 조건으로 경의선 부설권을 인허했으나 일본은 1903년 9월 8일 대한철도회사에 차관의 굴레를 씌워 부설권을 탈취해 버렸다.[15]

1899년 3월에 이어 1900년 3월에도 경부선 노선을 면밀하게 답사하는 등 일본은 신속하게 경부선 부설에 나섰다. 1900년 2월 일본 본토 귀족원 중의원회의는 경부선 철도 소속에 관한 건의안을 통과시켰고, 일본 정부는 1900년 9월 27일 '경부철도주식회사에 대한 특별보조명령'을 내렸다.[16] 이 주식회사는 자본금 모집에 나서 2,500만 원의 자본을 외채 도입 없이 조달해 1901년 8월 20일 영등포에서 북쪽 구간 기공식을 거행했다.[17] 일본은 한편으로는 최단 기간에 본토에서 대륙으로 진출하려는 의도를 갖고 있었고 다른 한편으로는 다른 모든 노선을 경부선의 지선으로 삼아 한반도 전체를 군사적·정치적·경제적으로 장악하려는 의도를 갖고 있었다. 일본이 노선 선정에 10년 이상 연구와 검토를 거듭한 것도 이 때문이었다.

일본의 방해로 무산된 호남선 간선철도

일본은 서구 열강 또는 조선 정부가 경부선의 대척점에 서 있는 호남선

15 정재정, 「일제침략과 한국철도(1892~1945)」, 100~104쪽.

16 같은 글, 61~76쪽.

17 국사편찬위원회, 한국사데이터베이스 웹페이지, 『사료고종시대사 고종 38년』, 1901년 8월 20일.

을 간선 형태로 놓는 것을 경계하고 이를 방해하는 차원에서 대전을 주요 역으로 하는 경부선 노선을 결정하고 공사를 서둘렀다. 초기에는 군사적인 목적이 우선시되었으나 논의 과정을 거듭하면서 조선 전체의 철도 네트워크를 장악하게 되었고 여기에 정치적·경제적 통제를 가미하면서 노선 자체가 비정상적으로 설정되었다. 이렇게 결정된 경부선을 중심으로 산업·경제 판도가 바뀌었고, 호남선이 그 후 지선으로 설치되면서 경부선에 흡수되는 형태로 조선의 철도 네트워크가 구축되었다. 경부선 선상의 주요 도시가 성장한 것은 경부선이 기존 도로와 수운에 따른 사람과 화물의 이동을 효과적으로 흡수했음을 나타내는 것이며, 동시에 기존 공간의 틀이 철도에 의해 철저히 재편성되었음을 반영한다. 현재의 지역 불균형은 이런 문제를 개선하지 않고 기존의 틀을 그대로 받아들임으로써 더욱 심화된 것이다. 이는 호남의 침체와 경부축의 성장을 가져올 수밖에 없었다.

경부선이 착공된 이후 호남선을 간선으로 부설하려는 움직임은 완전히 사라졌다. 1898년 6월 조선 정부가 호남선을 자체적으로 부설하는 방안을 밝히고도 복잡한 국제 정세와 열악한 재정 속에 4년여 간 아무런 후속 조치를 하지 못한 가운데 1902년 6월부터 조선의 민간인들은 경부선의 지선을 설치하려는 시도를 처음으로 시작했다. 하지만 이는 모두 무위에 그쳤다. 일본 정부는 러일전쟁을 앞두고 1903년 12월 28일 '경부철도 속성 명령'을 내려[18] 경부철도주식회사를 반관반민회사로 개편하면서 군사적·경제적 침략에 나섰고, 1903년 12월 5일 경부선 공사가 영등포에서 수원부 남쪽 10여 리까지 완성되어 시운전을 하기도 했다.[19]

18 정재정, 「일제침략과 한국철도(1892~1945)」, 61~76쪽.

19 ≪황성신문≫, 1903년 12월 7일 자.

러일전쟁이 발발하면서 1904년 2월 21일 일본군 참모본부는 경의선 건설을 위해 이미 임시군용철도감부를 편성했다는 사실을 3월 4일 외부대신에 알리면서 조선 정부에 이에 대한 편의 제공을 의뢰했다.[20] 조선 정부의 사전 허가나 동의도 없이 경의선 부설에 나섰던 것이다. 여기에 1904년 9월 2일 일본 외무대신이 작전상 필요하다면서 경성~원산 간 군용철도 부설을 결정하고 주한일본공사에게 토지수용의 뜻을 조선 정부에 신청하라고 훈령했다.[21] 이로써 1905년 11월 을사조약이 체결되기 전에 이미 일본은 우리나라의 주요 철도를 모두 손아귀에 넣게 되었다. 경부선은 일제강점기에 상행선과 하행선을 설치하는 복선화를 끝냈지만, 호남선은 2003년 12월에야 두 개의 철로를 갖게 되는 등 철도에 대한 투자 역시 큰 차이를 보였다.

일본과 서구 열강의 각축전이 된 19세기 후반 조선에서 철도라는 근대 기반시설이 늦게 설치된 호남은 영남권-충청권-수도권으로 이어지는 일제의 식민지 개발 축에서 소외되었고, 해방 이후에도 급속한 산업화와 경제개발계획에서 제외되면서 개발이 늦어졌다. 일본이 한반도를 장악하기 위해 전략적으로 설치한 경부선이 지금까지도 국토 개발에서 강력한 영향을 미치고 있다는 의미이다. 일본을 비롯한 외세의 영향 없이 경제성, 시급성, 필요성에 의해 노선을 선정했거나 호남선이 경부선의 지선이 아닌 별도의 노선으로 설치되었다면 이 같은 심각한 지역 불균형은 없었을 것이라는 추정도 가능하다.

---

20 국학자료원 웹페이지(http://kookhak.co.kr), 「군사상에 근거한 경의철도부설의 건」, 『일한외교자료집성 5』, 1904년 4월 4일.

21 같은 자료, 1904년 11월 5일.

철도는 근대 국가 발전에서 가장 중요한 교통수단이었다. 이러한 철도가 조선에 설치되는 과정에서 최우선 목표로 삼았던 것은 일본 본토와 가장 가까운 곳과 중국 대륙의 경계를 최단기간에 연결하는 것이었다. 일제의 한반도 내 철도 부설은 해방 이후에도 지속적으로 영향을 미쳐 국토 전반의 불균형발전을 고착시키는 원인이 되었다. 경부선 노선을 정하면서 호남선을 별도로 설치하는 것을 방해하기 위해 대전을 거점 역으로 정했고, 이로 인해 이후 한반도 남쪽에서 철도 노선을 부설하려는 시도는 모두 경부선의 지선 형태로 진행되었다.

일본에 의해 이루어진 이 같은 조선의 철도 시스템은 해방 이후의 산업 발전에도 큰 영향을 미쳤다. 쿠데타를 통해 집권한 박정희 군사정권이 철도, 도로 등 기반 여건이 갖춰진 지역에 산업시설을 집약시켰기 때문이다. 여기에 패전 이후 급속히 경제 성장을 이룬 일본을 롤 모델로 해서 경제 발전에 국가 역량을 집중시키면서 자연스럽게 일본이 구축해 놓은 철도 시스템이 강력한 영향력을 갖게 되었다. 불균형발전은 일제가 경부선을 설치한 이후 지금까지 110여 년간 계속된 정부의 기반시설 정책에서 비롯되었다고 할 수 있다.

불균형을 심화시킨 성장 중심의 정부 정책

수도권 과밀과 불균형의 피해는 국민 모두에게 미친다. 오늘날 정부는 과밀지역에는 주택, 도로, 철도 등의 기반시설 및 편의시설을 증설하기 위해, 과소지역에는 새로운 활력을 불어넣기 위해 천문학적인 국가 재정을 투입하고 있다. 과밀지역의 수요는 끝없이 증가하는 반면, 성장 에너지를

일제가 대륙 침략을 위해 공사를 서둘렀던 경부선은 1939년 왕복이 가능한 복선으로 설치되었지만, 호남선은 개통 90년 만인 2003년에서야 비로소 두 개의 선로를 가질 수 있었다. 호남의 철도, 도로, 항만 등 기반시설에 대한 투자는 뒤늦게 아주 느린 속도로 이루어졌고, 산업 발전은 더딜 수밖에 없었다. 해방 이후에도 호남선에 대한 정부 투자는 언제나 늦게 소규모로 진행되었다. 고속철도 건설도 경부선에 비해 10년 이상 뒤처져 있다. 경부선의 고속철도는 2004년 4월 1단계(서울~대구), 2010년 11월 2단계(동대구~부산)를 연결한 반면, 호남선의 고속철도는 2015년 4월 1단계(충북 오송~광주송정) 운행을 시작했고, 2단계(광주송정~목포)는 여전히 공사가 진행 중이다. 사진은 호남고속철도 2단계 공사 현장.

상실한 과소지역은 좀처럼 적정한 인구 및 경제 규모를 되찾지 못하고 있다. 불균형 구조가 고착·심화되고 있는 것이다. 국가 균형의 관점에서 볼 때 과밀지역에는 국가 재정을 최소한으로 투입하는 것이 옳다. 이들 지역은 이미 재정 자립이 가능한 수준의 충분한 세입을 확보할 수 있으며, 민간자본 투자를 유치할 경쟁력도 갖추고 있기 때문이다. 따라서 이들 지역에 국가 재정을 투입하는 것은 필수불가결한 경우로 한정해야 한다. 반면 과소지역, 즉 인구가 꾸준히 줄어 소멸이 우려되는 지역에 대한 정부의 정책은 보다 적극적이면서 동시에 실질적이어야 한다.

하지만 우리나라는 과밀지역에 국가 재정을 더 투입하는 정책을 일관되게 수립·집행하고 있다. 불균형의 폐해가 심각해지면서 과소지역에 대한 예산 배정 규모가 다소 증가하고 다양한 보완책이 제시되기는 했지만, 해방 이후 계속된 불균형의 굴레를 바로잡기에는 역부족인 실정이다. 인구 규모가 크고 정치적으로 중요해진 지역들이 입법부와 행정부에도 강한 영향을 미치면서 국가 균형발전과 관련된 혁신적인 법률과 정책이 나오지 못하고 있는 것도 그 이유 중 하나이다. 중앙정부는 과밀지역과 과소지역에 대해 완전히 다른 정책을 실시함으로써 이들이 균형을 맞추도록 해야 하지만, 그렇게 하지 못하고 있다. 향후 과밀지역에 대한 기반시설은 반드시 민간 자본의 투자로 설치해야 하며, 그에 대한 비용은 해당 지자체와 지역민이 부담하는 방향으로 가야 한다. 반면 과소지역은 국가 재정을 적극적으로 투입해 과밀지역과 비슷한 수준의 기반시설, 편의시설, 문화시설을 신속히 갖춰나가야 한다. 또한 인재 양성과 일자리 창출에 결정적인 역할을 하는 대학과 기업을 과소지역으로 이전하도록 유도할 필요가 있다. 과소지역이 되어 소멸할 위기에 처한 직접적인 이유는 젊은이들이 사라진 데 있기 때문이다.

지금까지 정부의 균형발전 정책은 기득권을 쥔 수도권의 입장에서 수립되어 추진되었다. 대표적인 것이 행정중심복합도시 세종시의 조성이다. 이는 수도권에서 가장 가까운 곳을 선택함으로써 수도권을 확장시키는 역할에 그쳤다. 세종시를 행정중심복합도시로 선정한 결과 공무원들의 출퇴근이나 주말 서울 생활을 위해 고속철도, 도로 등 각종 기반시설이 과잉 설치되고 있으며, 지역민들을 위한 정부의 사업 및 프로젝트도 충청권에 집중되고 있다. 이는 진정한 국가 균형발전 정책이 아니며, 오히려 수도권이 가진 기득권을 확장·강화하는 데 기여한다. 우리나라에서 두 번째로 인구가 밀집되어 있는 부산, 울산, 경남이 수도권과 유사한 기반시설을 갖추기 위해 노력하고 정부 정책이 이를 뒷받침하는 것 역시 우려해야 한다. 과밀과 과소가 극단적으로 나뉘는 국가가 정상적으로 성장·발전해 나갈 수 없다는 것은 분명하기 때문이다.

광주, 전남, 전북, 즉 호남은 경제 성장·발전축인 경부 라인에서 소외된 이후 계속되는 정부의 국토 불균형 시책에도 불구하고 갈수록 위축되고 있다. 일제강점기에는 대표적인 수탈·착취의 대상이었고 군부독재기에는 개발 소외와 낙후의 대명사였던 광주·전남 지역은 영남권에 이어 최근 세종 중심의 충청권에 비해서도 인구, 정치, 경제, 미래역량 등 각종 수치에서 밀리고 있다. 호남을 기반으로 한 정부에서조차도 과거의 불균형을 시정하기는커녕 이를 고착시키는 균등 배분 및 수도권과 가까운 충청권 중심의 국가 정책을 똑같이 반복했기 때문이다. 정부는 신속한 성장을 지향하면서 이미 기반시설을 갖춘 수도권에 국가 재정과 민간 자본을 집중하는 효율 우선 정책을 펴온 것이다. 그로 인해 광복 후 77년 만에 선진국 반열에 올라설 만큼 고도의 경제 성장을 이뤘지만 수도권으로의 과도한 집중, 지역 간 불균형, 인구 소멸 위험지역 산재, 지역 역량 급감 등의 문제점이 심각해지고 있다. 부동산 문제, 청년 문제, 고령화 문제, 양극화 문제, 난개발 문제, 환경 문제 등 지금 대한민국이 겪고 있는 현안의 해결은 곧 올바른 국가 균형발전에 달려 있다는 것이 필자의 생각이다.

1967년부터 2018년까지 61년 동안 전국 지자체에 대해 이루어진 국가 재정 지원 내역을 분석한 결과, 수도권과 영남권에 64.1%가 집중된 반면, 충청권과 호남권은 13~15%에 머물렀다. 1970년대 이래 경제발전 5개년 계획을 비롯해 중앙집권적으로 재정을 운용한 결과, 처음부터 경부선을 중심으로 재원이 집중되었고 이를 통해 산업·기반시설을 갖추면서 현재까지도 국가 재정 지원은 수도권과 영남권이 다른 지역을 압도하고 있다. 지난 60여 년 동안 수도권에 1,382조 원, 영남권에 1,052조 원의 지방 재정이 집행된 반면, 호남권에는 600조 원만 배분되었는데, 이러한 격차를 줄이기 위해서는 호남권에 최장 30년간 국가의 전폭적인 지원이 필요하다는 주장[22]도 설득력을 얻고 있다.

정부부처의 구조 역시 국가 균형을 위해 재정비되어야 한다. 국가균형발전위원회는 균형발전을 강제할 수 있는 권한과 예산을 갖기 위해 위상을 격상해야 하며, 행정안전부는 지방 분권과 균형발전을 위해 정부부처와 지방자치단체의 의견을 조정·조율하는 부처로 거듭나야 한다. 국가재정을 효율 관점에서만 재단하는 기획재정부를 제어할 수 있는 가칭 국가재정위원회 신설도 검토하는 등 정부부처 역시 균형발전을 최우선 가치로 삼아야 한다.

정부부처의 기반시설 계획 역시 전면적으로 재조정되어야 할 것이다. 제5차 공항개발종합계획(2016~2020), 제4차 항만기본계획(2021~2030), 제3차 국가철도망 구축계획(2016~2025) 등 정부의 국가기반시설 계획을 분석한 결과, 계획 전반에서 호남권의 위상은 초라했다. 인구와 경제 규모를 우선으로 한 이른바 경제성을 따지는 국가재정 투입 방식이 적용되면서 수도권, 부산·경남·울산, 충청권으로의 기반시설 집적 및 고도화에 기여하는 내용을 주로 담았기 때문이다.

제5차 공항개발종합계획에서는 계획기간 내에 약 9.2조 원의 재원을 공

22 오병기, 「균형발전을 고려한 재정분권정책 추진방안」, ≪광주전남정책연구≫, 제17호(2002), 46~63쪽.

▎흑산도 주민들의 숙원사업인 공항 건설사업은 2026년까지 1,833억 원을 들여 전라남도 신안군 흑산면 예리 산 11번지 일대 68만 3,000m^2에 활주로(길이 1,200m 폭 30m)와 계류장, 터미널 등을 조성하는 사업이다. 공항이 건설되면 50인승 소형 항공기의 이착륙이 가능해져 국토 서남단 섬 지역민들의 교통 편리와 관광에 도움이 될 것으로 기대되고 있다. 이 사업은 2009년 신안군의 '흑산도 경비행장 타당성 조사용역'을 시작으로 사업 추진이 논의된 이후 정부의 계획에 반영되었으나 철새 서식지 보호, 환경 훼손에 대한 반대 의견 등으로 난항을 겪었다. 사진은 흑산도 표지석.

항에 투자하기로 했지만 서남권 공항은 거의 해당사항이 없었다. 울릉·흑산공항, 제주 제2공항, 기타 등에 1.56조 원(17%), 인천공항공사 3단계 사업, 유지보수 및 시설정비·확충 등에 5.94조 원(64%), 한국공항공사의 김포공항(리모델링 등), 김해공항(국제선터미널 확장 등), 제주공항(단기 인프라 확충 등), 울릉·흑산공항(일부 시설 보조 등)에 1.7조 원(19%)을 배정했다. 제4차 항만기본계획의 주요 항만 중장기 투자계획에 따르면 2030년까지 부산항에 10.82조 원, 광양항에 3.7조 원을 투자할 예정이다. 이 같은 정부 투자로 부산항은 생산액이 14조 189억 원이 증가하지만 광양항은 고작 5조 733억 원이 늘어나는 데 그친다. 부산항의 2030년 물동량은 2019년 대비 150% 성장하는 반면 광양항은 10% 내외의 성장을 보일 전망이다.

제3차 국가철도망 구축계획에서도 호남은 푸대접을 받고 있다. 44.6조 원이 투입되는 신규 사업 36개 가운데 호남에 해당하는 것은 경전선 진주~광양 전철화(1,524억 원), 광주송정~순천 단선전철화(2조 304억 원), 보성~목포 단선전철화(1,702억 원) 등 3개에 불과하다. 나머지 대부분은 경부선, 수도권 내 광역철도망과 관계되어 있다. 이 같은 기반시설의 심각한 격차는 지역 경제 성장과 미래 잠재력에서의 차이로 이어져 국가경쟁력에도 악영향을 미칠 것이다.

김대중 정부와 노무현 정부에 이어 문재인 정부에서도 예비타당성 조사 면제, 지역낙후도 비중 상향 등의 조치가 이어졌지만, 일제강점기 이후 계속되어 온 격차는 더 벌어지고 있다. 최근 20년 만에 달빛내륙철도가 제4차 국가철도망 계획에 반영되었고, 그토록 요구했던 광주~순천 경전선 전철화사업이 예타 재조사를 거쳐 간신히 통과했지만, 과제는 여전히 산적해 있다. 수도권, 영남권, 충청권의 수준에 근접하기 위해서는 단기간에 호남권에 대한 국가 재정을 집중적으로 투입하는 것이 반드시 필요하다. 이와 함께 국가 균형발전을 위한 보다 실제적인 조치를 취해야 한다. 즉, 수도권에서 가장 거리가 먼 국토의 최남단 남해안에 세종시와 유사한 또 다른 새로운 수도를 조성해야 할 것이다. 김영록 전남지사가 꾸준히 주장하고 있는 '신해양시대에 부합한 해양·관광·생태(환경) 수도의 남해안 조성'은 반드시 추진되어야 할 국가적인 과제이다.

국가 재정 운용 방식의 전면 혁신 제안

예비타당성조사와 정부부처 공모사업은 인구밀집지역, 경제력이 있는 지역, 기반시설이 잘 갖춰진 지역을 위한 제도이다. 정부가 대규모 사업의 대상지를 선정하거나 공모하는 데 있어 경제성과 성과를 중시한다면 당연히 인구와 경제규모가 어느 정도 갖춰진 지역이 선정될 가능성이 높기 때문이다. 최근 들어 균형발전지표가 조금씩 반영되고 있지만, 이 정도 수준으로는 현재의 불균형을 전혀 개선할 수 없다. 따라서 이들 제도를 발전적으로 해체함으로써 낙후지역을 전국 평균으로 끌어올리는 기능과 역할을 할 수 있도록 하는 혁신이 필요하다. 경쟁력을 갖춘 곳은 자체 재정과 민간 자본을 투입하고, 경쟁력이 미진한 곳은 국가 재정을 투입하는 원칙을 적용해야 한다.

필자는 1999년부터 2020년까지 예비타당성조사(예타) 제도가 생긴 이래 21년간 국가의 대형 프로젝트들이 주로 어느 지역에 집중되었는지를 분석해 봤다. 도로·철도 등의 기반시설, 미래 핵심 산업 및 연구개발시설, 지역숙원사업 등에 필요한 국가 예산이 국가 균형발전 차원에서 쓰였는지 여부를 확인하기 위해서이다. 분석 결과 지난 21년간 정부 재정이 대규모로 투입된 사업들 가운데 5분의 3 이상이 수도권과 영남권에서 추진된 것으로 나타났다. 수도권과 영남권은 정부 재정으로 기반시설, 편의시설, 미래시설들을 신속하게 갖추면서 인구 집적과 경제 성장이 가능해졌으며, 그로 인해 국가 전반의 불균형이 초래되었음을 확인할 수 있다.

광주·전남은 김대중 정부에서 가장 많은 사업이 통과되었고, 문재인·노무현 정부에서도 일정 수준을 유지했으나, 이명박·박근혜 정부에서는 건수 및 예산이 급감했다. 10년간의 '차별'은 지역의 쇠락과 직결된 것으로 분석되었다. 이는 정책적·경제적 타당성을 사전에 검증·평가하는 취지로 도입된 예타 제도가 정치적인 영향까지 받았다는 것을 의미하는 것이기도

❙ 1999년 예비타당성 제도가 생긴 이후 경제성 위주로 정부의 대규모 프로젝트가 진행되면서 인구 및 경제 규모가 작은 호남권보다 수도권, 영남권 중심으로 도로와 철도 등의 기반시설, 미래 핵심 산업 및 연구개발시설, 지역숙원사업이 추진되었다. 최근 들어서는 지역균형발전 지표를 반영하는 등 일부 개선되고 있긴 하지만, 예비타당성 조사를 근본적으로 혁신해야 한다는 지적이 나오고 있다. 사진은 목포대교 전경.

하다.

'1999~2020년 예타 및 예타 면제사업'에 따르면 21년간 전국적으로 모두 618건(지역 중복 포함) 280조 3,231억 원(억 원 미만 삭제)의 사업이 예타를 통과하거나 면제되었다. 이 가운데 연구개발(R&D)사업, 정부부처 직접 사업 등에 해당하는 '기타'가 83건(33조 1,633억 원)이었다. 이는 연구개발 인프라가 집적되어 있는 충청권과 수도권에 주로 투입되었을 것으로 추정된다. 기타를 제외하고 광주, 전남, 전북 등 호남권에서는 21년간 104건 36조 2,543억 원이 통과되었다. 예산으로 따져보면 전체의 14.67%이다. 이에 반해 수도권은 142건 86조 5,914억 원으로 35.04%, 영남권은 175건 65조 4,966억 원으로 26.50%를 차지했다. 대규모 사업 예산의 61.54%가 수도권과 영남권에 집중된 것이다. 충청권은 74건 34조 6,916억 원(14.04%), 강원·제주권은 33건 24조 1,259억 원(9.76%)이었다.

광주·전남으로만 한정해서 살펴보면 70건(26조 761억 원)이 예타 문턱을 넘었다. 김대중 정부에서는 광주 1건(3,586억 원), 전남 18건(9조 8,619억 원) 등 19건 10조 2,205억 원(23.56%)으로 최대치를 보였다. 노무현 정부에서는 광주 6건(2조 5,916억 원), 전남 11건(3조 8,610억 원) 등 17건 6조 4,526억 원(11.68%)이었으며, 문재인 정부에서는 광주 2건(1조 2,581억 원), 전남 9건(3조 6,768억 원) 등 11건 4조 9,349억 원(10.22%)이어서 10% 대를 유지했다. 문제는 이명박·박근혜 정부(2009~2017)에서 정부 재정 지원을 받는 대규모 프로젝트가 급감했다는 점이다. 이명박 정부에서는 광주 6건(2조 5,008억 원), 전남 9건(9,644억 원) 등 15건 3조 4,652억 원(5.68%)으로 줄었으며, 박근혜 정부에서는 이에 더해 광주 4건(6,579억 원), 전남 4건(3,178억 원) 등 11건 9,757억 원(2.51%)으로 급감했다.

정부 재정 투자가 수도권과 영남권의 시설 집적과 경쟁력 향상에는 기여한 반면, 광주·전남은 정권이 바뀔 때마다 큰 격차를 보였고 제때 기반시설, 편의시설, 미래시설을 갖추지 못하면서 더욱 쇠락해 갔다.

국가 재정은 민간 부문에서 수요와 공급의 불균형이 발생할 경우 이를 보완하면서 조율하는 기능을 해야 한다. 신속하고 효율적인 성장이 요구되었던 1990년대까지와 달리 2000년대 들어서는 국가 균형발전과 국민의 동등한 행복추구권이 중요한 가치로 부상했음에도 이 시기에 오히려 수도권으로의 인구와 경제 집중, 각 지역 간의 격차 심화가 빚어졌다. '1999~2020년 예타 및 예타 면제사업'의 흐름은 국가의 균형발전이나 정책적 타당성 검증과는 거리가 있었음을 극명히 보여주고 있다. 보수 정부나 진보 정부

▎전라선의 건설 시점을 보면 1914년 10월 익산(이리)~전주, 1931년 10월 전주~남원, 1933년 10월 남원~곡성, 1936년 12월 곡성~순천 구간이 완공되었고, 1937년 3월 경전선의 전신인 광여선의 순천~여수 구간을 매입하면서 비로소 전 구간이 개통되었다. 전라선은 일제강점기에는 강제 수탈의 상징이어서, 전북과 전남 동부권의 농수축산물을 1923년 6월 1일 개항한 여수항을 통해 일본 본토로 실어 나르는 기능을 했다. 호남선과 함께 정부의 투자 대상에서는 장시간 제외되어 있었다. 2011년에야 왕복을 할 수 있는 복선이 완료되었으나, 선로가 구불구불해 고속열차가 투입되었음에도 고속으로 달리지 못하고 있다. 사진은 여수엑스포역.

모두 수도권과 영남권을 중심으로 국가 재정을 투입했는데, 이른바 보수 정부에서는 호남, 특히 광주·전남에 대한 차별이 극심했다. 진보 정부에서는 충청권에 대한 투입 비중이 높아졌다. 그럼에도 불구하고 모든 정부에서 예타 사업의 최대 수혜지역은 늘 수도권이었다.

1999~2020년까지 예타 사업에서 가장 많은 사업과 예산을 차지한 광역자치단체는 경기와 인천이다. 경기는 21년간의 사업비 247조 1,598억 원 가운데 19.94%인 49조 2,684억 원을 챙겼다. 인천은 23조 676억 원(9.34%)으로 그 뒤를 이었다. 경기와 서울·인천을 잇는 교통망 구축에 대부분의 예산이 들어갔다. 신분당선, 서울~연천 고속도로, 소사~대곡 복선전철, 서울지하철 5·7호선 연장, 수도권 광역급행철도, 수도권 제2순환

고속도로 등이 대표적이다. 이 외에도 인구와 경제가 계속 증가하면서 수도권은 킨텍스, 농어업역사문화전시체험관, 농식품허브물류센터, 평화예술의 전당, 송도컨벤시아, 서울대병원 지하복합진료공간, 국립디지털도서관, 분당잡월드, 노량진수산물시장 현대화, 첨단치료개발센터 등 문화, 예술, 의료, 물류와 관련된 다양한 시설을 정부 재정 지원으로 속속 설치했다.

하지만 광주·전남에서 지난 21년간 정부의 예타 문턱을 넘어선 사업 70개 가운데 1조 원 이상 투입된 대규모 사업은 8개에 불과했다. 도로·교량이 24개로 가장 높은 비중을 차지하고, 이어서 철도(12개), 산업(10개), 항만(9개), 하천(6개)이 그 뒤를 이었다. 1조 원 이상의 대규모 프로젝트 8개 가운데 절반인 4개가 20여 년 전 김대중 정부(1999~2003)에 집중되어 있었다. 1조 원 미만 5,000억 원 이상인 사업은 2020년 광양항 3단계 투기장 항만재개발사업(6,061억 원) 등 6개에 불과했다. 반면 1,000억 원 미만의 소규모 사업은 20개, 1,000억 원 이상 5,000억 원 미만의 사업은 36개였다.

이처럼 예타 제도가 인구가 적고 쇠락하는 광주·전남·전북 등 호남권과 강원·대구·경북에는 불리하게, 인구가 집적되고 경제 규모가 큰 수도권과 부산·경남·울산, 충청권에는 유리하게 작동되면서 불균형발전의 정도를 더욱 심화시키고 있다. 특히 정치적인 영향까지 받아 보수 정부하에서 광주·전남의 예타 반영 비율이 극히 낮았던 것은 지역 쇠락의 결정타가 되었다. 따라서 예타와 정부부처 공모사업은 향후 국토의 불균형발전을 시정하는 방향으로 개선·정비되어야 한다. 균형발전지표와 낙후지수를 가장 중요한 기준으로 삼고, 지역혁신역량의 근간이 되는 연구개발기관과 공공기관을 보다 낙후된 지역에 전략 배치하는 등의 실질적인 노력이 필요하다. 또 지방의 재정자립도와 자주도 같은 재정 여건을 감안해서 국비

지원 비율을 조정해야 하고 재정 분권 대책도 뒤따라야 한다. 이러한 극단적인 대책 없이는 해방 이후 수십 년간 계속된 국가 재정 편중 정책에 따른 불균형을 해소하기 어렵다.

국가 균형발전을 위해 노력했다는 진보적인 문재인 정부에서조차 오히려 수도권이 커져 수도권 인구가 전체 인구의 과반을 넘어섰고, 충청권으로의 확장, 부산·경남·울산의 성장으로 인해 광주·전남·전북 등의 호남, 강원, 대구·경북의 낙후는 더 심각해지고 있다. 이것은 수도권을 비롯한 과밀지역의 기득권을 인정하고 이를 강화하는 방향으로 재정을 집행했다는 것을 의미한다. 이러한 기조를 근본적으로 바꾸지 않고는 국가 균형발전은 불가능하다.

제5장

유럽과 미국의 도시 개발 역사

필자는 연구를 시작하면서 유럽과 미국의 도시 공간에 대해 알고 싶었다. 그들의 공간은 어떻게 구성되어 있고 우리나라의 도시와 어떠한 차이가 있는지를 직접 확인하는 것은 현상을 명확하게 비교한다는 측면에서 가치가 있다. 이를 위해 유네스코가 문학, 음악, 민속공예, 디자인, 영화, 미디어, 음식 등 7개 분야에서 뛰어난 창의성으로 인류문화 발전에 기여한 도시로 선정한 유네스코 창의도시를 대상으로 삼았다. 우선 2011년 9월부터 10월까지 일본의 요코하마, 나고야, 가나자와, 영국의 런던, 에든버러, 글라스고, 네덜란드의 헤이그, 암스테르담, 프랑스의 리옹, 스트라스부르, 독일의 프랑크푸르트, 프라이부르크 등을 찾았다.

2014년 8월부터 9월까지는 미국의 상징적인 도시인 뉴욕과 샌프란시스코를 둘러보고, 2018년 1월에는 지난 유럽 방문에서 빠졌던 프랑스 파리, 이탈리아의 로마, 피렌체, 베네치아 등을 탐방했다. 단기간의 탐방으로 이들 도시의 모든 것을 알 수는 없었으나 현상에서의 분명한 차이는 확인할 수 있었고 그 차이의 근원이 무엇인지를 문헌과 자료를 통해 정리했다. 유럽이나 미국의 도시에서 감탄스러운 점은 고대·중세·근대의 건축물, 골목길, 광장, 분수대 등 도시 공간에 남아 있는 역사 자원이다. 이들 자산은 전쟁과 혁명, 개발 등 수많은 위기 속에서도 굳건히 지켜졌고, 지금은 전 세계 사람들을 불러 모으는 관광산업의 핵심요소가 되어 도시 경제의 버팀목이 되고 있다.

그들은 지킬 것이 분명히 있었다. 고대 그리스·로마의 문명과 제도를 토대로 중세 종교와 현세 권력이 만들어낸 성당, 광장과 궁전, 그리고 상업 및 무역의 발달과 식민지 개척을 통해 얻은 엄청난 부가 투입된 도시 공간이 그것이다. 봉건 영주와 왕은 도시를 사유화했으며, 자신들의 공간을 하나의 작품처럼 계획적으로 배치하면서 경쟁적으로 웅장하고 화려하게 조성해 나갔다. 고대 그리스·로마시대, 중세시대의 각 도시는 그 시기에 부합한 필요성에 의해 조성되고 성장해 갔다. 특히 중세시대 상업 및 무역의 발달은 생산과 수출입 거점에서 중심 도시로 이동하는 통로에 자연스럽게 시장과 새로운 도시들을 만들어냈다.

도시의 성장과 함께 상공업의 발전은 부르주아라는 새로운 계급을 출현시켰는데, 이들은 귀족과 성직자 중심의 중세시대에 도시의 엄청난 변화를 주도했다. 귀족과 성직자의 권위가 서서히 무너지기 시작한 시기에 부를 축적한 부르주아들은 영주와 거래를 시도하고 계약을 통해 자유를 얻어냈다. 선거권자가 제한적이긴 했지만, 이들은 의회를 구성하고 규칙을 만들었으며, 시장이나 공공기관을 운영하기도 했다. 일부 도시에서는 군대까지 조직하는 등 자치의 범위는 각기 달랐다. 각각의 도시가 국가의 틀

유럽의 도시는 로마시대의 도시, 중세 및 근대에 들어선 도시, 현대에 들어와 인위적으로 조성한 신도시 등으로 나눌 수 있다. 이탈리아 로마는 도시 곳곳이 유적지로 보존되어 있으며, 고대부터 중세, 근대에 이르기까지 유럽 도시계획에 큰 영향을 미쳤다. 사진은 이탈리아 로마의 고대 유적지.

을 벗어나 독자적인 정치·행정·경제 시스템을 가지고 있었다는 것이다.

근대에 접어들면서 중상주의 정책에 따라 국가가 주도해 세계 무역, 식민지 개척을 시도하면서 강력한 국력을 가진 국가들이 탄생했다. 이 국가들은 수장이 머무는 수도를 더욱 크고 멋진 공간과 건축물들로 꾸미기 시작했다. 이는 다른 도시가 따라 해야 할 모델이 되기도 했다. 귀족, 성직자 등 소수가 독점했던 정원, 사냥터, 연병장이 시민에게 공원이나 광장으로 공개되기 시작하면서 공공공간이 비약적으로 증가했다. 시민들은 이러한 공공공간을 일상에서 영위하며 점차 그 중요성을 인식했다. 이러한 시민의식은 산업혁명과 그에 따른 도시 공간의 변화 속에서 공공공간이 굳건히 유지·보존 또는 신설·확장되는 데 큰 역할을 하게 된다.

18세기 말 영국에서 시작된 산업혁명은 도시에 큰 충격을 안겼다. 농촌에서 일자리를 찾아 이주한 소작농들은 도시 빈민으로 전락했고, 공장주들은 넘치는 노동자를 값싼 임금으로 고용했다. 이들이 거주한 곳은 햇빛을 볼 수 없고 환기도 되지 않으며 상하수도나 화장실조차 없는 열악한 주택이었다. 인구가 급증했지만 기반시설을 갖추지 못하고 최소한의 주거기준에도 미달한 빈민들의 주거시설이 곳곳에 들어서면서 도시는 사람이 살 수 없는 공간으로 전락해 갔다. 대기오염과 수질오염에 시달리던 부유층은 도시를 떠나 교외에 정착했고 도심은 공장과 저질 주택들로 채워졌다. 정부와 도시정부가 교외의 저렴한 부지에 노동자와 빈민들의 주거지를 짓고 그들이 적은 비용으로 도심의 일자리를 오갈 수 있도록 트램, 버스 등 대중교통 시스템을 구축하기 시작한 것도 이 시점이다.

도시 문제에 직면해 이를 해결하려는 노력은 도시에서의 공공적인 규제로 이어졌다. 토지공유제에 기반을 두고 자족기능을 갖춘 완전히 새로운 도시를 계획하거나 노동자들이 보다 좋은 환경에서 일할 수 있는 거주단지를 조성하는 도시 계획가와 이상적인 사업가도 잇따라 나타났다. 도시마다 도심의 오염시설을 규제하고 일조, 통풍, 상하수 처리, 화재 예방 등 주거의 질을 높이기 위한 노력이 이어졌고 이에 따른 토지 가격의 상승은 공장의 교외 이전 또는 해외 이전을 유도했다. 노동자 등 서민을 위한 질 높은 공공주택을 공급하고 도로의 너비에 맞춰 건물의 높이를 규제했으며, 오랜 역사를 간직한 도심의 경관을 보존·유지하기 위한 시스템이 구축되었다. 도시의 정체성이야말로 반드시 지켜야 할 대상이라는 철학을 보유하고 있었기 때문이다.

계획과 개발로 토지 및 건물 가격이 상승하면서 발생하는 이익을 공공이 회수하는 방안에 대한 검토 역시 이 시기에 논의되었다. 도시정부가 토

◂ 파리의 가로

◂ 런던의 가로

◂ 프랑크푸르트의 가로

▮ 도시의 모습을 대표하는 핵심요소는 건축물과 가로이다. 건축물은 도시를 대표하는 상징이며, 가로는 건축물이 들어선 곳을 연결하거나 미리 수요를 감안해 건축을 유도하는 역할을 한다. 최근에 새롭게 조성한 주거단지나 신축한 시설물은 조경 디자인 등에 따라 조금씩 차이가 있긴 하지만 어느 도시나 대동소이하다. 그러나 오랜 역사를 간직한 주거단지나 시설물은 다른 도시와 공유하거나 바꿀 수 없는 그 도시만의 것으로, 그것에 따라 도시는 차이를 보인다. 그리고 도시 공간에 오래 자리한 것은 도시 정체성의 중요한 요소가 된다.

지를 매입해 공유지를 비축하거나 기반시설 설치 비용의 일부를 토지 소유주에게 부담하게 했다. 도시계획은 거주하는 사람들이 계속 머물 수 있도록 그리고 떠났던 사람들이 돌아올 수 있도록 편의와 매력을 높이는 방향으로 수립되었다. 다만 새로 조성되는 신도시는 도심의 문제를 최소화해 주거 편의를 높이거나 높이 규제를 다소 느슨하게 함으로써 고밀 복합개발을 통해 서비스를 향상하는 등 다양한 방식으로 조성되었다.

미국의 도시 형성 과정은 유럽과는 크게 달랐다. 유럽 여러 나라에서 온 이민자들은 처음에는 항구를 중심으로 정착해 도시를 만들었다. 상수도, 전기 등 기본적인 공공 서비스를 민간이 주도할 수밖에 없는 여건이었고, 이민자들은 모국에서의 경험을 적용해 그와 유사한 형태로 주거지역을 조성해 나갔다. 당시 유럽과 달리 노동력이 부족했던 미국에서는 빈민 문제나 난개발 같은 도시 문제가 발생할 조건이 충족되지 못했다. 따라서 공공이 개입할 필요도 적었다.

하지만 영국으로부터 독립하고 남북전쟁을 거쳐 국력과 경제력을 키운 미국과 미국인들은 자신들의 도시와 유럽의 도시를 비교하면서 도시 경쟁력을 높이기 위해 공간을 개선 및 정비해 나갔다. 웅장하고 화려한 공공건축물은 물론 대규모 공원과 광장을 곳곳에 조성하고 이를 도로와 엮어 접근성을 높이는 등 공공공간에 큰 공을 들였다. 미국은 유럽에 비해 역사가 매우 짧았기 때문에 유럽의 여러 도시를 모델로 해서 기념비적인 건축물들을 곳곳에 짓고 이를 보존하려는 노력을 기울였다. 여기에 도시를 더 아름답게 만들기 위해 도시 지자체, 전문가, 시민단체 등이 캠페인까지 벌이면서 고대, 중세, 근대의 역사를 가진 유럽 도시를 극복하려 했다. 도시 지자체는 각각의 지리적 위치와 지형, 인구, 경제력 등을 기반으로 도시계획

◂ 프랑스 파리의 거리 시설물

◂ 스코틀랜드 글라스고의 거리 시설물

▍유럽의 도시에서는 버스정류장, 가로등, 쓰레기통 같은 가로 시설물이 광장, 공원, 미술관·박물관, 시청사 등 다양한 장소에 어울리게 각각 디자인되어 있다. 도시 미관을 결정짓는 간판의 규격은 일정하며, 글자체나 재질을 달리해 점포의 특징을 반영한다. 사람의 시선을 붙잡기 위해 크고 화려한 간판을 사용하거나 거리 전체를 획일적인 디자인으로 적용하는 경우도 없다. 건물 3층 이상 높이에는 간판을 설치할 수 없으며, 2층 높이에는 가까이 가야 볼 수 있을 정도로 작은 규격의 사각형 또는 원형의 간판을 설치하고 있다.

을 수립했고, 때로는 민간에 개발을 위임하기도 했지만 이는 해당 도시에 대한 경제적인 기여를 전제로 했다.

유럽과 미국이 도시를 부동산 시장이 아닌 삶의 공간으로 보고 개발을 통한 이익보다 역사 자원과 정체성 보존을 선택한 배경과 원인을 살펴볼 필요가 있다. 아파트로 대표되는 고층·고밀 건축물의 높이와 밀도를 왜 규제해야 하는지, 개발 이익의 공공 환수 개념은 어디에서 비롯되었는지를 살펴봐야 그들의 도시 공간과 우리나라 도시 공간의 차이를 규명할 수 있을 것이다.

상업이 지배한 중세 유럽 도시의 성장

유럽은 서로마가 멸망한 476년 이후 여러 국가가 수립되어 경쟁 체제에 돌입했다. 이로 인해 중세도시는 침략과 전쟁에 대비해 튼튼한 성곽 안에 자리하는 특징을 갖게 되었다. 가톨릭이라는 종교가 도시의 중심을 차지하고 국가 간 경쟁 과정에서 상업과 무역이 발달하면서 도시 내에는 귀족과 성직자에 이어 상인 계급이 급성장했다. 이들은 계속되는 전쟁과 원정으로 인해 자본이 필요했던 봉건 영주들과 계약을 맺어 자유와 자치를 얻어내기도 했다.

고대 그리스의 격자형 도시계획 기법, 노예제를 기반으로 한 직접민주주의, 극장·신전·경기장 등의 건축 기술과 고대 로마의 포럼(광장)·바실리카·공동목욕탕·원형극장 등의 공공기념물, 유럽 각지를 로마와 연결한 도로망·상수도와 토목기술, 귀족정·군주정·민주정 등 다양한 정치체제, 자치도시·식민도시 등의 도시 유산[1]은 일부 파괴·훼손되기는 했지만 유럽의 중세도시들이 참조할 만한 충분한 모델이 되었을 것이다.

---

1 프레데리크 들루슈 엮음, 『새 유럽의 역사』, 윤승준 옮김(까치글방, 1995), 47~103쪽.

유럽 중세도시의 특징에 대해 학자들의 의견은 조금씩 엇갈리는데, 가장 빈번하게 인용되는 것은 벨기에의 사학자 앙리 피렌(Henri Pirenne)의 주장이다.

피렌은 중세도시가 수립되는 과정에서 원정 무역이 부활한 것과 이에 종사하는 상인들의 역할을 강조하면서, 중세도시의 본질적인 기능은 상공업에 있다고 보았다. 그리고 중세도시의 특징으로 자유와 자치를 제시했다.[2] 이와 함께 막스 베버가 중세도시를 보면서 시장과 무역이 그들 스스로의 일을 처리할 수 있는 권력을 도시에 제공했기 때문에 "중세도시 공동체는 정치적 자치를 향유했다"라고 주장한 것에 대해 도시와 도시 간의 무역이 그 도시들에게 어떻게 개별적으로 생기를 불어넣었는지를 설명하고자 노력했다.[3] 막스 베버는 서양의 중세도시가 동양의 중세도시와 다른 점은 바로 서양 중세도시가 자치단체로서의 구조를 가졌다는 사실임을 강조한 바 있다.[4]

유럽 중세도시는 성곽 안에 존재했다. 전형적인 중세 성곽도시는 언덕 꼭대기나 강변에 위치했고 시장 광장을 갖고 있었으며 거리가 좁고 구불구불했고 교회나 성당을 중심으로 조성되었다. 권력이 교회에서 부르주아로 이동함에 따라 상업이 활기를 띠고 도시의 형태가 달라졌으며 시청과 같은 새로운 건물이 중요해졌다.[5]

---

2 A. Thierry, *Essai sur l' historie de la formation et des progrès du Tieres Etast*(Paris: 1853), pp.231~235. 도시사연구회 엮음, 『공간 속의 시간』(심산문화, 2007), 50쪽 재인용.

3 Pirenne, H., *Medieval Cities*(Princeton: Princeton University Press, 1946). 남영우, 『지리학자가 쓴 도시의 역사』(푸른길, 2011), 323쪽 재인용.

4 고성환, 『막스 베버의 도시기념론』(학림, 1986). 도시사연구회 엮음, 『공간 속의 시간』, 52쪽 재인용.

5 에일린 올바슬리, 『역사도시 투어리즘』, 독서모임 책술 옮김(눌와, 2012), 23쪽.

▲ 에든버러의 골목길과 바닥

▲ 파리의 골목길과 바닥

▲ 리옹의 골목길과 바닥

▲ 프라이부르크의 골목길과 바닥

| 유럽 도시의 골목길은 모세혈관처럼 곳곳으로 연결되고 사람들의 흐름을 이끈다. 문화자산, 공원, 광장 등은 물론 점포, 식당, 노점상과도 연계되면서 길 자체가 관광 상품이 되고 있다. 도시는 촘촘히 엮인 크고 작은 '길'의 집합소이다. 우리나라 도시의 문제는 길의 주인이 사람에서 자동차로 바뀌고 있다는 것이다. 하지만 유럽 도시의 골목길의 주인은 여전히 사람이다. 트램, 버스 등 편리한 대중교통수단과 자전거, 보행 위주의 교통체계는 성당, 광장, 중세 및 근대 건축물 등의 역사 문화자산과 맞물리면서 도시 전체가 거대한 도보길이 되는 것이다.

이후 도시 간 경쟁이 촉발되면서 성벽을 넘어 상거래가 활발해졌는데, 이것은 기존 도시가 성장하고 새로운 도시가 형성되는 계기가 되었다. 중세 초기에 도시를 주도한 것은 가톨릭이었다.

가톨릭의 확대는 무엇보다도 도시적인 현상이었다. 각 가톨릭 공동체는 도시라는 틀에서 조직된 것으로 그 정점에는 신도들이 선출하는 한 명

바티칸에 있는 성 베드로 대성당. 유럽의 중세도시는 가톨릭과 상업으로 대표된다. 교회가 도시 공간의 핵심이었고, 그 앞에 광장, 시장, 주택가 등이 순서대로 형성되었다. 이러한 도시 구조는 지금까지도 유효하다.

의 주교(Episcopos)를 두었다. 이 주교는 자신의 종교적인 권한을 뛰어넘어 도시의 제1인자가 되었다. 5세기 초기 교회인 산타 사비나 교회의 교회당 건물은 사각형으로 설계되었는데, 평면도는 로마의 공회당인 바실리카와 유사했다. 수도원들은 전적으로 성서에 기초한 새로운 유형의 교육을 확산시켰고, 가톨릭은 그리스·로마 전통을 중개하는 역할을 담당했다. 유럽은 이때부터 가톨릭과 거의 동일시될 수 있었다.[6]

다음으로 중세시대의 특징인 봉건제도는 서로마 멸망 이후 덴마크인, 노르웨이인, 스웨덴인, 스칸디나비아인, 아랍인, 노르만인 등이 유럽을 침공한 결과물이다. 중세시대의 국가들은 방어 체제를 갖추지 못한 상태에

---

6 프레데리크 들루슈 엮음, 『새 유럽의 역사』, 98~103쪽.

서 이민족들의 침략에 맞서 성벽을 두껍고 높게 지어야 했다. 왕이 있었지만 넓은 영토를 다스릴 수 있는 체계적인 군대를 갖추지 못했다. 이는 자신의 신하에게 작호와 영토를 나눠주고 대신 충성 맹세를 받는 통치 구조를 만들어냈다. 최초 1세대에서 2세대까지는 어느 정도 상호 신뢰가 유지되었지만, 3세대 이상 지나면서 봉건제도는 상하구조에서 벗어나 작은 국가 형태로 유지·세습되기 시작했다. 도시가 성 안으로 들어가면서 성벽은 자연스럽게 도시와 농촌을 구분하는 경계가 되었다.

7세기에서 10세기 중반까지는 사실상 지중해 문명에서 유럽 문명으로 이행한 시기였는데, 그 주요 요인은 이슬람 세계의 팽창, 서방 가톨릭이 동로마(비잔틴) 제국의 황제들에 대해 가진 자율성, 로마와 가톨릭을 모두 계승한 게르만족의 카롤링거 제국 건설, 노르만인·아랍인·헝가리인 등의 침입 등이었다. 로마시대에 보편적이었던 로마인 대 야만인이라는 기존의 대립은 가톨릭 대 이교도라는 새로운 대립으로 대체되었다.[7]

도시 성벽은 외부 침입을 방어할 수 있었을 뿐만 아니라 새로운 정치적 기능도 발휘했는데, 바로 성 안에서 자유를 유지하는 데 활용되었던 것이다. 도시 성벽이 생기자 도시의 정상적인 속성들이 재현되었고, 도시가 지닌 용기이자 자석으로서의 기능이 재정립되었다. 도시자치정부가 적극적인 법적 지위를 획득하려면 도시의 토지를 소유하고 있는 대주교나 봉건영주와 어려운 협상을 거쳐야만 했고, 성채나 성당에서 인근 마을까지 성벽이 확장된 것은 도시의 물리적 시발점이 되었다.[8]

작은 공간을 차지한 봉건 영주는 성벽을 넘나드는 거래를 통해 부를 축

7 같은 책, 140~141쪽.

8 루이스 멈퍼드, 『역사 속의 도시』, 김영기 옮김(명보문화사, 1990), 249쪽.

❙ 이탈리아 피렌체의 대성당. 가톨릭의 확대는 무엇보다도 도시적인 현상이었다. 각 가톨릭 공동체는 도시라는 틀에서 조직된 것으로, 그 정점에는 신도들에 의해 선출되는 주교가 있었다. 주교는 자신의 종교적 권한을 뛰어넘어 도시의 제1인자가 되었다.

적하면서 새롭게 부상한 상인 계급과 협상을 시도하기도 했다. 봉건 영주는 세금을 더 낼 수 있는 부유한 상인들을 유치하기 위해 시장의 일부 공간을 내주기도 했고 날씨의 영향을 최소화하려고 아케이드를 설치해 주기도 했다. 더 나아가 봉건 영주 간 경쟁이 치열해지면서 계약을 통해 상인들에게 자치를 허락하고 세금을 더 걷는 경우까지 생겨났다. 주변에는 작은 영토를 가진 공국들이 생겨났다. 이들 공국은 자신의 중심 도시를 다른 공국 또는 국가들과 비교하며 더 화려하고 아름답게 꾸미기 시작했는데, 그것이 지금 유럽의 대도시부터 소도시까지 뛰어난 경관을 갖게 된 이유이다.

유럽의 대표적인 도시는 오랜 역사성을 갖고 있다. 고대 그리스와 로마, 중세 등 각 시대별로 각각의 특성을 갖고 조성되었기 때문이다. 예를 들어 그리스에서는 아테네, 스파르타 등 수위 도시들이 식민도시를 건설해 운영했고, 로마에서도 로마를 중심으로 식민도시와 자치도시를 조성해 차별을 둠으로써 통치에 있어 안정을 꾀했다. 지중해, 서유럽, 북해, 영국, 동유럽에서 로마로 오는 길에 도시들이 자연적으로 형성되기도 했다. 중세에 들어서는 무역과 상업을 통해 도시가 조성되기도 했고 도시가 교역의 중심지로 성장하기도 했다.

로마의 도시들은 9~10세기에 몇천 명의 인구가 거주하는 수준으로 쇠퇴했는데, 동로마의 수도였던 콘스탄티노플이 세계에서 가장 크고 부유하고 세련된 도시였다. 콘스탄티노플에는 약 80만 명의 인구가 거주했는데, 이곳은 세계에서 가장 큰 사치품 쇼핑센터였다. 아프리카, 러시아, 헝가리, 이집트, 페르시아, 인도, 중국, 소아시아, 서유럽, 스페인, 팔레스타인 등에서 온 상인들이 북적였고, 항구에는 선박들이 가득했다. 무역이 부활한 10세기에는 이탈리아의 나폴리, 아말피, 가에타, 리벤나, 살레르노, 베네치아 등이 관세와 방문 기간에서 우대를 받았다. 12세기 말 비잔틴 제국(동로마)에서는 베네치아, 피사, 제노바의 힘이 막강했다. 서유럽 최초의 대규모 직물산업 중심지인 플랑드르, 잉글랜드와의 교역이 증가하는 등 새로운 시장이 개척되었고 새로운 거래 경로가 개발되었다. 14세기에 이 도시들과 북부 독일의 뤼베크 등 내륙 도시들은 한자동맹(Hanseatic League)을 형성했고, 전 유럽에서 곡물, 목재, 철, 소금, 포도주 무역이 번성했다.[9]

유럽의 도시들은 11세기 말부터 13세기 말까지 계속된 십자군 원정, 13세기 몽골제국의 유럽 침공으로 위기를 겪기도 했으나 곧 회복하고 꾸준히 성장·발전했다. 이러한 원정과 전쟁은 오히려 상인 계급에게는 부를

9 마크 기로워드, 『도시와 인간』, 민유기 옮김(책과함께, 2009), 15~33쪽.

❚ 이탈리아 베네치아의 거리. 이탈리아의 도시들은 10세기 동로마의 수도인 콘스탄티노플(이스탄불)과의 무역을 통해 부를 쌓았다.

쌓을 수 있는 기회였으며 상인들은 성직자, 귀족과 함께 중세를 대표하는 계급으로 성장할 수 있었다.

부유해진 시민들은 왕, 주교, 백작의 통제에 대해 불만을 가졌다. 번영하는 도시에서 부유한 시민은 통치자에게 돈을 빌려주거나 통치자에게서 특권을 얻을 수 있는 거대한 교섭 능력을 가지고 있었다. 특권을 얻기 위한 투쟁 활동이 활발했지만, 통치자들 또한 지역공동체에 대해 지나치게 과격한 행동을 취하지는 않았다. 통치자들의 부와 위신은 상당 부분 지역공동체에서 비롯되었기 때문이다. 유사한 과정의 무한한 변형이 전 유럽에서 진행되었고 이는 무수히 다양한 결과를 낳았다. 시의회가 출현했고, 시의원은 각각의 상이한 체제에 따라 다양한 형태로 선출되었다.[10] 상업과

10 같은 책, 83쪽.

▌이탈리아 밀라노 대성당. 웅장한 성당은 그 자체로 주변 건축물을 압도한다. 성당보다 높게 지을 수 있는 건축물은 존재할 수 없었다. 자연스럽게 높이 규제가 시작된 것이다.

무역이 발달하면서 부유한 상인 계급이 생겨났고 이들이 자본을 무기로 협상 또는 투쟁을 통해 자유와 자치를 획득해 냈다는 의미이다. 자유와 자치는 자신의 도시 공간을 다른 도시와 비교하게 했을 것이고 이는 그들의 공간을 보다 개성 있고 매력 있게 만들기 위한 노력으로 이어졌을 것이다.

국가 간, 도시 간 상업과 무역의 발달은 서로마가 멸망한 이후 수세기 동안 암흑의 시대를 살았던 유럽 도시들을 다시 일깨우고 성장시키면서 새로운 도시들을 만들어냈다. 상거래를 통해 쌓은 부는 도시에 재투자되었는데, 성을 확장하고 광장을 조성하고 도로를 정비하고 성당을 건립하는 데도 쓰였고, 예술적이고 아름다운 기념물이나 건축물을 제작하는 데도 쓰였다. 도시 간 경쟁은 매우 치열했으며, 이는 공간을 더 아름답고 화려하게 만들어야 할 이유가 되었다. 상거래를 유지·촉진하고 유동인구를 창출하기 위해 상업도시는 공간을 매력적으로 가꿔야 했다. 그것이 지금 유럽 도시 경관의 근간이 되고 있다.

도시 공간 구성을 주도한 가톨릭

성벽이 감싸고 있는 유럽의 중세도시는 중심부에 성당 또는 교회가 있으며, 그 주위로 광장이 조성되어 있다. 광장 주변에는 이와 통하는 골목길들이 방사형으로 형성되어 있다. 성당은 도시의 핵심 공간이었으며, 가장 높고 웅장한 형태를 지니고 있어 주변 건축물을 압도했다. 주변의 건축물은 물론 성당의 높이를 넘어설 수 없었다. 사실상의 높이 규제가 시행된 것이다.

이러한 사고는 현재 유럽의 도시를 형성하는 데 큰 영향을 미쳤다. 공동주택, 상업시설, 그 외의 공공시설은 성당의 높이나 규모에 맞춰 들어서는 것이 당연하게 인식되었으며, 도시 중심부의 높이는 낮게 유지되었다. 중세 후기 상인 계급과 봉건 영주의 협상과 계약에 의해 자치가 허용된 경우 시청사, 시의회 건물들이 새롭게 성당 인근에 자리하고 그보다 작은 광장이 그 전면에 들어서는 등 소규모 개발도 상시적으로 이루어진 것으로 보인다. 특히 권위의 상징인 광장은 후일 유럽 도시의 가장 큰 특징으로, 시장뿐만 아니라 공연, 전시, 모임, 집회 등 다양한 시민의 활동을 포용함으로써 도시에 활력을 제공하는 중요한 역할을 하게 되었다.

중세 중기에 들어서는 상당수 도시에서 성곽 확장, 인구 증가, 시장 규모 증대 등이 발생했다. 1054년 동방정교회의 분리로 대표되는 대분열, 1095년부터 1291년까지의 십자군 원정의 실패에도 가톨릭의 도시 내 위상은 15세기까지 유지되고 있었던 것으로 보인다. 특히 도시 내 빈곤층의

◂ 스코틀랜드 글라스고의 조지광장. 스코틀랜드 글라스고의 관광버스 출발지는 언제나 조지광장이다. 이 도시를 방문하는 모든 이에게 광장이 글라스고의 얼굴이자 상징이라는 점을 각인시키기 위해서이다. 붉은색 바닥 때문에 레드 광장이라고도 하며, 도시의 중심가는 빅토리아 시대 건축물에 둘러싸여 있다.

◂ 벨기에 브뤼셀의 그랑광장. 폭 2~3m에 불과한, 홍합요리점과 기념물 판매점포들 사이를 비집고 가면 어느새 넓게 트인 웅장한 공간이 나온다. 광장 주위에는 유럽 중상주의 도시의 전성기를 짐작케 하는 시청사, 왕의 집, 길드하우스 등 고딕과 바로크 양식의 건축물들이 있고 바닥에는 돌이 촘촘하게 깔려 있다.

◂ 프랑스 리옹의 벨쿠르광장. 리옹에서 가장 큰 광장으로, 손강과 론강 사이에 있다. 중앙에는 신고전주의 조각가 프랑수아 레모가 만든 루이 14세의 기마상이 있고, 생텍쥐페리 동상도 있다.

▎성당, 광장, 시장을 중심으로 구성된 유럽 중세도시 경관은 지금도 여전히 강력하게 작용하고 있다. 바로크시대에 군대 연병장으로 사용되기도 한 광장은 유럽 도시에서 가장 중요한 장소이다. 사람들이 만나고 모여들어 여유롭게 즐기고 거닐며 구경하는 다양한 활동을 하기 때문이다. 동상과 분수대가 있고, 그 주변을 고풍스러운 건축물이 둘러싸고 있으며, 음식점과 카페도 즐비하다.

증가로 가톨릭의 역할은 더 커졌다. 중세 후기 농촌 인구의 이주, 출산율 상승에 의한 도시 인구의 증가는 필연적으로 빈곤 계층을 낳았다. 이들은 거처할 곳도, 먹을 것도 없었으므로 수도원을 중심으로 막대한 토지와 자본을 보유한 가톨릭이 이들을 맡을 수밖에 없었다. 이로 인해 구빈원과 병원이 자연스럽게 도시에 자리 잡게 되었다.

가톨릭은 토지와 더불어 특권을 획득했는데, 크고 작은 지역에 대한 통치권을 얻기도 했고, 시장을 소유하기도 했다. 대성당은 도시의 자부심이었으며, 병자, 가난한 자, 고통이 있는 자를 돌보는 의무를 받아들였다. 중세 초기에는 이러한 목적으로 특수한 건물들이 도시에 들어섰고 숙박시설(hostel)이나 자선시설(hospital) 같은 전문기관이 출현했다. 자선시설을 기증하는 행위는 훌륭한 일로 여겨져 군주와 주교는 물론, 평신도 개인, 길드나 신도회도 자선시설을 세워 기부했다.[11]

가톨릭이 도시에 기여한 또 다른 사례는 바로 대학이다. 대학은 지식과 지혜의 축적과 전파, 정보의 교류와 해석, 인재 양성과 보급을 통해 도시의 수준을 높이는 것은 물론 하나의 도시를 만들어내기도 했다. 대학은 인문, 예술, 의료, 법률, 과학, 기술 등 각 분야의 인재들을 도시로 끌어들여 성장과 발전의 토대를 제공하고 다른 도시와의 경쟁에서 우위에 설 수 있도록 했다.

많은 학교들은 종교 구역 내에 또는 성당 내에 위치했고, 12세기 중반과 16세기 사이에 약 80개의 대학이 설립되었다. 최초의 대학 가운데 하나이자 중세에 가장 유명했던 파리대학은 노트르담성당 학교의 부속기관이었

11 같은 책, 74~77쪽.

다. 대학의 모든 교수와 학생은 성직 관련자였다. 이들은 자동적으로 민사법상 면제 특권을 가졌으며, 성당 법정만이 이들을 재판할 수 있었다.[12] 파리를 시작으로 발렌시아, 살라망카, 파도바를 거쳐 옥스퍼드, 케임브리지에 이르기까지 대학은 날로 그 수를 더해갔다. 법학, 의학, 신학, 철학 등을 가르치는 대학의 존재는 대학을 유치한 도시의 발전을 도모하는 둘도 없는 핵심요소였다.[13]

이와 함께 16세기에 경제적으로 부유한 상인들이 이끌었던 피렌체, 베네치아, 그리고 교황이 자신의 권위를 보여줘야 했던 로마 등 이탈리아의 도시에서는 유명한 미술가와 건축가들이 르네상스 시기를 이끌었는데, 이 시기의 작품들 역시 종교와 상업의 산물이었다. 이러한 경향은 유럽 전역으로 확산되어 여러 도시에 영향을 미쳤다.

더 강력해진 국가 속으로 편입된 도시

가톨릭은 13세기에 부와 권력을 획득하면서 권위가 정점에 달했으나 가톨릭의 본질은 점차 흐려지고 있었다. 가톨릭의 정신적인 권위는 14세기부터 잠식되기 시작했고, 16세기 면죄부 발행으로 그 가치마저 도전을 받는 지경에 이르렀다. 자치도시정부의 지방적인 권위나 교회의 보편적인 권위 모두 유럽 문명에 생겨난 새로운 힘을 조정할 능력을 갖고 있지 못했다.[14] 이는 1,000년 동안 이어지던 중세가 마무리되고 15세기 중반 이후

12 같은 책, 82쪽.

13 프레데리크 들루슈 엮음, 『새 유럽의 역사』, 168쪽.

14 루이스 멈퍼드, 『역사 속의 도시』, 335~359쪽.

◂ 프랑스 리옹의 손강. 손강은 돌을 주재료로 만든 아치형 다리, 인근 5층 규모의 중세·근대 건축물, 둔치에서 도시의 여유를 즐기는 사람들, 거리 카페가 조화를 이루고 있다. 매주 일요일 오전 손강 양측에 있는 보도에서는 아트마켓과 시장이 열린다.

◂ 프랑스 스트라스부르의 알자스 대운하. 이곳은 사람들이 통행하지는 않지만 유람선이 운행되어 도시를 둘러볼 수 있는 최적의 공간이다.

◂ 독일 프라이부르크에는 강이 없는 대신 수로가 있다. 드라이 잠이라는 하천에서 시작되어 시내를 흐르는 폭 30~40cm의 작은 수로는 13세기에 만들어진 것으로, 총연장이 12km에 이른다. 당시에는 목재 건물들의 화재에 대비하고 쓰레기를 버리기 위해 설치되었으나 지금은 어른들의 쉼터이자 아이들의 놀이장소가 되고 있다.

▌하천과 수로는 중세에는 도시 내에서 상거래, 도시 및 국가 간 무역에 크게 기여했다. 현대에 이르러서는 삭막한 도시에 색다른 경관과 생태를 제공하고 있으며, 시민들에게 여유와 낭만을 선사하고 있다.

새로운 시대가 시작되고 있었다는 것을 의미한다.

중세를 대표하는 세 가지 요소, 즉 가톨릭, 상업, 봉건제가 지배하던 기존 질서가 파괴되거나 큰 변화에 직면한 시기를 근대라고 불러도 될 듯하다. 가톨릭은 앞서 종교혁명에 직면했으며, 상업은 내부적으로는 부의 편중에 따른 갈등과 마찰을 겪기 시작했고 외부적으로는 식민지 개척에 따른 해외 무역으로 대규모 자본을 축적하기 시작했다. 더 이상 봉건제로는 가톨릭과 개신교, 도시와 농촌, 부유층과 빈곤층 사이에서 발생하기 시작한 문제들을 해결할 수 없는 지경에 이르렀다. 또 갈수록 성장한 상인 계급은 봉건 영주, 성직자, 귀족 등 봉건제의 주도세력을 견제할 수 있는 위상을 갖추게 되었다.

중세 후기 영국과 프랑스의 백년전쟁, 독일의 30년 전쟁, 네덜란드의 독립전쟁, 에스파냐의 계승 전쟁 등을 통해 국가의 영역 및 체제가 성립되었고, 국가가 주도한 중상주의를 통해 식민지의 금과 은이 축적되면서 공업생산의 발달도 가능해졌다. 중세 귀족들은 농촌의 성을 포기하고 도시의 화려한 거처를 넓혀갔으며, 상인 계급의 지위는 상승하고 하층 계급의 고통은 심화되면서 사회 양극화 현상이 명확해졌다.[15]

이러한 변화 속에 더 넓은 영토를 장악하고 주변에 영향력을 미치기 위해 보다 강력한 권력을 지닌 국가가 필요해졌다. 한편 민족과 종교에 의해 새로운 국가들도 출현했으며, 전쟁으로 대표되는 국가 간 경쟁은 보다 크고 치명적인 형태로 전개되었다. 이러한 경쟁을 주도하면서 다시 권력을 갖게 된 왕은 기존의 봉건 영주, 상인 계급(부르주아), 종교를 압도하는 자

15 프레데리크 들루슈 엮음, 『새 유럽의 역사』, 265~276쪽.

신의 권위를 도시 공간에서 보여줄 필요가 있었다.

16세기 들어서는 군대, 무역, 자본의 거대한 집적을 통제할 수 있는 사람에게 권력이 넘어갔다. 중세의 보편성에서 바로크 시대의 획일성으로, 중세 지방주의에서 바로크의 중앙주의로, 신과 신성로마교회의 절대주의에서 세속적 통치 및 권위로, 집단적인 신앙의 대상에서 국민국가의 절대주의로 넘어가게 된 것이다. 이로 인해 고대시대의 왕 중심의 도시 관습이 재연되었다. 따라서 바로크의 상징은 직선도로, 수평적 지붕선, 둥근 아치, 획일적인 요소의 반복 및 건물 전면(facade), 유리창, 열주 등이라고 할 수 있다. 이들의 특징은 명료성과 단순성으로, 경직되거나 거부감을 줄 정도는 아니었으며 일률적인 법적 규제나 통제 역시 아니었다.[16]

유럽의 왕가는 자신의 권력을 탄탄히 하고 영토를 확장하기 위해 혼인 관계를 복잡하게 맺었다. 이러한 혼인 관계는 국가 간, 도시 간 교류를 활발하게 만들었고, 비교를 통해 자신의 도시에 보다 웅장하고 화려한 시설들을 건축하게 만들었다. 특히 이러한 경향은 왕이 거주하는 수도에서 더 두드러졌다. 수도가 왕의 권위로 다듬어지자 다른 도시들도 이를 따라 했다. 여기서 프랑스 파리, 영국 런던, 미국 워싱턴 등이 모델로 삼았던 것은 이탈리아 로마였다. 아비뇽 유수를 거쳐 교황이 로마에 복귀한 후 교황은 가톨릭의 권위를 보이고 싶어 했는데, 이 같은 의지를 도시에 투영했다. 이것이 구체적으로 드러난 것은 16세기 후반이었다.

메디치 가문의 교황 피우스 4세가 미켈란젤로에게 설계를 의뢰한 로마의 피아 거리는 알렉산드로스 대왕과 그의 말 부케팔루스를 묘사한 고대

16 루이스 멈퍼드, 『역사 속의 도시』, 360~384쪽.

조각상으로 시작되어 로마 성벽이 피아 문에 의해 뚫려 있는 지점까지 뻗어 있다. 웅장하고 극적인 사물로 시작되고 끝나는 긴 직선도로는 미학적인 조망선이 특징이었다. 파리 샹젤리제 거리에서 개선문까지, 워싱턴 DC의 몰에서 국회의사당 돔까지, 런던 더 몰에서 버킹검 궁전까지의 거리는 피아 거리의 영향을 받은 것이었다. 16세기 말 교황들은 도로와 다리는 물론 교차로에도 오벨리스크와 광장을 설치했고 고대 로마의 수도관을 보수해 트레비 분수도 만들었다.[17]

17세기 중반 프랑스 파리는 쿠르(Cours)라는 산책로, 궁전을 의미하는 팔레(Palais), 퐁네프 다리, 도핀·루아얄 광장, 대로를 의미하는 불바르(Boulevard) 등의 공간을 갖게 되었다.[18] 영국 런던에는 1536년 최초의 극장 더 시어터(Theater)와 하이드 파크(Hyde Park, 1637년 일반인에게 개방되었다)가 들어섰으며, 18세기에는 맬, 워크, 퍼레이드 등 보행자들을 위한 공간도 들어섰다. 특히 런던은 1666년 대화재 이후 도시를 다시 재건하면서 로마의 도로망, 프랑스의 베르사유 정원, 보르 비 공트 성의 정원의 영향을 받았고 존 에블린(John Evelyn)과 크리스토퍼 렌(Christopher Wren)의 설계에 따라 세인트폴 성당, 거래소, 관세청, 런던 브리지를 재건했다.[19]

이러한 로마, 파리, 런던의 사례는 유럽 전역의 도시들로 확산되었다. 중세를 거치면서 상업, 무역, 순례를 위해 만들어진 육지와 해상의 길들이 통로가 된 것은 물론이다. 각 도시들은 그들이 가진 지형, 재정, 수요의 여건에 맞춰 이러한 공원, 정원, 광장, 대로, 건축물들의 규모를 조정하기도

17 마크 기로워드, 『도시와 인간』, 187~219쪽.
18 같은 책, 264~287쪽.
19 같은 책, 288~367쪽.

프랑스 수도 파리의 에펠탑. 파리는 나폴레옹 3세의 강력한 권력하에 조르주 외젠 오스만이 1865년부터 1870년까지 대규모 재정을 투입한 파리 대개조를 통해 유럽의 중심 도시로 거듭날 수 있었다.

했다. 공공시설은 유럽 도시에 매력과 활력을 제공하는 중요한 요소가 된다. 시민들이 즐기고 함께하고 다양한 활동을 할 수 있는 장소가 도시 곳곳에 자리하기 때문이다.

근대 도시계획의 대표적 사례로는 조르주 외젠 오스만(Georges-Eugène Haussmann)의 파리 대개조와 피에르 샤를 랑팡(Pierre Charles L'Enfant)의 워싱턴 계획을 들 수 있다. 파리 대개조는 1848년 2월 혁명으로 제2공화정 대통령에 오른 나폴레옹의 조카인 나폴레옹 3세가 1851년 12월 쿠데타를 일으킨 뒤 1853년 황제에 올라 추진한 공공 재개발사업이다. 나폴레옹 3세는 강력한 권력을 토대로 공공재정을 투입해 중세에 머물러 있던 파리의 도시 공간을 근대 도시로 탈바꿈시켰다. 이를 통해 비좁은 도로, 낡은 슬럼가, 미흡한 공공시설 등의 중심시가지 문제를 일거에 해결했다. 빈민 강제 이주, 중세의 다양성 상실 같은 부작용에 대한 비판이 있긴 하지만, 이러한 계획과 실천에 대한 평가는 후한 편이다.

도시경제학자 에드워드 글레이저(Edward Glaeser)는 "1853년부터 1870년까지 오스만은 파리에 있는 건물 절반 이상을 없앴다. 오스만은 사실상 도시를 구하기 위해 도시를 파괴했다"[20]라고 극찬했다. 파리 대개조라는 재개발사업을 통해 파리는 거대함과 규모를 갖췄으며, 다른 도시들은 이를 모방했다. 프랑스는 1841년 의회가 보상을 전제로 토지 및 건물을 수용 가능하도록 입법하고 1852년 행정부가 이를 발의할 수 있는 권한을 획득함으로써 강력한 중앙집권체제 속에 도시 재개발사업을 추진했다. 도로의 연장·확장·신설, 공원 조성, 병원·학교 등의 공공시설 설립과 공공하수도망 구축이 이루어졌는데, 이는 나폴레옹 3세가 1838년부터 1840년까지 런던에 머무르면서 관찰한 사례를 참조했을 것이다.[21]

워싱턴은 1791년 피에르 샤를 랑팡이라는 프랑스 소령이 계획했다. 파리의 샹젤리제 거리와 유사한 폭의 도로로 거미줄 같은 도로망을 구축하고, 이 도로망을 공공건물이나 시장으로 연결했다. 격자형 도로망도 다양하게 구사하면서 12만 명을 수용할 수 있는 규모로 계획했다. 기념비적인 규모와 이를 둘러싸는 녹지는 바로크 도시계획의 특징으로, 공공건물이 가장 위대하고 가장 중요하다고 강조한 레온 바티스타 알베르티(Leon Battista Alberti, 1404~1472)의 경구를 잘 지켰다. 하지만 이 같은 계획은 제대로 실현되지 못했는데, 랑팡에게는 이를 뒷받침해 줄 권력이 없었기 때

20 에드워드 글레이저, 『도시의 승리』, 이진원 옮김(해냄출판사, 2011), 249쪽.

21 마크 기로워드, 『도시와 인간』, 448~470쪽.

문이다. 이러한 계획은 절대적 권력, 공화주의적 원칙, 공공 정신이 부족한 관계로 큰 줄기만 남기고 나머지는 사라졌다.[22] 워싱턴에 대한 랑팡의 계획이 그대로 적용되지 못하고 왜곡되었다는 사실은 상당한 시간이 지난 뒤 알려졌으며, 이를 보완하려는 노력도 있었다. 1894년 미국건축가협회 총무인 글렌 브라운(Glenn Brown)은 랑팡의 최초 계획 사본을 살펴본 뒤 협회를 설득해 1901년 미국 상원위원회에 워싱턴을 위한 공원 시스템을 제안했으며, 1902년 워싱턴 경관 강화를 위한 계획을 수립했다. 이는 클리블랜드, 필라델피아 등 여러 도시에도 전파되었다.[23]

이러한 현상, 다시 말해 강력한 권력과 공공재정을 통해 도시의 도로를 확장하고 공공시설을 설치함으로써 공간을 정비한 사례는 정도의 차이가 있긴 하지만 우리나라에도 있었다. 1961년 5월 16일 쿠데타로 들어선 군사정권은 서울 등 주요 도시에서 일제히 대규모 토목사업을 시작했다. 광주의 경우도 찬반이 나뉘거나 논란이 있었던 사업들이 일사천리로 추진되었는데, 1967년 경양방죽 매립, 1968년 금남로 확장, 1969년 광주역 이전 등이 대표적이다. 하지만 우리나라의 경우 그 대상이 도로나 주택단지 같은 필수적인 시설에 한정되었다.

산업으로 오염된 도시에 공공이 개입하다

18세기 영국에서 시작된 산업혁명은 19세기까지 유럽 주요 국가들을 휩쓸었다. 도시는 쉽게 노동력을 구할 수 있었고, 교통 중심지로 어디로든

---

22 루이스 멈퍼드, 『역사 속의 도시』, 409~414쪽.

23 Anthony Sutcliffe, *Toward the Planned City*(Oxford: Basil Blackwell, 1981), pp.96~99.

생산품들을 보낼 수 있었으며, 무엇보다 소비자가 있었다. 공장이 자리할 수 있는 충분한 여건을 갖추고 있었던 것이다. 에너지를 얻을 수 있는 탄광, 원료를 얻을 수 있는 생산지에는 새로운 도시가 형성되기도 했다.

중세부터 근대에 이르기까지 종교, 상업, 절대 권력이 도시를 장악했고 자신들의 부, 권위, 명예를 공간에 실현시켰다. 그 과정에서 도시는 때로는 아름답고 화려하고 웅장하게 다듬어졌고, 농촌과 분명한 차이점을 보이며 인구가 집중되는 모습을 보였다. 하지만 중세 후기 들어 도시는 늘어난 인구, 특히 빈민층을 수용하는 데 버거운 모습을 보였다. 빈부의 격차가 극심해졌으며, 자본을 축적한 부르주아는 도시 내에서 성직자 및 귀족과 어깨를 나란히 할 정도로 성장했다.

산업은 도시에 지금까지 다른 어떤 요소나 주체도 준 적 없는 전혀 다른 충격을 주었다. 소작농이나 빈농도 도시로 더 진입할 수 있는 단순한 일자리들이 생겨났고 생산 설비를 갖춘 자본가들은 싼 노동력을 고용해 과거보다 더 큰 부를 얻을 수 있게 되었다. 노동자를 중심으로 한 빈곤층은 장시간 일했지만 열악한 주거시설에서 살아갈 수밖에 없었다. 도심을 차지한 공장은 쉴 새 없이 매연과 폐수를 내보냈고, 이로 인해 도시 환경 및 위생은 최악으로 치달았다. 불량주택과 건축물이 아무런 기준도 없이 부실하고 비위생적으로 들어서면서 노동자와 빈민층을 수용했다.

빈민들이 차지한 도심을 피해 귀족과 부르주아들이 외곽으로 이주하면서 도시가 확장되기 시작했다. 철도와 자동차 같은 교통수단의 발달은 이러한 경향을 더욱 재촉했고, 국가와 지방자치단체가 노동자와 빈민들을 위한 공공주택단지를 외곽에 조성하면서 이들을 적은 비용으로 신속하게 이동시키는 트램(노면전차), 버스 등의 정기노선이 만들어지기도 했다.

▲ 네덜란드 헤이그에 있는 트램의 수송 분담 비율은 40%에 육박하며, 도보 → 자전거 → 트램 → 자동차 순으로 도로를 사용한다.

▲ 프랑스 리옹은 어느 도시보다 트램의 종류가 다양하다. 트램, 노면버스(전기에너지)는 물론, 지하철도 있다.

▲ 프랑스 스트라스부르는 1912년 사라졌던 트램을 1991년 다시 복원했으며, 다양한 디자인으로 인해 도시의 예술품처럼 인식되고 있다.

▲ 독일 프라이부르크는 제2차 세계대전으로 폐허가 된 도시를 1950년대에 재개발하면서 1920년대의 트램 라인을 복원했으며, 그린벨트와 엮은 5개 노선을 주축으로 주거지를 배치했다. 트램 노선 중 88%가 수익을 내고 있다.

❙ 유럽 도시들은 산업혁명 이후 노동자들의 저비용 이동수단으로 도입된 노면전차, 즉 트램을 핵심적인 도시교통수단으로 삼고 있다. 트램을 적극적으로 활용한 것은 도시 내 자동차 운행을 억제하고 대중교통, 자전거, 도보로 도시 교통 시스템을 구축하는 데 결정적으로 기여했다.

영국의 대표적인 산업도시로는 맨체스터가 있다. 1800년의 맨체스터는 유럽 전역에 있는 수백 개의 직물 도시 가운데 하나였는데, 방적기와 방직기의 출현, 주요 면화 재배지인 미국의 발전의 영향을 받아 공장이 집중되었다. 경제의 비약적인 성장과 함께 인구와 건설이 폭증했으며, 이로 인해 주변 강과 운하는 오염되었고, 하늘은 매연으로 뒤덮였다. 1839년 시의회, 1853년 시의회와 시장을 투표로 선출한 뒤 1844년 자치도시경찰법, 1845년 보건개선법 등 관련 법률을 정비했으며, 1846년에는 공원 세 곳이 문을 열었고 1847년부터 수도 공급을 확대했다. 1864~1867년 거대한 병원과 구빈원 단지가 세워졌고, 1868~1877년 새로 생긴 거대한 광장의 가장자리에는 신시청사의 탑이 세워지는 등 도시의 면모가 새로워졌다. 이 같은 맨체스터의 대처는 세계 각지에서 약간의 변형을 거치며 반복되었다.[24]

유럽에서 급속한 산업화와 도시화가 일어날 수 있었던 이유는 식민지 개척과 대규모 이민, 대서양 해로 발굴에 따른 저렴한 농산물 공급, 그로 인한 인구 증가 때문이라는 분석[25]도 있다. 산업이 도시 유기체의 새로운 핵이 되었지만, 도시정부가 최소한의 기능마저 수행하지 못했기 때문에 도시 존립에 필수불가결한 상수도 공급 등은 사후 방편으로 도입되었다. 노동자들의 주택, 때로는 중산층의 주택은 제철공장, 염색공장, 가스공장, 철도 인근에 건설되기도 했고, 심지어 풀조차 자라지 못하는 토지 위에 자리하기도 했다. 쓰레기 악취가 만연하고 굴뚝 연기가 시커멓게 쏟아지는 가운데 기계의 굉음 속에서 일상생활이 영위되었다.[26]

도시로의 인구 집중은 공간 부족이라는 근본적인 문제를 야기했고, 이 때문에 도시 내에서는 집단 거주, 교외지 활용 같은 대안이 제시되면서 건축 형식과 도시 구조가 대대적으로 변화했다.[27]

노동자와 빈민이 급증하는 여건 속에서 마르크스와 엥겔스가 무산계급,

---

24 마크 기로워드, 『도시와 인간』, 405~426쪽.

25 루이스 멈퍼드, 『역사 속의 도시』, 476~479쪽.

26 같은 책, 488쪽.

27 조재성, 『21세기 도시를 위한 현대 도시계획론』(한울아카데미, 2020), 43쪽.

◂ 프랑스 파리의 리옹역

◂ 프랑스 파리의 이스트역

◂ 네덜란드 레이던의 레이던중앙역

▌산업혁명의 핵심요소이자 기폭제였던 철도역은 여전히 도심 중앙에 자리하며 도시와 다른 도시를 이어주는 기능을 수행하고 있다. 옛 디자인을 유지하면서도 사람과 물자를 수송하는 기본적인 역할을 충실히 이행하고 있으며, 오가는 사람들로 붐비는 광경은 그 자체로 관광명소이다.

즉 프롤레타리아 혁명으로 기존 체제를 전복해야 한다고 주장하는 등 반발이 커지자 정부와 지자체도 이러한 문제에 관심을 갖고 대책을 내놓기 시작했다. 특히 주택을 비롯한 다양한 도시 문제에 적극적으로 대응하고 개입해서 해결하려는 도시들이 출현했다. 가장 먼저 산업혁명을 겪은 영국에서는 노동자들을 위한 이상적인 주택단지를 실현한 사업가들이 등장하고 도시 문제를 해결하기 위한 도시계획 이론들이 발표되어 주목을 받았다. 이러한 이론들은 도시 안에서 혹은 도시 밖에서 문제의 해결책을 찾았고, 실제로 신도시로 조성되는 사례도 있었다. 이러한 사례는 당시 다른 국가들에게는 물론, 현재에 이르기까지도 도시의 조성, 재생, 정비에 큰 영향을 미치고 있다.

유럽과 미국의 도시계획가들이 이루고자 했던 공간

산업혁명 이후 도시는 공장의 매연, 악취, 폐수로 병들어갔다. 부르주아와 토지 소유주들은 도시 공간에서 더 많은 부를 축적하기 위해 노동자와 빈민의 노동력을 착취하기만 했을 뿐, 공간을 개선하고 정비하는 데에는 소극적이었다. 오히려 정부나 지자체의 대책에 반발하기도 했다. 과밀과 고밀을 통해 이익을 추구했던 이들에 대한 규제가 불가피했으나 구체적인 조치는 매우 더뎠다. 이러한 문제들을 해결하기 위해 다수의 지식인이 나섰는데, 이 가운데 가장 주목받은 이는 에버니저 하워드(Ebenezer Howard)였다. 그는 도시 문제를 해결하는 데서 토지공유제, 농촌과 접목한 자급자족, 철도와 도로를 통한 유기적인 교통 등 과거에 없었던 전혀 새로운 방식을 제안했다.

▌산업혁명 이후 유럽 도시에서 오염, 빈민, 개발 이익 독점 같은 다양한 도시 문제가 발생하자 도시학자들은 토지공유제, 자족도시, 노동자 주택단지, 높이 규제, 그린벨트, 개발 이익 환수 등 새로운 계획과 제도를 개발해서 적용하려고 노력했다. 이러한 주장과 이론을 법제화하고 지방자치 및 분권을 통해 주민들과 공유했기에 현재의 도시경관이 유지되고 있는 것이다. 사진은 프랑스 스트라스부르의 연립주택으로, 차양이 설치되어 있으며 10층 내외의 높이이다.

하워드는 도시의 장점으로 높은 임금, 많은 고용 기회와 출세 전망, 다수의 사회적 기회와 오락 장소 등을 들었고, 단점으로는 높은 지가와 거주비용, 과도한 노동시간, 원거리 통근, 군중 속의 고독, 더러운 공기, 햇빛 차단 등을 들었다. 반면 농촌의 장점으로 아름다운 경치와 커다란 공원, 향기 나는 숲, 신선한 공기, 낮은 임대료 등을 들었고, 단점으로는 자연 재해, 장시간 노동, 위락 시설 미비 등을 들었다. 하워드는 이 두 개의 자석을 하나로 만들어 보완한 도시와 농촌을 '전원도시(Garden City)'라고 정의했다. 전원도시에서는 순수한 농업용지 6,000에이커를 조성해 평균이자율 4% 미만의 자금을 조달하는데, 해당 토지는 명망 있는 사회지도층 인사를 공동명의로 했다가 이후 전원도시 주민들에게 위탁하기로 했다. 이 계획의 핵심 중 하나는 매년 평가한 지가에 근거한 지대, 즉 임대료를 지방자치단체 중앙위원회에 넘겨주는 것이다. 중앙위원회는 이 자금을 도로, 학교, 공원 등 필요한 공공사업을 건설하고 관리하는 데 사용했다. 이와 함께 일자리 창출, 건강한 주변 환경 조성, 안정적인 고용 보장에도 이 자금이 쓰였다.[28]

당시 과밀한 도시가 가진 문제점과 자연 그대로인 농촌에 부족한 점을 분석하는 한편 이들이 가진 장점을 극대화하는 방안으로 전원도시라는 개념을 만들어낸 것이다. 앞서 설명했듯 이 계획에서 무엇보다 중요한 원칙은 토지를 사실상 주민 공동으로 보유하게 하고, 토지 가격에 의해 정해지는 토지 임대료 역시 도시에 필요한 공공시설을 설치하고 관리하는 데 사용하도록 한 것이다. 별도의 세금을 걷거나 개발사업을 통해 예산을 조달하지 않았다. 따라서 토지 가격이 상승하면서 공공시설 설치비용이 증가하거나 주택, 상가, 토지의 임대료가 턱없이 상승해 노동자 같은 빈곤층이나 상인, 농민의 부담이 늘어나는 문제를 미연에 방지할 수 있었다. 토지에서 발생할 수 있는 불로소득도 있을 수 없었다.

이에 대해 미국의 건축사가인 루이스 멈퍼드(Lewis Mumford)는 "19세기 도시는 마치 기업처럼 움직였는데, 헨리 조지의 분석과 에버니저 하워드의 전원도시 제안은 이를 과감히 수정하려는 도시 개념과 도시정부의 개념에서 전환점이 되었다"[29]라고 평가했다. 이어 "전원도시에서 중요한 것은 그저 정원과 개방공간이 존재한다는 것이 아니었다. 근본적으로 새로운 것은 균형과 자동성, 분화가 있는 가운데서도 질서를 유지하고 성장의 필요성을 확립할 수 있는 조직을 통해 합리적이고 체계적으로 복잡성

28 에벤에저 하워드, 『내일의 전원도시』, 조재성·권원용 옮김(한울아카데미, 2006), 22~31쪽.
29 루이스 멈퍼드, 『역사 속의 도시』, 459~460쪽.

에 대처한다는 것이었다. 이것은 변화를 일으키는 사상이었다"[30]라고 덧붙였다. 다만 "(하워드는) 높은 임대료와 비용이 많이 드는 혼잡이 그 위치를 상징하는 가치를 지니는 화폐 지향적인 경제 체제 속의, 대도시 중심부가 발휘하는 흡입력을 과소평가하고 있다"[31]라고 지적했다.

하워드의 전원도시는 이론에 그친 것이 아니라 영국에서 실현되어 현재도 도시로 존속하고 있다. 또 그의 이상적인 주장에 동조한 지식인과 자본가들이 협회를 구성하고 세계 곳곳에 전원도시 개념을 알리기 위해 노력했다. 이에 따라 하워드의 토지공유 사고는 독일을 비롯해 여러 국가의 도시계획에 큰 영향을 미쳤다.

전원도시협회는 1899년 조직되었는데, 1901년에는 런던 변호사 랄프 네빌(Ralph Neville)이 회장, 토머스 애덤스(Thomas Adams)가 사무총장을 맡으면서 사업가와 저명한 공직자들이 협회에 가입했다. 협회는 1903년 런던 도심에서 35마일 떨어진 하트퍼드셔의 농지 3,818에이커를 구입해 하워드의 이상을 구현할 레치워스(Letchworth) 건설에 착수했다. 레이먼드 언윈(Raymond Unwin)과 배리 파커(Barry Parker)가 설계를 맡았다. 하워드의 사상은 세계 각국의 호응을 얻어 하워드를 의장으로 하는 전원도시협회와 국제전원도시협회(국제주택·도시계획연맹의 전신)가 창립되었고, 레치워스는 세계적인 명성을 얻었다. 그러나 불행하게도 시간이 흐르면서 전문가들은 하워드가 구현하고자 했던 본래의 사상에는 관심을 보이지 않고, 레치워스의 주택 기준과 단지 배치 같은 물리적인 시설 기준에만 관심을 집중하게 되었다. 1919년에는 두 번째 전원도시인 웰윈(Welwyn)

30 같은 책, 569쪽.

31 같은 책, 570쪽.

이 건설되었는데, 웰윈에는 더욱 심도 있는 도시설계 기법과 건축설계 기법을 적용하고 쇼핑센터와 공장지역을 조성하는 새로운 도시계획 개념을 적용했다. 이처럼 전원도시를 통해 현대 도시계획의 문이 열렸다.[32]

이러한 하워드의 전원도시 사상을 통해 19세기의 유럽 도시들이 겪고 있던 무질서, 환경 악화, 열악한 삶의 질, 양극화 같은 부작용을 극복하기 위해서는 도시 공간이 지역공동체와 지방자치단체에 의해 철저히 계획되고 관리되어야 한다는 사고가 자리를 잡았다. 이러한 사회적 공감대 속에 다양한 도시계획가들이 자신만의 독특한 개념과 시각, 특징을 살려 새로운 이론들을 내놓았다. 물론 이들 도시계획 이론이 담고 있는 근간은 도시에 살고 있고 앞으로도 도시에서 살아갈 시민들의 삶의 질을 향상하는 데 기여하는 것이었다. 도시계획이 아무리 도시의 기능적인 측면을 강조하고 도시의 성장과 발전을 대비한다고 하더라도 시민의 일상에 부정적인 영향을 미친다면 그 계획은 취지에서 어긋난 것이다.

하워드 이전과 이후에도 여러 도시계획가가 있었다. 1816년 공업과 농업을 혼합한 협동사회(cooperative community)를 주장한 로버트 오웬(Robert Owen), 19세기 초반 위생도시 하이지아(Hygeia)를 제시한 벤저민 워드 리처드슨(Benjamin Ward Richardson) 등 이상주의자들이 있었는데, 이들은 도시 환경 악화에 대한 관심을 제고시키는 역할을 했다. 솔테어(Saltaire)를 건설한 타이터스 솔트(Titus Salt), 이상적인 공업도시를 실현한 토니 가르니에(Tony Garnier), 선형도시를 제시한 소리아 이 마타(Soriay Mata)도 있었다. 1856년 옴스테드(Frederich Law Olmsted)는 뉴욕 센트럴

32 에벤에저 하워드, 『내일의 전원도시』, 188~189쪽.

프랑스 리옹의 대표적인 건축가 토니 가르니에가 설계한 주택단지. 도시로 몰려드는 노동자들에게 값싸고 질 높은 주택을 대량으로 공급하기 위해 계획된 이 단지는 1930년대에 지어져 지금도 주민들이 거주하고 있다. 구도심에서 트램으로 20여 분 거리에 있는 이 단지는 산업기술의 발전으로 대량 생산, 대량 공급이 막 시작된 시점에 노동자들의 주거의 질을 높이는 차원에서 계획되었다. 5층 연립주택, 어린이 공원, 단지 사이의 커뮤니티(공동체) 공간, 넓은 도로 등으로 구성되어 있는 것이 특징이다.

파크를 설계했고, 1889년 카밀로 지테(Camillo Sitte)는 저서 『예술적 원칙에 따른 도시설계(Der Städtebau nach seinen künstlerischen Grundsätzen)』를 출간했다. 1915년 패트릭 게디스(Patrick Geddes)는 『진화 속의 도시(Cities in Evolution)』를 발간해 도시 현상에 대한 체계적인 연구와 분석을 수행하면서 도시 및 농촌계획의 중요성을 주장했다.[33]

현대 도시에 가장 큰 영향을 미친 계획가로는 르 코르뷔지에(Le Corbusier)를 들 수 있다. 그는 미래의 도시는 유리와 강철로 빚은 마천루들이 공원에 우뚝우뚝 솟은 '빛나는 도시(Radiant City)'가 되어야 한다고 생각했는데, 그의 핵심 사상은 『현대 도시(Ville Contemporaine)』(1922), 『빛나는 도시

33 정환용, 『도시계획학원론』(박영사, 1999), 96~110쪽.

(The Radian City)』(1933)에 잘 나타나 있다. 르 코르뷔지에는 공간, 속도, 대량 생산, 관료의 조직화를 현대 대도시의 새로운 이미지를 만드는 필수 요소로 파악하고 이런 요소를 도시에 실질적으로 적용하고자 했으며, 건축물의 수직적 요소를 강조해 건축물의 높이를 새로운 질서 창출의 한 요소로 간주했다. 그 결과 건물들 사이에 공지를 배치하는 새로운 공원 형태를 통해 '공원 속의 도시'라는 새로운 도시 이미지를 창출했다.[34]

이들뿐 아니라 패트릭 에버크롬비(Patrick Abercrombie), 레이먼드 언윈, 베리 파커, 클라렌스 페리(Clarence Perry), 클라렌스 스타인(Clarence Stein), 헨리 라이트(Henry Wright), 프랭크 로이드 라이트(Frank Lloyd Wright), 외젠 에나르(Eugene Henard) 같은 계획가와 건축가도 도시가 어떤 기준과 원칙에 의해 구성되어야 하는지, 발생 가능한 도시 문제에 어떻게 대응해야 하는지를 각자의 이론으로 제시했다. 또 자신의 이론에 근거해 신도시를 조성하거나 기존 도시에 새로운 공간을 만듦으로써 정부, 지자체, 시민에게 도시계획의 정당성과 도시 공간에서의 공공성 확보의 필요성을 인식시켰다. 무엇보다 이들의 이론은 공통적으로 도시 공간을 살아가는 시민의 삶의 질을 향상시키는 데 집중했다는 점을 잊어서는 안 된다. 이들 계획가와 건축가들이 수립한 이론의 기저에 있는 사상과 철학은 현재 유럽과 미국의 도시 경관에 부분적으로 또는 전반적으로 반영되었고 지금도 반영되고 있다. 경관에는 역사, 문화, 가치관, 시민의식이 담겨 있으며, 도시계획은 경관을 통해 실현되는 것이다.

34 조재성, 『21세기 도시를 위한 현대 도시계획론』, 135~168쪽.

법과 제도를 통해 계획의 정당성을 확보하는 도시들[35]

유럽 도시들은 정도의 차이는 있지만 중세 자치를 실현했고, 정치, 행정, 경제, 문화에서 독자적인 영역을 가지고 있었다. 독자적인 영역을 가졌던 도시가 국가 체제에 완전히 속하게 된 것은 근대에 들어서였다. 따라서 도시들은 자신의 영역 내에 있는 공간을 스스로 구성하고자 하는 의지를 갖고 있었다. 도시는 각자 역사적·지리적·위치적 특성을 갖고 있으며 산업혁명을 거치면서 나타난 문제도 조금씩 다른 양태를 보였다는 점에서 도시정부가 대처하는 방식 역시 달라야 한다는 당위성을 갖고 있었다.

산업화 시대에 유럽의 도시는 급속히 성장 및 확장하고 도시 문제들이 부상하면서 새로운 기술과 요구가 분출했다. 이에 따라 도시 내 사유지 이용을 공공적으로 통제해야 한다는 주장이 설득력을 얻었다. 산업혁명으로 도시 중심을 공장과 빈곤층이 차지하면서 부유층의 도심 이탈이 가속화되었고 토지시장에서 효율화가 요구되었다. 또 공간에 사회적·경제적 구조가 투영되기 시작했다. 고밀도에 따른 공기와 물 오염, 혼잡과 무질서, 부실 주택 및 공공시설 부족, 개인 사유재산권 강화 같은 현상도 두드러졌다. 도시 환경에 대한 공공 개입의 필요성이 높아지면서 도시계획의 토대가 되었다. 정부나 지방자치단체가 직접 필요한 시설을 공급하거나 토지 소유주 또는 사업자에게 의무를 부과하고 주변 및 도시 전반에 영향을 미치는 행위를 규제하는 방식이 도입되기도 했다.

도시가 계획에 대한 권한을 획득하는 과정은 자치 권한을 법적·제도적

35 이 절은 Anthony Sutcliffe, *Toward the Planned City*(Oxford: Basil Blackwell, 1981); 加藤一明, 5カ国の地方自治(東京: (財)地方自治總合硏究所, 1997) 등을 참조해서 작성했다.

으로 인정받는 과정이기도 했다. 중세 부르주아들이 봉건 영주와의 거래와 계약을 통해 자치를 얻어냈다면 근대 국민국가가 수립된 이후에는 법과 제도를 통해 국가와 도시, 도시와 시민의 관계가 정립되었다. 도시와 시민이 공간을 스스로 조성할 수 있게 되면서 공간의 공공성을 높여갈 수 있었다. 두 가지 방향, 즉 국가로부터 도시의 자치를 쟁취하는 것, 그다음으로는 도시정부(관료)로부터 시민의 자치를 쟁취하는 것은 도시 공간의 주체를 결정하는 매우 중요한 일이었다. 유럽의 도시들이 현재의 경관을 갖게 된 것은 중앙정부가 아닌 도시가, 도시 관료가 아닌 시민이 공간의 주체였기 때문이었다는 것이 필자의 생각이다.

그렇다면 독일·영국·프랑스·미국의 도시계획, 지방자치, 분권과 관련된 법·제도들은 언제, 어떠한 과정을 거쳐 만들어졌고 그 의미는 무엇인지 보다 정밀하게 살펴볼 필요가 있다. 이는 우리나라의 도시와 관련 법·제도, 그에 따른 각종 계획이 언뜻 잘 갖춰진 것처럼 보이지만 실제로는 중앙정부와 관료가 도시 공간을 좌지우지하는 이유를 밝혀내는 실마리가 될 것이다. 아쉽지만 우리나라는 공공성, 삶의 질, 사람, 다양성이 중시되는 것이 아니라 사업성, 부동산 가치, 자동차, 획일성이 중시되는 도시라고 해도 과언이 아니다.

독일

18세기 말 독일에서는 관료들 사이에서 계몽의 물결이 높아졌으며, 국왕에 대한 무조건 복종에서 벗어나 공공에 헌신하는 분위기가 고조되었다. 1794년 5월 공포된 프로이센 일반국가법전(Allgemeines Landrecht)은 민법, 상법, 행정법으로 구성되었는데, 그 취지는 전제군주가 다스리는 신분사회인 독일에서 시민사회로 개혁하는 것이었다. '귀족 본연의 양보될 수 없는 권리'를 승인함과 동시에 관료에게 직업적 자립성을 부여하고 왕권을 법적 규제하에 두어 국왕의 자의적 지배를 배제했다. 군주관료제의 확립과 더불어 국가의 행정구역인 크라이스(Kreis)의 대표에게 국가 권한을 위임하는 과정에 들어갔다.

1806년 프랑스 나폴레옹의 침입에 패배한 프로이센은 1807년 6월 틸지트(Tilsit) 조약을 체결했으며, 프리드리히 빌헬름 3세는 국권을 회복하기 위해 같은 해 10월 카를 폼 슈타인(Karl vom Stein)을 수상에 임명했다. 그는 바로 칙령을 발포해 대토지 귀족에 대한 농민의 인격적 예속 관계를 폐지함으로써 농노를 해방시켰고, 11월에는 도시에 적용되는 법률인 시제(Städteordnung, 市制)를 제정해 시의회 의원의 공선제와 재정자주권을 인정했다. 이 시제는 절대주의적 관료 국가에서 지배의 객체였던 시민 속에 내재되어 있던 자유로운 개인으로부터 조국 부흥의 에너지를 구했다는 점에서 의미를 갖고 있다. 도시 자체를 국가 권력으로부터 어느 정도 독립시키고, 시민의 이익을 위해 자주적으로 행정을 집행하도록 하면서 도시의 지방자치를 담당하는 기관을 관료가 아닌 시민으로부터 선출된 명예직이 관할하도록 한 것이다. 시민의 공공심(公共心, public spirit, 공공의 행복과 이익을 위하는 마음)을 정치적으로 동원함으로써 개혁을 가능하게 하고 시민이 구성하는 단체의 자치를 매개로 해서 관료 행정에 생기를 불어넣겠다는 취지였다.

프로이센은 1808년 공민권을 시역 내에 거주하는 성년 남자 전원에게로 확대했는데, 공민권자는 시의회 의원 등의 선거권과 피선거권을 가졌으며 명예직 취임 의무가 있었다. 도시에 시의회(Stadtparlament, 입법기관)가 설치되면, 시의회가 선출한 명예직 직원들로 구성되는 시참사회(Stadtrat, 합의제 집행기관)가 자치사무를 처리했다. 시의회가 추천해 국왕이 임명하는 시장(Bürgermeister)이 시참사회의 의장을 맡았다. 국가와 도시 간 권한 배분에 관한 명확한 규정이 없었기 때문에 시는 예산의 결정 및 회계감사, 기채 발행, 재산의 관리처분 등 일반적인 행정을 집행했다. 다만 재판권과 경찰권은 도시 권한이 아니라 국가 권한으로 정했다. 슈타인 이후 1810년 수상에 오른 카를 아우구스트 폰 하르덴베르크(Karl August von Hardenberg)는 슈타인이 시작한 길드 특권 폐지, 세제 개혁을 중심으로 한 재정 개혁, 농노의 해방은 그대로 유지하면서 시민 참가, 시민자치와 달리 국가 행정의 능률적인 집행이라는 중앙집권화에 중점을 두었다. 국가의 행정기능을 외교, 군사, 재정, 재판으로 나누고 각각의 기능에 대해 한 명의 대신이 관리하도록 하는 관료적 모델을 채택한 것이다. 도시(Stadt)가 아니라 농촌지역인 군(郡)에 대한 법률, 즉 크라이스법(Kreisordnung, 郡制)은 1825년에 제정되었다.

19세기 중반 법학자이자 정치가인 루돌프 폰 그나이스트(Rudolf von Gneist)가 크라이스와 평균 200~400명이 거주하는 게마인데(Gemeinde)에서는 자치가 필요하다고 주장하면서 자치와 분권을 중시하는 분위기가 형성되었다. 1870년 9월 독일은 프랑스와의 보불전쟁에서 승리하자 1871년 1월 프랑스 베르사유에서 독일제국 성립을 선포했다. 같은 해 4월에는 독일제국헌법을 제정했는데, 이로써 22개의 주와 3개의 자유시로 이루어진 연방제가 성립되었다. 1872년 11월 지방자치에 중점을 두고 그나이스트의 게마인데 자치론의 주장을 채택한 크라이스법이 채택되었다. 이 법은 국가 행정과 자치 행정을 분리했으며 자치 행정에 대해서만 국가의 감독권을 규정했다. 1875년에는 프로핀츠법(Provinzialordnung, 道制)이 제정되었다. 이로써 우리나라로 치면 도(프로핀츠), 시(슈타트), 군(크라이스)의 지방자치단체가 법적으로 구성되었다.

1919년 제정된 바이마르(Weimar) 헌법은 국민의 기본적인 인권을 보장하는 기본권을 정하고 국민대표의 선거에 관한 모든 원칙을 게마인데에도 적용하면서 "법률의 범위 안에서 자치 행정의 권리를 갖는다"라고 규정했다. 또 지방정부 조직 운영에 관한 입법 권한을 각 주(Land)에 부여해 각 주가 독자적인 지방정부 관련 법률을 제정하도록 했다. 독일의 경우 18세기 말부터 19세기를 거쳐 20세기 초까지 국가와 지방정부 간 관계를 정립하고 주민공동체라고 할 수 있는 게마인데가 지방자치의 근간임을 국가가 인정했다는 것을 알 수 있다.

이미 국가로부터 자치권을 얻은 도시 당국은 1874년 토지수용법, 1875년 건축선법 등에 의해 1870년대 구도심 주변의 새로운 거리에 대한 배치전권을 보유했다. 다만 독일은 도시 외곽의 토지가 세밀하게 나뉘어 있어 다른 유럽 도시보다 산업화에 따른 확장 속도가 더뎠다. 도시 내부에서는 주택 부지를 매입한 은행과 개발업체가 이익 추구에 나서면서 영국보다 더 열악한 주택을 남발했다. 1820년대에 베를린이 노동자 임대 주택을 조성하면서 주거 밀도가 상승했고 인구 과잉은 상하수도 같은 기반시설의 미흡으로 이어졌다. 1842년에는 함부르크 대화재가 발생하는 등 도시정부의 개입 필요성이 높아졌으며 계획에 대한 수요 역시 증대되었다.

1845년에는 지역 공동체를 위협하는 건축물을 불허하고 도시 경찰의 단속을 강화했다. 1858년 독일(프로이센) 정부는 수도 베를린에 대한 대규모 확장 계획을 수립해 넓은 도로에 높은 건축물을 짓게 하고 거대한 광장

독일 헤센주의 최대 도시이자 라인-마인 지역의 중심 도시인 프랑크푸르트의 도심 내 공원. 제2차 세계대전 당시 도시 대부분이 파괴되면서 이곳을 새롭게 조성했는데, 지금은 유럽에서 손꼽히는 현대적인 대도시가 되었다.

을 조성했다. 1862년에는 B플랜(지구 상세계획)을 수립했는데, 조례로 도로망 계획을 세워 해당 가로 폭에 따라 건물의 높이를 정하도록 했다.[36] 하지만 이는 베를린시에 막대한 재정적 부담을 안겼다. 이에 따라 1874년에는 공공사업에서 극히 제한적으로 사유지를 강제 매수할 수 있는 토지수용법이, 1875년에는 배수구나 가로등 설치 비용, 도로 건설비 등을 인근 토지 소유주에게 부과할 수 있는 건축선법이 각각 제정되었다.

1870년대에는 현대식 수도가 공급되고 도시 공간에서 일조와 공기 순환이 강조되었다. 1876년 첫 번째 도시 확장 계획 매뉴얼이 제작되었고, 1890년대에는 대중교통의 발달과 중산층 성장의 영향으로 도시 확장이 촉진되

36 조재성, 『21세기 도시를 위한 현대 도시계획론』, 22~25쪽.

었다. 또 이 시기에 도시 주택의 질과 공급 문제가 현안으로 부상하면서 도시계획에서 전문가들이 심사하는 공개모집 경쟁 시스템도 도입되었다. 이에 따라 순환도로, 오픈 스페이스, 용도지역의 구분, 건축 규제, 철도 시스템 같은 요소가 부각되었다. 개혁론자들이 은행, 투기꾼, 부동산 이익단체가 도시 부조화의 주범이라고 지적함에 따라 각 도시는 포괄적이고 차별적인 건축 규제를 시작했다. 1884년 함부르크 알토나, 1891년 프랑크푸르트가 순차적으로 건축지역제를 도입했고, 1898년에는 아돌프 다마슈케(Adolf Damaschke)가 독일 토지개혁자 연합을 창설해 도시 공간에서의 투기를 없애기 위한 토지개혁운동에 나서기도 했다.

1900년에는 도시당국에 신규 및 기존 건축지역에 대한 일반적인 계획 권한을 부여하고 사유지 이용을 통제하는 내용을 담은 작센의 건축법이, 1918년에는 지역에 따라 용도와 형태를 규제하고 주택의 최저기준을 명시한 프로이센 주택법이 각각 제정되었다. 독일에서는 이미 19세기 말에서 20세기 초에 도시 공간과 주택에 대한 질적 향상을 목표로 지자체가 토지 소유주와 건설업체를 규제할 수 있는 법적 근거를 만들었다고 볼 수 있다.

영국

중세 영국의 중앙정부는 국왕과 추밀원(Privy Council, 국왕을 자문하는 행정·사법기관), 지방행정 감독을 위해 국왕이 파견하는 재판관으로 구성되었고, 지방은 카운티(County)와 헌드레드(Hundred) 두 개의 단체로 구성되었다. 지방은 국왕이 관리하거나 집행관이 다스렸다. 16세기 말에는 성당의 교구(敎區)가 법률을 집행하고 지역 질서를 유지하는 책임을 갖는 등 지방정부의 기능을 맡았다. 그러나 19세기 들어 공업화와 도시화 속에 위생, 범죄, 빈곤에 대한 지방정부의 대응이 미흡해지면서 지방정부의 기능과 역할에 변화가 생겼다.

특정 목적을 달성하기 위해 합의제의 각종 위원회(Board)가 구성되기 시작했는데, 위원회는 대표자가 운영하고 과세를 했다. 대표적으로는 18세기 빈민 구제를 목적으로 하는 구빈감독위원회를 시작으로, 도로세 징수위원회, 시설개선위원회가 생겨났다. 이후 가로의 청소와 포장, 가로의 운영 및 도로 건설, 빈민가 구제, 상수도와 하수도, 사망한 자의 매장을 위한 지방위원회도 탄생했다.

1672년에는 국왕의 특허장에 의해 법인격을 소유한 도시법인이 설립되었는데, 당시 도시는 의원 및 치안판사 선거권, 시장 사용권, 통상권 같은 특허권의 권한을 가진 자유민으로 구성되었다. 도시는 농지, 공유지, 주택, 점포, 공공시설, 학교를 소유하고 있었고, 이들의 재산 양도, 임대차, 담보권 설정을 관리했다. 다만 공공 서비스 기능에 대한 직접적인 책임이 없어 과세당국은 아니었다. 1835년 도시법인법(Municipal Corporation Act)은 이러한 도시법인에 민주적 절차를 적용한 것으로, 기득권과 타협한 데 따른 산물이었다. 도시법인법에 따라 임시 행정기관을 도시법인으로 흡수했는데, 이는 도시정부가 다목적 행정기능을 실시하는 출발점으로 주목을 받았다. 1848년에는 공중위생법(Public Health Act)이 제정됨에 따라 각 도시들이 이를 수용했다. 하지만 여전히 지방에서는 행정기관의 구역, 업무, 과세와 관련해 혼선이 빚어지고 있었다.

1888년에는 이러한 구역과 과세의 혼선, 임시기관들의 난립에 대응하는 차원에서 지방정부법(Local Government Act)이 제정되었다. 지방정부법에서는 카운티, 버러(borough) 등 지방정부에 교부금을 지원하는 방안을 마

▎런던시청은 2002년 전 세계적으로 유명한 건축가인 노먼 포스터가 설계되었는데, 타워 브리지가 보이는 템스강 둔치에 건립되었다. 본래 런던시청은 영국 정부청사들이 모여 있는 화이트홀 인근에 있었는데, 옛 청사는 지금 수족관과 박물관으로 사용되고 있다. 신축된 시청은 유리달걀(the glass egg)이라고도 하는데, 10층 규모에 높이 45m로 건물 외벽은 유리로 되어 있다. 시가지에서부터 시작된 물길은 시청까지 흘러온 뒤 분수가 된다. 독특한 디자인은 물론 친환경 건축물로도 인기가 높아 주변의 점포와 카페는 늘 관광객들로 붐빈다.

련했고 도시와 농촌의 지자체를 구분했다. 카운티는 우리나라의 도(道)에 해당하며, 카운티 버러는 광역시, 논카운티 버러(non-county borough)는 시에 해당한다고 볼 수 있다. 1894년 지방정부법에서는 1888년 논의가 되기는 했지만 입법화되지는 못했던 디스트릭트(District)와 교구(Parish) 수준에서 대표를 둘 수 있는 지방정부가 수립되었고 이로써 지방행정의 혼란과 변칙성이 해소되었다. 디스트릭트는 우리나라 읍·면 같은 규모에 해당하는 최소 단위 기초지자체라고 할 수 있다. 이 법에 따라 임시기관의 구역을 지방정부로 통합하는 목적을 거의 달성했다.

1899년 지방정부법은 영국의 지방정부가 완성되었음을 의미하는데, 이

법을 통해 런던 카운티 내에 28개의 메트로폴리탄 버러 의회를 설치했다. 이 법이 의미하는 바는, 지방행정은 공선(公選)에 의해 선출된 대의제 정부가 권한과 책임을 갖는다는 원칙에 따라 통일적이고 종합적인 서비스를 제공하고, 중앙정부는 중요한 권한과 책임을 지방정부에 넘긴다는 것이었다. 예를 들어 1890년에는 저가 임대 주택의 건설 권한이 지방정부로 넘어갔고, 1919년에는 이에 대한 중앙정부의 보조금 지출이 명시되었다. 1909년에는 주택·도시계획 등의 법률(Housing, Town Planning etc Act)에 따라 토지 이용과 개발의 권한을 지방정부에 부여했는데, 이로써 민간 개발에 대한 규제가 비로소 가능해졌다. 1932년 도시농촌계획법에 의해 그 권한이 농촌지역으로 확대되었다. 1900년부터 1930년대까지를 지방정부의 '황금시대'라고 부를 정도로 이 시기에는 지방정부의 권한과 책임이 커졌다.

1941년 구성된 '보상 및 개발 이익에 관한 위원회(The Uthwatt Committee on Compensation and Betterment)'는 1942년 개발 이익의 공공 환원을 기본 틀로 하는 우트와트 보고서(The Uthwatt Report)를 제안했다. 이 위원회는 미개발지와 기개발지로 구분한 후 미개발지는 현존의 토지이용권만 남기고 개발권을 유상으로 국유화하고 기개발지는 지가 상승분에 대한 정기적 과세에 따라 개발 이익을 환원하는 방안을 제시했다. 제2차 세계대전 이후 집권한 노동당 정부는 이 권고를 받아들여 1947년 도시·농촌계획법(The 1947 Town and Country Planning Act)에서 개발 가치의 국유화 정책을 채택하기도 했다. 하지만 1951년 정권을 잡은 보수당이 1953년에 개발 부담금 제도를 폐지하면서 개발 가치를 완전히 국유화하는 데는 실패했다.

도시 공간에 대한 지방정부의 권한과 책임이 높아지고 개발 이익을 지역사회에 환원하는 데 대한 사회적 논의가 이루어지는 시점에 도시계획과 관련된 법률이 함께 마련되었다는 점에 주목해야 한다.

영국은 1845년 토지조항(종합)법, 1847년 도시개선조항(종합)법, 1848년 주택법(조례주택 등장), 1872년 공중위생법, 1876년 주택개발규제법, 1890년 노동계급주택법, 1894년 런던건축법, 1909년 주택·도시계획 등의 법률을 제정했다. 특히 1909년의 법은 개발 중이거나 개발 예정인 지역의 위생 상태, 쾌적성, 편리성을 확보하고 토지의 배분과 용도를 제시하도록 했다. 계획은 글과 도면으로 구성되었으며 개발의 형태, 용도, 밀도, 외관은 물론 특별한 허가사항도 규정했다. 1932년 도시농촌계획법에 의해 이 규정은 전 지역으로 확대되었으며, 엄격한 제한으로 인해 정부(의회)의 승인을 받은 후에야 개발이 가능했다.

영국의 경우 산업화 초기부터 토지장기임대제도를 통해 투기와 가격 상승을 억제해 독일과는 다소 다른 양태를 보였다. 자본가와 기업이 비교적 자유롭게 주택시장을 형성했는데, 다만 높이는 2~3층의 단독주택이 표준이었다. 토지를 소유한 개발업체는 사설도로를 개설해 가치를 높일 수 있었고, 중산층 이상의 주택도 공급했다. 따라서 독일처럼 공공 개입의 필요성이 상대적으로 낮았다.

1870년대부터는 열악한 공공위생과 노동자 주택이 사회 문제로 대두되었다. 이로 인해 환기를 중시하면서 건축물과 공간을 조성하게 되었다. 19세기 후반 도로를 확장하고 도시 오픈 스페이스를 확보하는 등 규제가 점차 심해지자 건축주와 토지 소유주들의 반발이 매우 커졌다. 영국은 1860~1870년대에 독일과 프랑스에 앞서 슬럼 재개발 및 정비, 강제 수용 허용 등을 담은 법령을 갖췄고, 대부분의 지자체가 예술가와 노동자의 주거 향상 법안을 제정했다. 다양한 방식의 공공 개입은 도시 개발의 주요한 틀이

◂ 에든버러의 플레이하우스

◂ 글라스고의 로열 콘서트홀

▌산업혁명 이후 유럽 도시를 차지했던 공장들이 폐쇄 또는 이전한 뒤 그 자리에는 미술관, 박물관, 공연장 등 다양한 문화시설이 들어섰다. 이로써 도시는 오랜 역사와 문화유산을 간직한 거대한 전시장이 되었고 이는 시민과 외지인 모두를 불러들이기에 충분했다. 스코틀랜드 에든버러에서 매년 여름 3주간 개최되는 국제 페스티벌에는 어셔 홀(수용인원 2,300명), 페스티벌 극장(수용인원 1,800명), 에든버러 플레이하우스(수용인원 2,900명), 킹즈 극장(수용인원 1,300명), 로열 리시움 극장(수용인원 650명), 퀸즈 홀(수용인원 920명), 허브 극장(수용인원 420명) 등이 사용된다. 글라스고 역시 대성당과 시민궁전, 글라스고대학교, 켈빈 그로브 박물관, 아트 갤러리 등이 쇼핑센터, 컨벤션 및 컨퍼런스 센터 등과 연계되면서 도심의 매력 포인트가 되고 있다.

되었다.

이러한 공공 개입의 정당성은 17세기 이후 에든버러, 리버풀 같은 지방자치단체가 추진한 도시 외곽의 신도시 개발, 18~19세기 런던 왕실의 도시 개발, 1820년대에 부유층을 타깃으로 한 리젠트 파크와 거리 조성 등의 경험과 노하우에 기반하고 있다. 1666년 런던대화재 이후 세인트 폴 성당 등 53개 성당을 설계하면서 독창적인 건축을 지켜낸 크리스토퍼 렌의 계획과 대규모 하수도 정비, 프랑스의 알리느망(Alignment, 건축선)도 영향을 미쳤을 것이다. 19세기 말 런던의 높은 임대료, 비위생적인 주택, 인구 밀집 등의 문제가 심각해지자 주택법을 제정해 지자체의 임대주택 건설 및 슬럼 정비 권한을 성문화하기도 했다.

19세기 영국에서는 선의를 가진 기업가와 계획가들이 다양한 형태의 이상적인 주택 단지 계획을 수립해 실현하면서 도시계획 기법의 측면에서도 큰 발전이 있었다. 비누 제조업자 윌리엄 레버(William Lever), 초콜릿 제조업자 조지 캐드베리(George Cadbury)는 포트 선라이트, 본빌의 노동자들을 위한 건전한 주택단지를 조성했는데, 이들은 근린주구 및 계층 혼합, 공공 오픈 스페이스, 작은 주택 및 녹지를 강조했다. 한편 지방자치단체들은 높은 토지 가격과 임대료 때문에 외곽으로 이주하는 노동자들을 위해 저렴한 대중교통수단인 트램을 인수하거나 직접 설치했다.

1900년 국가주택개혁위원회가 구성되어 노동자와 중산층에게 주택을 공급하기 위한 입법 노력이 이어졌고, 토머스 호스폴(Thomas Horsfall), 존 러스킨(John Ruskin), 윌리엄 모리스(William Morris), 헨리에타 바넷(Henrietta Barnett) 같은 정치인과 사회운동가도 주거환경을 개선하기 위한 활동을 이어갔다. 1906년부터 영국에서는 '도시계획(Urban Planning)'이라는 용어가 확산되기 시작했으며, 지방정부가 오픈 스페이스, 공공건축물, 노동자 주택 부지, 정원과 관련된 도시 확장 계획을 수립하는 권한을 가져야 한다는 논의가 계속되었다.

레이먼드 언윈과 헨리에타 바넷이 햄스테드(Hampstead)를 조성한 것은 대규모 공공주택 건설 없이 계획적인 확장을 통해서도 기존 도시의 점진적인 개선이 가능하다는 것을 보여주었다. 독일의 사례를 참조해서 종합적인 도시계획과 지자체 토지 매수, 노동자 주택 설립을 위한 저렴한 대출 등을 위한 입법의 필요성이 대두되면서 기존 국가주택개혁협의회가 1909년 국가 주택 및 도시계획위원회로 변경되었고, 1909년 주택·도시계획 등의 법률이 제정되었다. 다만 이 법안에서는 지자체의 토지 매입, 기존 건축지역에 대한 규제가 제외되면서 독일과 같은 도시 전체에 대한 계획은 불가능해졌다.

프랑스

프랑스 혁명 이전의 이른바 구체제(앙시앙 레짐)의 지방제도는 절대왕정하에 집권적·관료적 지배를 받고 있었는데, 자치의 성격과 권리, 세금과 전매권 등의 특권이 다양한 형태로 존재했다. 특허장을 가진 도시, 제후의 직할지(province), 교회 지배지, 귀족 지배지가 무질서하게 존재했고, 각각의 단위는 권리, 의무, 지위로 구별되었다. 루이 14세의 중앙집권화는 국왕 통치의 최고결정기관인 추밀원을 정점으로 하는 중앙통치기구에 의해 지방행정을 왕권하에 통일하는 체제를 정비했다.

1789년 7월 프랑스 혁명으로 인한 혼란기 속에 같은 해 8월 제헌회의는 프로방스와 도시정부의 특권을 소멸시켰고, 대신 국가의 일반적인 이익의 영역과 구별되는 지방의 특수적인 이익의 영역을 인정했고 국가 권력에서 독립된 지방자치권을 인정했다. 11월에는 도시지역과 농촌지역에 지방의회 설치를 결정해 대도시와 작은 촌락에 일률적으로 적용했는데, 이를 코뮌(Commune)이라고 했다. 지방정부의 상급 단위로 전국을 거의 같은 면적으로 분할한 데파르망(Department)도 설립했다. 데파르망은 역사나 지리를 감안하기보다 인위적이고 행정적인 편의에 의해 성립된 구역이었다. 1789년 프랑스의 지방행정구역은 83개의 데파르망, 544개의 디스트릭트(District), 4,770개의 칸통(Canton), 4만 4,911개의 코뮌으로 구분되었다.

데파르망은 다시 아롱디스망(Arrondissement)이라는 행정구역으로 분할되었으며, 두 개에서 다섯 개의 아롱디스망이 하나의 데파르망을 이루었다. 데파르망은 의회, 집행부, 총감찰관으로 구성되었는데, 모두 선거에 의해 선출되었다. 의회는 의결기관이었고, 집행부는 의회가 의원 중에서 선출했다. 총감찰관은 일종의 중앙정부의 대표로, 자문과 승인에 관한 권한을 가졌다.

지방정부의 권한은 공민권 자격의 결정, 선거규칙의 유지, 조세의 부과 징수, 재산 관리, 공공시설 설치, 공공사업의 집행 등으로, 의회의 관할하에 행사된다. 국가 재산 관리, 공중위생 관리, 일반 경찰과 군사에 대한 사무는 국가의 감독하에 시행한다. 최하급의 행정구역인 코뮌에 대해서는 독립권을 인정했는데, 다만 기채(起債), 규정 외 과세에서는 데파르망의 승인을 필요로 했다. 데파르망과 디스트릭트의 행정청은 간접선거로 선출된 의원으로 각각 36명, 12명으로 구성되는데, 이들 의원 가운데 대표인 장관을 선출했다. 코뮌의 행정청은 인구에 따라 3명에서 21명까지 선출된 의원으로 조직되었다. 1793년 헌법, 1794년 헌법으로 인해 이들 지방행정

◂ 파리 퐁피두센터 인근의 조각공원에서 망중한을 즐기는 파리 시민들

◂ 파리 개선문 앞 무명용사의 묘

▌프랑스혁명의 3대 정신 자유, 평등, 박애는 파리 도시 공간 곳곳에 새겨져 있다.

청에서 일부 변화가 있었으나 그 맥락은 유지되었다. 프랑스 혁명의 결과로 이처럼 지방제도의 자유화와 분권화가 급격하게 이루어졌는데, 이는 재정 낭비와 마비에 따른 비능률, 경찰권 및 재판권의 자의적인 행사에 따른 폐해라는 부작용을 초래했다.

1800년 나폴레옹은 지방에 대한 중앙정부의 권한을 강화하는 등 지방제도 개혁에 나섰는데, 이에 따라 지방정부제도의 골격이 마련되었다. 정부는 데파르망에서 지사와 20명 내외의 의회 의원을 임명했고, 참사회(행정재판 담당)를 지사의 통제하에 두었다. 코뮌 역시 의회와 집행기관으로 나뉘었는데 인구 5,000명 이상은 내무부 장관이, 그 이하는 지사가 수장을 임명했다. 코뮌 의회의 경우 의결기관은 유지했지만, 예산 및 결산은 중앙정부 또는 지사의 승인을 받아야 했다. 다만 파리는 12개 구로 나뉘었고 의회를 갖지 못했다.

나폴레옹의 지방행정제도는 국가가 임명한 관리에게 지배적인 역할을 부여했다. 이와 동시에 시민이 선출했던 종래의 지방의회는 정부가 임명한 의원으로 구성되면서 권한이 줄어든 수장에 대한 권고기관으로 전락했다. 영국에서는 지방정부라는 용어를 사용하는 데 반해 프랑스에서는 지방행정이라는 용어를 일반적으로 쓰는 이유는 프랑스에서는 이 같은 중앙집권체제가 유지·존속되고 있기 때문이다.

제2왕정복고기(1830~1848), 제2공화국(1848~1852), 제2제국 체제(1852~1870)를 거치면서 선거권은 약간 확대되었고, 데파르망, 아롱디스망, 코뮌의 각 의회 의원은 공선되었다. 제3공화국(1870~1940)의 최초 7년간은 정치적으로 불안정했다. 1871년 8월의 지방정부법에 따라 데파르망 의회는 독립된 권한을 갖고 선거민을 대표하는 기관이 되었다. 데파르망 지사는 국가기관으로서의 권한을 가지고 있으면서 데파르망의 집행기관이기도 했다.

코뮌 의회 의원은 1831년 정부가 임명하는 것에서 주민이 선출하는 것으로 바뀌었는데, 코뮌의 수장은 대부분의 사안을 의회 승인을 거쳐 집행할 수 있었다. 1871년 지방정부법은 중앙정부가 코뮌의 수장을 임명하는 조항을 폐지했고, 1884년 지방정부법은 지방과 관련된 사항을 결정하는 권한을 코뮌 의회에 주었다. 코뮌의 수장은 의원 중에서 선출되었고, 권한을 집행하기 위해서는 의회의 승인이 필요했다. 코뮌은 도로의 건설과 유지, 쓰레기 처리, 묘지의 제공과 관리, 학교의 건설과 유지 등의 권한을 가졌으며, 시장, 공공수송, 극장, 스포츠시설, 도서관, 공설 도살장도 운영했다. 코뮌은 지방정부 구역이면서 동시에 국가 행정구역의 기초적 단위로 간주되었다.

코뮌의 수장은 국가 행정부의 일원으로 국가의 관리인 지사로부터 명령을 받았다. 국가는 코뮌 수장과 의원이 의무를 적절히 수행할 능력이 없을 경우, 또는 법적 의무인 업무 수행을 거부하거나 법률을 위반할 경우 직무를 정지 및 취소할 수 있었다. 지방정부의 결정 및 집행의 상당수는 국가의 심사 및 인·허가에 따라야 했으며, 국가는 사전 동의 및 일반적 감독이라는 형식으로 지방정부를 후견했다. 1884년 지방정부법은 코뮌이 집행해야 할 권한과 행정 조직을 자세히 규정했다. 인구 규모에 따라 의원 및 직원의 수, 권한 등을 정했고, 코뮌이 집행해야 할 의무를 명확한 개별 사례로 명시했다. 이와 함께 의회가 매년 예산에 계상하고 승인해야 하는 사항, 예를 들면 공공시설과 공동묘지의 유지 관리, 직원의 급여와 연금, 기채 사무, 공적 부조, 공교육, 도로의 유지, 질서유지 서비스(경찰, 소방 등)에 관한 의무적인 책무도 정했다. 코뮌의 규모에 따라 책무의 범위는 달랐다. 코뮌은 통상의 공영사업, 예를 들어 수도, 가스, 전기, 운송, 청소, 장의, 주택, 공적복지에 대한 서비스를 행정재판소의 동의하에 실시할 수 있다. 국가나 데파르망의 허가가 필요한 사항은 재산의 취득 및 매각, 도로의 명칭·폐지·변경·확폭에 관한 사항, 기채, 시장의 설립, 상공업 서비스에의 참가, 새로운 코뮌의 독립적 사업 설립 및 그에 따른 예산 등이었다.

데파르망 의회는 헌법상의 특별한 지위를 가지고 있었으므로 코뮌 의회와 국가 사이의 중간적인 기관이라기보다 오히려 중앙정부의 직접적인 기관에 가까웠다. 의회의 규모는 인구에 따라 달랐다. 의회는 국가의 통제에 따랐는데, 예를 들어 예산에 대해서는 정부의 승인을 받아야 했으며, 의무적으로 계상해야 할 경비와 수입의 종류에 대해서도 허가가 필요했다. 정부는 예산 변경을 요구할 수 있었다. 다만 국가에 의한 법적 통제는 최소한으로 이루어졌다. 코뮌의 수장이 국가의 법률에 의해 정해진 사항의 집행을 거부하거나 소홀히 할 경우 데파르망 지사는 직무 수행을 요청한 후 스스로 또는 특별대리인을 통해 대집행을 할 수 있었다. 코뮌 수장이 의무적으로 집행해야 할 국가의 행정사무를 정확히 수행하는 데 실패할 경우 지사는 언제든지 권한을 정지 또는 취소함으로써 관여할 수 있었다.

프랑스는 20세기 초까지 정부가 광역지방자치단체를 지도·감독하고 국가의 관리이자 광역지자체의 수장인 데파르망의 수장이 기초지방자치단체인 코뮌을 지도·감독하는 구조를 갖고 있었다.

프랑스의 도시계획에 대한 입법 시도는 1914년까지 없었으며, 제1차 세계대전 이후 전시 복구를 위해 1919년 계획 법안을 제정했다. 이는 영국과 독일에 비해 매우 늦은 것으로, 프랑스의 당시 여건에 기인했다. 19세기 중반 이전까지 프랑스는 풍부하고 다양한 농업, 성공적인 무역, 강력하고 중앙집권적인 권력 구조로 인해 도시 발전이 상대적으로 천천히 진행되었다. 파리 등의 주요 도시는 견고하게 잘 건설되었고, 왕이나 지방통치자들이 잘 관리하면서 아름다운 장식에 치중했다. 군주제가 최고조에 이르렀을 때에는 질서, 대칭, 비전(경관) 같은 고전적인 도시 구성 원리에 주목했다.

1607년 앙리 4세는 알리느망을 통해 건축물이 공공도로를 침범하는 것을 막았다. 이 역시 군주가 강한 권력을 가졌기 때문에 가능했다. 1791년 파리는 이를 법으로 제정했는데, 1807년 9월 나폴레옹은 이를 성문화해 도로에 그어진 알리느망을 따라 건물을 건축하도록 유도했다. 도로 부지를 평가 후 보상하는 방식으로 강제 매수할 수 있는 권한을 도시정부에 부여했고 토지 가격 상승에 따른 이익은 세금으로 징수했다.

나폴레옹은 기존 건축지역과 외곽의 모든 공공공간에 대해 계획을 수립한 후 거대한 프로젝트를 진행하도록 허용했다. 그러나 법원이 미개발지역 토지 소유주들의 편을 들면서 막대한 배상금 문제가 발생해 실제로 계획적인 개발은 상당 기간 이루어지지 못했다. 리옹의 경우 18세기 말 새로운 거리 시스템을 계획했으나 19세기 초까지 실현되지 못한 것도 이 때문이었다. 지자체와 토지 소유주는 도로의 폭이나 포장, 배수 등의 기준을 협의해 설치할 수밖에 없었다. 도시가 교외로 확장되면서 성곽을 새로 축성하는 경우도 있었으며, 새로운 커뮤니티도 생겨났다.

1814년 나폴레옹이 실각한 후 정치적으로 불안정해지자 경제적 불균형, 도시 성장 부진 같은 문제가 초래되었다. 다만 파리, 리옹, 마르세유, 보르도 등의 도시에 대한 물 공급, 하수 시스템 분야에서는 진전이 있었다. 1851년 12월 나폴레옹 3세는 쿠데타로 왕정복고에 성공한 뒤 수도 파리에 공공투자를 집중하고 장거리 철도를 설치하기 시작했다. 파리 대개조는 나폴레옹 3세의 현대 도시에 대한 영감, 조르주 외젠 오스만의 신속한 집행, 완벽한 재정적 지원 등 세 가지 요소가 작동했기에 가능했다. 도시의 핵과 주변 간의 소통에 중점을 두었으며, 주요 기관들을 핵에 자리하게 하고 주변에 주거지역을 개발함으로써 방사형 및 순환형 도로 체계를 구축했다. 또 토지를 강제 수용한 후 건축 부지를 분할해 민간개발업체에 맡기는 방식을 도

▌프랑스 파리시청사. 나폴레옹 3세의 강력한 권력하에 조르주 외젠 오스만이 1865년부터 1870년까지 대규모 재정을 투입한 파리 대개조로 인해 파리는 근대 도시로 나아갈 수 있었다.

입했는데, 이는 종합적인 도시계획과는 거리가 있었다. 빈곤층의 도시 이주로 인해 슬럼이 과밀해지고 물리적인 여건이 악화되자 1850년 4월 믈룅(Melun)법을 제정해, 지자체가 비위생적인 주거지역에 대해 조사 및 개선을 할 수 있게 했으며, 필요한 경우 철거도 할 수 있게 했다.

1852년 3월 제정된 파리가로법은 공공안전과 보건을 위해 규제에 나선 것으로, 대로에 접한 건축물 전면을 20m로 제한했다. 당시에는 부동산 경기에 자극을 받아 건축물이 높아졌으며, 저렴한 토지에서 밀도 높은 개발이 추진되기도 했다. 1870년 나폴레옹 3세가 실각하고 1873년 세계 경제위기로 부동산 가격이 폭락함에 따라 정부 및 지자체의 공공개발이 다시 추진되었다. 대표적으로 1864년 착공한 드 오페라 에버뉴는 1879년에야 완공되었다. 프랑스의 도시들은 파리 따라 하기에 나섰다. 1852년 3월 칙령에 따라 각 도시들은 공중보건과 물리적인 환경에 대한 규제를 만들어내기 시작했는데, 1900년대 초까지 정원, 통풍, 채광, 환기 등과 관련된 규제 조항은 200개가 넘어섰다. 다만 슬럼 정비나 재건축, 교외 계획이나 교통수단, 공원 추가 조성에 대한 진전은 거의 없었다. 1919년에 이르러서야 도시정비미화확장법을 제정하면서 도시의 아름다움을 확보하기 위한 조치에 나섰다.

영국보다 54년 늦은 1902년에 공중보건법을 제정하면서 도시에 필요한 최소한의 환경적인 기준을 제시한 프랑스는 1890년대부터 급속한 도시화를, 1900년부터는 무분별한 외연 확장을 겪었다. 도시 외곽에 산업단지가 들어서면서 자연스럽게 주거와 산업의 기능이 분리되었으며, 사회적으로는 좌파의 입지가 커져갔다. 1900년 파리 지하철 1호선이 개통된 후 지하철 네트워크가 구축되기 시작하고, 1902년 토지 소유주와 건축가들의 요구에 모험적인 디자인을 선보였으며, 세트백(Setback, 도로의 개방감을 확보하기 위해 대지 경계선에서 외벽을 뒤로 물리는 것)에 대해서는 인센티브를 주는 방안도 도입되었다.

1901년에는 파리의 경관을 지키기 위한 협회가 창립되었으며, 1906년 4월에는 데파르망 당국에 농촌의 아름답고 역사적인 경관을 관리하고 최종적으로 수용하는 권한을 부여하는 법안이 제정되었다. 이 법안은 1837년 도시 내 역사적인 기념물을 등재해 보존하는 법과 유사한 것으로, 공공의 이익을 위해 사익을 제어할 수 있다는 원칙을 보다 확대하는 데 기여했다. 협회는 이후 파리 내 오픈 스페이스를 확보하기 위해 노력했는데, 파리 에펠탑이 있는 마르스광장의 일부를 아파트 단지로 개발한 것과 관련해 강하게 비판하면서 도시 내 자연과 접촉할 수 있는 정원, 농원, 놀이터의 설치를 요구하고 나섰다. 1909년 1월에는 인구가 1만 명 이상인 도시에 확장 및 장식 계획을 의무화하는 법안이 제출되었으나 상정이 무산되었다가, 이후 재상정 요구, 법안 수정 등으로 5년이 지난 1914년 6월 의회를 통과했다. 하지만 제1차 세계대전이 발발하자 법안 제정이 연기되었다. 하지만 이후 1919년 도시정비미화확장법의 이름으로 재상정되어 통과되었다. 이 법안은 도시정부가 거리, 오픈 스페이스, 공공시설 부지 등을 지정하고 건축과 공공 보건을 규제할 수 있도록 했다. 다만 재정적인 측면과 토지 소유주와의 문제에 대한 언급은 없었다. 20세기 초반에는 프랑스 건축가와 엔지니어들에 의해 설계와 도시 디자인 기술이 크게 발전했다. 에콜 드 보자르(국립미술학교) 출신의 건축가들은 시각적인 화려함을 도시계획과 결합시켜 주목을 받았다. 다만 공공주택, 슬럼가 정비, 토지 소유주와의 문제 등에 대한 논의는 없었다.

미국

미국은 독립전쟁(1775~1783) 이후 중앙정부 수립을 논의했다. 당시 대륙회의는 1779년 9월 연합규약(Article of Confederation)을 만들어 13개 주에 찬반을 물었고, 이 규약은 1781년 3월 비준되었다. 1787년 5월에는 필라델피아에서 연방헌법제정회의가 개최되었다. 연방정부는 주로부터 '위임받은 권한'만을 행사한다는 내용이 헌법에 명시되었고, 삼권분립을 채용했으며, 1789년 4월 정식 발족했다.

각 주의 헌법은 주 행정을 위해 출선기관이면서 동시에 사법기능을 갖는 행정구역인 카운티(County)에 관한 규정을 담았으나 타운(Town), 패리시(Parish)에 대해서는 별도의 언급이 없어 사실상 과거의 형태를 그대로 인정했다. 각 주마다 카운티 등에서 일할 직원을 선출하거나 임명했는데 점차 공선제를 선택하는 주들이 증가했다. 카운티는 주의 행정구획이면서 열거된 권한만 행사하는 출선기관이었으나, 준법인격을 갖는 정부였다. 주마다 카운티가 공적법인이기도 했고 지방정부이기도 했다.

식민지 시대에는 시장이 지사에 의해 선임되었으나, 독립 후에는 장로 의원 혹은 시의회의 의원에 의해 선임되었다. 19세기 말에는 선거권 확대의 흐름 속에 시장의 공선이 보편적인 원칙으로 받아들여졌다. 도시의 의회 역시 아주 작은 도시를 제외하면 주와 마찬가지로 상원과 하원의 이원제였다. 미국에서는 시민의 자유로운 활동을 규제하고 구속하는 정부가 필요악이었으며 작은 정부를 추구했다. 또 권력을 분산하고 상호 억제함으로써 균형을 확보하도록 했다. 행정에 대한 감독권은 시장에게 직접 주어지는 것이 아니었으며, 독자적으로 공선되는 행정 각 부문의 장, 예를 들어 검찰관, 기술관, 경찰관, 도로 커미셔너, 시장 감독관에게 이전되었다. 19세기 말에야 시장은 행정 각 부문의 질서를 확립하는 역할에서 명확히 행정부의 책임자가 되었으며, 일반적으로 의회에 대한 거부권이 부여되었다.

도시에 대한 주의 개입은 1850년 이후 일반화되었다. 특정 도시에 권한을 이전하는 주의 특별법은 입법적인 규제와 함께 도시 행정 전반을 통제하기에 이르렀다. 주는 도시를 만들고 변경하고 분할하는 것뿐만 아니라 도시를 없애는 것도 가능하다는 것이 정설이 될 정도였다. 이 같은 주의 지배에 대해 도시민의 반발이 계속 커지면서 특별법이 아닌 일반법으로 도시를 규정하고 시티나 타운, 빌리지를 법인으로 만드는 조치가 이어졌다. 그러나 도시에 대한 주 헌법의 규정이 상이했으며, 그에 따른 개입 방식이나 정도 역시 상이했다.

1875년 미주리주에서는 인구 10만 명 이상인 도시는 자체적으로 헌장

▎미국의 도시들은 자치 권한을 가진 후 계획을 통해 도시를 더 매력적으로 가꾸기 위해 노력했다. 1877년 캘리포니아주는 인구 10만 명 이상인 도시에 자체적으로 헌장을 작성하도록 했는데, 1885년에는 1만 명 이상 도시에도 이 권한을 부여했다. 사진은 캘리포니아 샌프란시스코 내에 서부개척시대의 시가지를 재현해 놓은 관광지.

을 작성하도록 했다. 1877년에는 캘리포니아주 역시 이 규정에 따랐는데 8년 후에는 인구 1만 명 이상의 모든 도시에도 이 권한을 부여했다. 이를 자치헌장(Home Rule)운동이라고 칭했다. 그러나 주 재판소에서 모든 시의 헌장 규정은 주법에 따라야 한다고 판결하면서, 도시들이 스스로 헌장을 작성하고 개정할 수 있는 권리를 갖도록 주 헌법이 개정되었다. 도시에서 이루어지는 자치의 정도는 주마다 각양각색이었다.

20세기 들어서는 다양한 시민단체에 의해 도시개혁운동이 전개되었는데, 이 운동은 악덕 정치인 배제, 시정의 정화 및 능률화, 세제 개혁, 공익기업에 대한 규제, 사회복지의 증진을 목표로 했다. 이러한 도시개혁운동은 연방정부 및 주정부의 개혁에도 크게 기여했고, 1910년에 설립된 '능률과 절약에 관한 대통령 위원회'(태프트위원회)의 권고는 주정부 재조직(행정의 통합화) 및 예산 제도 개혁의 진전에도 큰 영향을 미쳤다. 1920년대까지 연방정부, 주정부, 지방정부는 각각의 권한과 책임의 영역을 명확히 정의했고, 연방정부와 주정부 간의 권력 배분을 강조해 정부 간의 긴장과 경쟁이 촉진되었다.

19세기까지 미국의 도시는 주의 관할권하에 있는 행정구역 정도로 인식되어 자치권을 제대로 보장받지 못했는데, 이후 시민들의 적극적인 의사 표현으로 인해 도시가 권한과 역할을 인정받게 되었다. 20세기 초에는 개혁운동이 일어나 도시의 행정 수준이 향상되었다.

미국의 경우 1907년 이전에는 도시계획과 관련된 법률이 없었다. 이는 앞서 언급한 대로 19세기 미국 도시들의 위상과도 연관이 있었을 것이다. 엄청난 자원과 자본에 비해 노동력이 부족한 관계로 실질 소득은 세계 최고 수준이었고, 따라서 빈곤에 따른 문제가 심각하지 않았다. 공공 개입의 필요성이 유럽에 비해 적었으며, 민간이 서비스를 제공하는 것이 모두에게 이익이라는 사고가 광범위하게 확산되었다. 이는 사람들이 정부에 대해 기본적인 불신을 갖고 있었다는 것을 의미한다.

남북전쟁(1861~1865)으로 도시 곳곳이 파괴되고 인구가 도시에 집중되면서 도시의 질을 향상시키기 위한 정부의 노력이 시작되었다. 도시 환경을 공공이 통제할 필요성이 생겨났고 도시계획이 믿을 만한 도구로 인식되었던 것이다. 미국의 도시는 대개 격자 계획이라서 정부는 1785년부터 1마일(1.61km) 정사각형과 그 배수에 근거해서 토지 이용을 허가했다. 도시가 발전하면서 일관성 없는 성장 패턴이 발생했는데, 그로 인해 중심 지자체와 인근 지자체가 상호 조율하면서 거리 패턴을 확립해 가는 것이 중요한 명제로 부상했다.

1807년 뉴욕은 1811년까지 맨해튼 내 소공원, 공공장소, 시장 등을 미리 구획해 두고 도시 전체에 대한 거리 계획을 수립했고, 19세기 후반에는 뉴욕 외곽에도 이를 적용했다. 미국의 최초의 수도였던 필라델피아는 보다 이른 시점인 1721년에 건축선과 거리를 지정하는 조사원과 단속기관을 지정할 수 있는 권한을 가졌다. 1854년에는 합병으로 면적이 확장되면서 12개 디스트릭트를 조사하기도 했다. 1891년 펜실베이니아주 입법부는 산하 지자체에 거리와 골목길에 대한 종합적인 계획을 요구했다. 하지만 토지 소유주들은 이 같은 계획에 따를 의무가 없었고 지자체는 수용해야 하는 토지 및 건물에 대한 보상 의무가 있었다. 하지만 필라델피아는 지자체에 보상 의무가 없다면서 기존의 관례를 뒤집었고, 이것이 전체 주로 확대되었다.

1890년대에 도시의 교외 확장이 계속되자 지자체는 구획 분할을 통해 확장을 통제했는데, 이에 대해 토지 소유주와 법원이 반대하고 나섰다. 예를 들어 매사추세츠 대법원은 보상 없는 고속도로 설계는 위법하다는 결정을 내렸고, 이에 보스턴은 수도, 전기, 가로등에 대한 설치를 중단하거나 금융기관의 대출을 금지함으로써 토지 소유주를 강제했다. 1893년 볼티모어는 지형조사위원회를 구성해 도시 전체에 대한 거리계획을 수립했다. 미국의 도시는 유럽의 도시에 비해 자연경관과 농촌 자원을 보존·유지하기가 상대적으로 용이했으며, 격자 패턴의 도시 공간에 공원 시스템을 구축하는 것을 특징으로 했다. 프레드릭 로 옴스테드(Frederick Law Olmsted)가 설계한 뉴욕 센트럴파크가 대표적이다. 그는 단순히 공원만 조성한 것이 아니라 넓은 교외 가로와 공원을 대중교통으로 연결하면서 공원 시스템을 구축했다. 1893년 매사추세츠주는 상설 메트로폴리탄 공원위원회를 구성했고, 비슷한 시기에 보스턴은 60.7km^{2}를 공원 구역으로 지정했다.

19세기 후반 도로, 철도 등에 의해 도시가 확장되면서 단조로운 격자형 도시 패턴을 넘어서 화려하고 아름다운 주거 공간을 선호하는 부유층들이 외곽으로 이주했고, 이들은 풍부한 녹지와 곡선을 가진 유려한 설계로 주거단지를 조성했다. 1870년 일리노이주 리버사이드가 대표적이다. 하지만 유럽과 같은 강력한 주택개혁운동 또는 일부 자본가의 노동자 주거단지 조성 같은 사례는 없었다. 미국의 철도는 1830년대에 본격적으로 구축되기 시작해 도시의 성장과 발전에 크게 기여했다. 주정부와 도시정부는 1870년대에 도시 환경과 안전 향상을 위해 철도의 도시 내 진입을 통제하면서 종착역을 통합 역(Union Station)으로 건설했다. 1896년 세인트루이스, 1898년 보스턴에 이어 1900년대 초반 워싱턴, 필라델피아 등도 통합역과 관련해 대규모 프로젝트를 추진함으로써 도시 발전에 획기적인 변화를 이뤘다. 이 같은 프로젝트는 토지에 대한 강제매수 권한을 갖고 진행되었으며, 공공재정을 투자해 화려하고 우아한 경관을 연출함으로써 도시에 새로운 매력 자원을 창출했다.

19세기 후반 화려했던 교외에 비해 도심은 불결함과 무질서로 가득했다. 신속한 경제 성장과 변화하는 산업은 도시에 악영향을 미쳤고, 부유층뿐만 아니라 빈곤층도 문화와 아름다움을 영유할 수 있어야 한다는 사고가 확산되었다. 부유층과 엘리트들은 유럽의 도시들과 자신의 도시를 비교하기 시작했고, 여기서 비롯된 열등감은 문화 투자를 끌어내는 거대한 자극제 역할을 했다. 공공공간의 아름다움을 창조하기 위한 도시 간 경쟁이 이어졌다. 아름다움과 문화는 번영의 상징이면서 동시에 민간 자본의 투자를 유치하는 데에도 도움이 되었다. 1853년 매사추세츠 로렬 힐(Laurel Hill)

협회를 시작으로 1876년 필라델피아 100주년 박람회가 질서정연한 도시 사례들을 제공했는데, 이는 1893년 미 대륙 발견 400주년 기념 시카고박람회에서 절정을 이뤘다. 1889년 파리박람회에 대한 경쟁의식이 작동하면서 시카고박람회는 옴스테드와 헨리 코드먼(Henry Codman)이 전시장소를, 다니엘 번햄(Daniel Burnham)이 건축을 각각 맡아 진행했다. 1893년 뉴욕을 시작으로 1894년 신시내티, 1899년 시카고, 클리블랜드, 볼티모어에 도시예술협회(Municipal Art Society)가 창립되어 가로등 디자인, 공원 배치, 건축 설계 등의 다양한 분야에 관여하기 시작했다.

미국의 도시들은 18세기 후반부터 임시주택 조사, 노후건축물 철거, 화재 통제, 기본적인 공공보건과 환경을 위한 규제 방안을 도입했다. 뉴욕주는 1867년 연립주택단지에 대한 건축규제를 담은 연립주택법을 제정했으나, 19세기까지 상당수 도시들은 토지 소유주와 건축업자들의 반발로 높이 제한을 위주로 한 규제를 실시하지 못했다. 하지만 민간 차원에서 과밀 디스트릭트에 공공놀이터를 제공하기 위한 노력이 이어졌고, 슬럼 정비와 부실한 연립주택 문제에 대한 사회적 논의가 계속되었다. 이러한 논의하에 1891년 보스턴을 시작으로 1892년 버팔로, 1894년 뉴욕에서는 공중보건 및 건축 규제를 통해 연립주택을 개선하기 위한 노력도 시작되었다. 뉴욕주는 부실한 연립주택과 슬럼가를 강제 매수해 공원을 제공하는 법률을 제정하기도 했다. 미국은 유럽처럼 강력한 주택 개혁과 건축에 대한 효과적인 규제를 실시하지는 않았지만, 불안정한 가운데서도 다양한 미국만의 도시계획 제도를 갖춰나갔다.

1890년대에는 독일의 도시계획이 전파되면서 도시개혁가들과 지자체는 도시의 아름다움을 추구하기 시작했다. 1900년대 초반에는 도시 중심에 공원 시스템을 적용하고 장식 및 시설에 대한 계획을 마련했다. 매연과 건축 높이를 규제해야 한다는 주장과 함께 도시 예술은 소수가 아닌 모두를 위한 것이어야 한다는 주장도 계속되었다. 1904년 샌프란시스코에 도시 개선 및 장식을 위한 협회가 구성되었다. 뉴욕에서 일어난 주택개혁운동은 도시 전체에 상수도를 보급하고 통신 시스템 구축을 통해 민간 투자를 유도하는 과정에서 시작되었다. 주택개혁운동의 여파로 1898년 공공개선위원회가 구성되고, 1899년 연립주택건축조항이 제정되었으며, 1900년 연립주택박람회가 개최되었다. 새롭게 구성된 연립주택위원회는 유럽의 주택 조건과 건축규제를 감안해 1901년 연립주택법을 제정했고 연립주택 전담 부서도 창설했다. 1902년 1월에는 공기 순환, 내부 정원 조성, 인접 도로 너비에 따른 높이 제한 등을 담은 연립주택헌장을 발표했다. 연립주택법의 취지는 높이의 원칙을 정하는 것으로, 건축물이 높을수록 입지, 이익, 주변 영향 등에서 문제가 발생하므로 규제를 더 엄격하게 해야 한다는 것을 의미했다. 1908년 다시 개최된 연립주택박람회에서는 슬럼의 열악함이 다시 제기되었고, 도시 공간을 그 용도에 따라 구분하는 조닝(zoning)과 계획 적용에 따라 도시 공간을 보다 강력하게 규제해야 한다는 목소리가 커졌다.

1910년 뉴욕은 인구밀집위원회를 구성했는데, 여기서는 미국 사회 전반에 독일의 도시계획, 영국의 정원도시 및 교외 계획, 건축 규제와 용도지역제, 주거지역의 도로 분리, 저렴한 공공교통, 공원 놀이터나 공공시설을 적용하기 위한 논의가 이루어졌다. 이를 위해 공유지를 보존하고 지자체가 공공사업에 필요한 사유지를 수용하는 데 대한 논의도 이루어졌다. 1907년 코네티컷주 하트포드에 도시계획위원회가 최초로 구성되었는데, 1915년에는 97개 도시가 도시계획위원회를 만들었다. 조닝은 1885년 캘

미국 뉴욕 맨해튼 빌딩 숲속에 자리한 유니언 스퀘어에서 월요일마다 열리는 유기농 시장. 1976년부터 운영되고 있는 이 시장은 사회적 기업이자 비영리단체인 그린 마켓이 운영하는 뉴욕 시내 일곱 곳의 시장 중 하나이다. 이 시장의 목적은 시민에게는 안전하고 신선한 농산물을 제공하고 농부에게는 이익을 제공하는 한편 지역경제를 위하고 농지를 지키는 것이다. 무엇보다 농지를 지킨다는 데 유념할 필요가 있다. 현재 브롱크스, 브루클린, 맨해튼, 퀸스, 스태튼 아일랜드 등 뉴욕의 각 자치구 중심지 일곱 곳에서 요일별로 장터가 운영 중이다. 인근 200마일(약 322km) 이내에 있는 뉴욕, 코네티컷, 롱아일랜드, 뉴저지, 펜실베이니아 등 5개 주의 농가 230여 곳이 참여하고 있다.

리포니아주 모데스토시에서 중국인의 세탁소를 배제하기 위해 처음으로 적용되었다. 로스앤젤레스는 1909~1910년에 특정 디스트릭트로 공업시설이 진출하는 것을 제한하고 공업시설을 거주 지역과 분리하는 조닝 조례를 제정했다. 조닝은 토지와 건축의 가치를 보호하는 것으로 인식되어 부동산 이익단체들도 조닝을 지지했다. 한편으로 조닝은 부유층의 재산을 유지 및 증가시키면서 빈곤층은 계속 슬럼 같은 열악한 지역에 머물게 한다는 의미도 담고 있었다.

1916년 뉴욕은 도시 전체에 조닝을 도입하면서 건축규제와 조닝을 결합시켰는데, 이는 지나친 혼잡 문제를 해결하기 위한 비상한 노력이자 미국 도시계획의 큰 성과로 인정받고 있다. 1904년 보스턴은 도심은 최대 높이를 38.1m로, 외곽지역은 24.4m로 규제했다. 그러자 부동산 이익단체들이 반발했는데, 1909년 대법원은 이에 대해 합법 판결을 내렸다.

뉴욕이나 시카고 같은 중심 상업지역에는 높이 규제가 없어 초고층 건축물이 등장했다. 이에 1911~1912년 종합적인 도시계획을 마련하려는 시도가 등장했다. 1912년에는 건축 높이, 규모, 배치에 대한 위원회를 구성했고, 1914년에는 도시계획위원회를 구성했다. 한편 1913년에는 독일의 차등건축조례에 필적할 '차등건축규제계획'을 작성한 후 건축 디스트릭트 및 규제를 위한 위원회를 구성했다. 건축 디스트릭트 및 규제를 위한 위원회는 공공의 개선과 미래 사유지 개발을 함께 계획해야 한다는 점을 촉구하면서 용도구역을 주거, 비즈니스, 무규제, 미확정으로 구분했고, 다섯 개의 고층 디스트릭트를 지정해 건축물 전면부의 높이를 거리 너비의 1~2.5배로 결정했다.

1913년 뉴저지주의 뉴어크(Newark) 계획은 미국의 과학적인 계획이 실시된 시작점으로, 기존의 격자를 넘어 각각의 디스트릭트가 예상되는 기능을 수행할 수 있는 네트워크를 구축했다. 이를 통해 도시계획은 공공과 민간 자본의 낭비를 막는 보험이자 도시 성장을 위한 활동의 조정이라는 인식이 정착되었다. 제대로 된 계획이 없으면 기능이나 역할이 충돌해 공간을 재배치해야 하므로 막대한 규모의 비효율적인 지출이 발생하기 때문이다. 1917년 미국의 도시계획연구소가 창립되면서 근린주구(neighborhood Unit) 개념이 확산되었고, 도시 외곽에 사회적으로 균형 잡힌 커뮤니티가 구성되면서 중산층과 노동자의 주택이 공급되었다. 1902년 제이콥 리스(Jacob Riss)는 공립학교를 중심으로 하는 근린 개념과 근린의 연합에 의한

뉴욕의 화물철도 노선을 공원으로 조성한 하이라인. 뉴욕은 19세기 말 도심에 있는 공장들에 원료를 공급하기 위해 7.5m 높이에 화물철도 노선을 설치했는데 이를 공원으로 탈바꿈했다. 처음에는 이곳을 고급 주거시설로 개발하려 했으나 시민단체 '하이라인의 친구들(Friends of the High Line)'이 중심이 되어 시민들의 다양한 활동을 보장하는 공원으로 꾸몄다. 이곳은 센트럴파크와 함께 관광객들이 가장 찾고 싶어 하는 명소로 알려져 있다.

도시 창출 개념을 제시하기도 했다. 1920년대 들어서는 공동편의시설 주변에 주택과 오픈 스페이스를 조성하는 민간개발업체들이 등장했다.

18세기 후반부터 시작된 산업화와 도시화는 세계적인 현상이었으며, 1890년대부터 제1차 세계대전 직전까지 국가 간 상호 교류는 도시계획 발전의 토대가 되었다. 이를 통해 도시 문제에 대한 세계적인 논의가 활발하게 이루어졌으며, 영국에 건설된 레치워스, 포트 선라이트, 본빌, 햄스테드 등의 신도시와 저밀도 주택단지들이 세계 각국에서 논의 주제가 되기도 했다. 이와 함께 독일의 도시계획은 도시를 위한 포괄적이고 조직화된 원칙으로 여겨졌다. 프랑스가 공공예술로 역사적인 건조물을 보존하고 1890년대에 순수 보존주의가 예술과 장인의 창조적인 디자인 개념을 보완하면서 미국의 도시미화운동도 이로부터 영향을 받았다. 영국의 정원교외, 독일의 도시계획, 프랑스의 거대함과 우아함, 미국의 공원 시스템 확장과 이상적인 계획은 상호 긍정적으로 작용했다.

유럽·미국과 우리나라의 도시 공간이 차이 나는 이유

도시계획은 세계 각 국가 간 비교를 통해 성장해 왔으며, 특정한 규제 방법과 계획 도구는 국가적 여건이나 지방적 여건에 맞게 발전해 왔다. 유럽과 미국에서는 공공의 개입과 공공시설 설치를 통해 도시계획의 정당성을 확보해 나갔다. 19세기 초에는 화재와 안전을 위한 초보적인 규제를 실시했으며, 20세기 초에는 좋은 도시와 커뮤니티를 위한 시설을 공급하면서 시민 모두의 이익을 저해하는 행위에 대해 보다 적극적으로 규제를 시작했다. 계획이 사유재산의 이익과 사회적 차별의 수단으로 변질되어서는 안 된다는 인식이 강했으며, 계획의 기본적인 매력은 공공의 관점에서 토지 이용을 합리화하는 것이라는 사실도 분명히 했다. 독일과 영국에서는 도시계획이 지자체의 산물이었으며, 개혁 운동의 맥락에서 도시계획이 마련되었다.

우리나라의 도시계획은 18세기 후반부터 20세기 초반까지 유럽과 미국에서 이루어진 도시계획과 비교해 어떤 차이점이 있는가. 지금까지 우리의 도시계획은 개발 이익을 사유화하도록 방치하고 주거지에 따른 차별을 당연한 것으로 받아들여 온 것은 아닌가. 정부와 기술직 공무원에 의한 계획은 시민과 괴리되어 수립되고 있으며, 개발업체에 의한 계획 변경은 그들의 의도에 따라 지나치게 빈번하게 이루어지고 있다. 도시 지자체들이 겉으로는 계획을 말하면서 실제로는 난개발을 하고 있는 것은 아닌지 살펴볼 필요가 있다. 도시 미래와 정체성, 경관, 일조, 통풍 등 모두가 공유해야 할 가치가 개발업체와 토지 소유주의 이익을 위해 희생되고 있지는 않는가.

2023년 2월 정부는 20년 이상 된 노후 신도시 정비 사업에 파격적인 특례를 부여해 용적률을 최대 500%까지 할 수 있도록 하겠다고 발표한 바 있다. 이러한 정책은 수도권을 염두에 둔 것으로, 인구가 갈수록 감소하거나 정체 중인 지방 대도시에서는 적용하기 어렵다. 이 도시정책은 주택을 더 높게 짓도록 허용해 줌으로써, 개발업체에 사업성을 더 보장해 주는 방법으로 도시를 조성하겠다는 것을 의미한다. 이러한 정책이 미칠 영향과 그에 따라 빚어질 수 있는 문제에 대해 정부와 지자체는 아무런 대책을 내놓지 못하고 있다. 이렇게 무책임한 개발 촉진 정책은 도시 내 특정 구역의 고밀과 과밀을 유도하면서 새로운 도시 문제를 야기할 것이 분명하다.

지금 유럽이나 미국의 도시와 우리나라 도시는 도시의 모습이나 운영 시스템, 계획 수립 및 집행 과정에서 큰 차이가 난다. 도시 문제가 발생한 뒤 중앙정부와 도시정부, 전문가들의 대처가 각기 달랐던 것이 그 원인일 것이다.

유럽과 미국의 중앙정부와 도시정부는 시민의 삶, 도시의 정체성과 미래에 중점을 두었고, 대처는 모두 달랐지만 공공이 어떤 방식으로든 구체적이고 전략적으로 개입해 규제하고 주택 및 시설을 직접 제공하며 인센티브를 부여하는 방법을 사용했다. 전문가들은 자신의 이론을 내걸고 직접 도시를 조성했고, 협회와 단체를 구성해 도시를 더 아름답고 살기 좋게 만드는 데 적극적으로 관여했다. 무엇보다 도시정부는 시민의 의견을 토대로 도시 공간을 직접 개선·정비할 수 있는 권한과 재정을 획득해 나갔다.

반면 우리나라는 민간의 사업성에 따라 도시 개발이 이루어져 공공의 개입이 최소화되고 있으며, 아파트를 중심으로 한 부동산 투기도 광범위하게 나타나고 있다. 도시정부의 인·허가는 모두의 주거의 질을 높이기보다는 개발업체의 사업성을 높이는 데 기여하고 있다. 이로 인한 차이는 현재의 도시 경관에 그대로 나타나고 있다.

맺음말

—

정의로운 도시 및 국토 개발을 위하여

우리의 국토 공간과 도시 공간은 해방 이후 신속한 변화를 거쳐 우리의 삶의 질 전반을 향상시켜 왔다. 의식주와 관련된 기본적인 서비스가 지극히 미흡했던 시대를 거쳐 이제 우리는 일부 지역과 도시에서는 서비스의 과잉 공급을 우려해야 하는 시대에 도달했다. 평균 소득이 증가하고 서비스의 평균적인 양과 질 역시 나아졌지만, 불균형, 불공정, 양극화, 분절화 같은 다양한 문제도 발생하고 있다.

공간은 모든 것을 보여준다. 정부 및 지방자치단체의 국가 및 도시 운영 철학, 정책 방향, 국민의식과 시민의식, 삶의 질과 경제적인 수준, 민주적 절차의 준수 여부, 지방분권과 자치의 정도, 미래에 대한 준비가 축적된 결과가 공간 안에서 실현되기 때문이다. 지금 우리를 둘러싸고 있는 공간을 면밀히 살펴보고 이를 개선하기 위해 노력하는 모든 과정은 따라서 분명한 미래상과 그에 따른 방향성, 전략, 구체적인 실천 방안, 평가 및 개선 방안을 담고 있어야 한다. 이를 위해서는 시민들이 어떠한 국토 공간과 도시 공간을 바라는지를 제대로 파악하는 것이 무엇보다 중요하다.

일반적으로 모든 국민은 국토 공간 어디서나 교육, 의료, 문화, 편의 등의 공공 서비스를 불편함 없이 받을 수 있어야 한다. 어떤 지역에서 공공 서비스의 질적·양적인 하락은 그 지역의 인구 감소, 민간 서비스의 축소·쇠퇴, 지역 쇠락 및 소멸로 이어진다. 지역이 다르다는 이유로 도로, 철도, 항만, 공항 등의 기반시설에서 차별을 겪어서는 안 된다. 국가는 각 지역이 공정하게 상호 경쟁을 할 수 있는 토대를 제공해야 한다. 물론 각 지역이 자연 자원, 지리적 위치, 역사적·문화적 개성과 매력에서 차이가 나는 것은 불가피하다. 정부는 이러한 차이를 극복할 수 있는 토대를 제공해야 하며, 그러한 기조에서 정책을 구상하고 재정을 지원해야 한다.

시민이 도시에 기대하는 것은 수준 높은 공공·민간 서비스이다. 평균적인 주거의 질을 유지하고, 공원, 하천, 광장, 녹지 등 도시가 제공하는 공공공간을 즐기며, 저렴하고 편리한 대중교통 시스템, 자전거 도로, 보도를 이용해 도시 내외를 자유롭게 이동할 수 있다면 만족도가 높아질 것이다. 공공 서비스의 수준이 높은 도시에는 민간 자본의 투자도 이어져 선순환 구조가 구축될 수 있다. 이러한 바람이 미래에도 지속가능하려면 에너지 순환, 친환경, 저탄소의 개념을 도시 공간에서 실현시켜야 할 것이다. 시민은 열린 공간이 많은 도시, 대중교통이 활성화된 도시, 녹지를 어디서나 즐길 수 있는 도시, 걷기 편한 도시를 선호한다.

우리나라의 국토 공간과 도시 공간은 과연 이러한 바람과 기대를 잘 반영하고 있는가. 그렇지 못하다면 그 원인은 어디에 있고, 이를 해결할 수 있는 방법은 있는가. 인구 감소와 지방 소멸, 공공공간의 사유화, 공간의 양극화·분절화, 주거 환경의 악화 등 우리가 현재 직면하고 있는 문제들을 해결하지 못한다면 우리 모두의 삶의 질은 하락할 수밖에 없다.

이제 우리는 무엇을 어떻게 해야 하는지에 대해 대답해야 한다. 지금의 국토 공간과 도시 공간의 틀이 일제강점기에 마련되었다는 사실은 부인할 수 없다. 그런데 해방 이후 이 틀을 정비하거나 개선하지 못한 채 신속한 경제 성장에 나서면서 오히려 이를 확장 및 강화해 버렸다. 우선 이 틀부터 전면적으로 혁신해야 한다. 거주하는 주민들이 아니라 개발·건설업체, 투기세력 등 외지인의 수익 창출에 초점을 맞춘 개발, 효율성만 앞세워 국가 재정을 특정 지역에 집중하는 개발, 공간의 질적 향상보다 양적 공급에 치중하는 개발, 중앙정부와 대규모 자본이 주도하는 개발, 수요자보다 공급자 입장이 중시되는 개발은 이미 일제강점기에 일본인 관료 및 재조선 일본인과 부역자들이 실행에 옮긴 바 있다. 이는 분명 정의롭지 못한 방식이었다.

패망한 일본이 급속한 경제 성장을 이루자 이를 모델로 삼은 박정희 군사정권은 일제강점기에 구축된 공간의 틀을 해체하기보다 더 강력하게 업그레이드했다. 일제는 대륙 침략을 위해 일본 본토와 가까운 지역 및 수도권에 한정된 재정과 물자를 집중시켰는데, 해방 이후 수십 년간 이를 그대로 반복하면서 단기간 성과, 효율 극대화를 정책 목표로 매진했다. 이러한 우리나라의 압축 경제 성장은 국토 전반의 불균형을 초래할 수밖에 없었다. 압축의 정도가 강했고 그 성과 역시 컸지만, 불균형의 정도 역시 심각하게 드러났다. 한국전쟁 이후 70여년 만에 경제적으로 선진국 수준에 오르는 훌륭한 성과를 냈기 때문에 이 체계를 지속하려는 힘은 더욱 강해졌고 기득권을 가진 지역과 세력은 이를 더 견고하게 유지·발전시키기 위해 전력을 다했다.

수도권은 이미 정치적으로, 경제적으로, 문화적으로, 사회적으로 대한민국의 절반 이상을 가지고 있고, 앞으로도 더 가지려 하고 있다. 좋은 대학, 좋은 일자리, 좋은 병원, 좋은 생활 여건, 좋은 문화와 복지 같은 혜택을 누리기 위해 사람들은 계속해서 수도권으로 몰려들고 있는 것이다. 기본적인 주거시설은 부족할 수밖에 없고, 건설업계와 부동산 투기세력은 이를 이용해 주택 가격을 계속 끌어올리고 있다. 서울과 경기도 접점지역에 신도시를 개발하고 서울 도심 곳곳에서 재개발을 진행하고 있지만 여전히 집값은 고공행진 중이다. 또 집값 부담으로 인천과 경기도로 이주한 사람들을 위해 도로, 전철 등의 기반시설을 설치하는 데 천문학적인 국가재정이 투입되고 있다. 숨 막히는 지하철, 하루 종일 정체를 빚는 도로로 인한 불편을 해소하기 위해 계속 대책을 내놓아야 하기 때문이다. 행정부, 입법부, 사법부의 구성원들은 수도권 유권자의 부담을 줄여주기 위해 수도권 내 이동 편의를 높이는 데 전력을 다하고 있다.

수도권으로 인구와 자본이 몰리면서 지방의 여건은 갈수록 열악해져 결국 인구 소멸을 걱정해야 하는 처지에 놓여 있다. 이러한 상황에서 정부가 해야 할 일은 명확하다. 먼저 수도권의 확장 및 강화를 억제하고 일부 기능을 해체해 지방으로 분산시켜야 한다. 행정부 일부를 수도권과 가까운 세종으로 옮기는 것이 아니라 다양한 분야의 정부부처와 공기업, 대학, 대기업을 수도권에서 가장 먼 지방으로 이전하도록 권장하고 강제할 필요가 있다. 대기업에 대해서는 법인세와 상속세 감세 혜택을 주는 방안을, 대학에 대해서는 이전 비용을 정부가 부담하는 방안을 고려해 볼 만하다. 공장과 기업을 의무적으로 인구 소멸 지역으로 이전시키는 것도 지역을 재생시키는 데 큰 도움이 될 것이다.

국가 재정은 오롯이 국가 균형발전을 위해 투입되어야 한다. 도시가 인구와 경제에서 일정한 규모를 갖춘 경우 민간 자본을 통해 부족한 부분을 채우도록 하고, 국가 재정은 지방에서도 수도권 도시와 비슷한 삶의 질을 누릴 수 있는 여건을 만드는 데 써야 한다는 것이다. 인구와 자본을 분산하는 것은 세계 최저 수준인 출산율을 제고하는 데에도 도움이 될 것이다. 모든 정부 정책 역시 불균형을 바로잡는 데 집중되어야 한다. 정부는 정책 방향을 확고히 밝히고 단기 과제, 중기 과제, 장기 과제를 선정해 구체적인 실천 방안을 마련할 필요가 있다.

지방자치단체는 주민의 편에서 주민 모두가 영유할 수 있는 공간을 늘려가는 계획 및 개발 시스템을 고민해야 할 것이다. 도시를 부동산 시장으로 보고 도시계획과 개발을 통해 수익 창출을 추구하는 개발·건설업계와 투기세력에 맞서 보다 적극적인 시민 참여를 이끌어내야 하며, 시민들이 공간 조성을 주도할 수 있도록 시스템을 정비해야 한다. 주택, 동네, 생활권, 도시에 아무런 애정이 없는 '메뚜기 시민'(주택 매매를 통해 수익을 추구하는 시민)이 아니라 오랜 기간 동네에 거주하며 공동체를 구성하는 진정한 시민들이 공간을 계획·개발하는 데 참여할 수 있도록 보장하는 것은 지자체가 해야 할 당연한 역할이다. 마치 일제강점기에 일확천금을 노리고 식민지 조선에 들어와 개발 이익을 독점했던 일본인들과 같은 투기세력을 최대한 억제하는 구체적인 대책을 서둘러 실행해야 한다. 예를 들어 타 지역 주택 소유 제한, 실거주 외의 주택 구매 시 중과세 부과, 투기 세력을 배제하기 위한 신규 아파트 분양 시스템의 전면 혁신, 10년 이상 거주 시 세제 혜택 등의 제도가 대표적이다. 아파트 건축 법규를 대폭 강화해 건축물

내구연한을 현재 수준보다 획기적으로 늘려야 함은 물론이다. 30년만 지나면 엄청난 비용을 투입해 재건축해야 하는 건축물을 처음부터 짓지 못하게 해야 한다는 의미이다.

민간에만 맡겨놓는 주택 공급 시스템도 전면 개편해야 한다. 전세 제도는 법적·행정적으로 매우 취약적인 제도이다. 전세 사기를 막기 위해서는 공공임대의 질을 높여 민간주택을 구입할 여력이 없는 사람이라면 누구나 공공임대를 이용할 수 있도록 공공이 보다 적극적으로 주택시장에 개입하는 방안을 마련해야 한다. 분양가 상한제를 전면 도입하고 분양가를 공개하면서 기초지방자치단체 차원의 면밀한 주택 수요 조사를 통해 맞춤형 주택을 공급하고 실천적인 주택종합계획을 작성한다면 부동산 가격을 안정시키는 데 도움이 될 것이다. 실제 거주하는 시민들을 위한 주택 공급이라는 원칙을 분명히 하고 투기세력을 부동산 시장에서 배제하는 것이 정부와 지자체가 해야 할 일이다.

무엇보다도 투기에 의한 불로소득의 상당 부분을 환수해 도시 내 공공공간을 질적으로 향상시키는 데 투입한다면 아파트 난개발을 저지할 수 있을 것이다. 정부의 신도시 개발 및 택지 공급, 정부와 지자체의 인·허가를 통해 발생하는 공기업과 민간 개발·건설업체의 이익을 산정하고 이익의 적절성과 타당성을 검토한 후 이를 공식적으로 회수할 수 있는 방안을 마련해야 한다. 매우 소극적으로 이루어지고 있는 업체의 기부체납이나 공공기여의 정도를 대폭 늘리고 시민들에게 개발에 따른 혜택이 두루 미칠 수 있도록 제도적인 보완이 필요하다. 이와 함께 개발사업에 대한 정보와 심의, 인·허가 등의 과정을 투명하게 공개해 개발의 적절성과 타당성을 수시로 검증해야 할 것이다. 우리나라의 개발 시스템은 토지 매매는 개인의 자유에 맡기지만 해당 토지를 개발할 때에는 정부와 지자체의 인·허가를 받도록 하고 있으며 규모가 크거나 중요한 사안인 경우에는 심의를 거치도록 하고 있다. 개발의 공적 기능을 강조하는 것이다. 따라서 공공이 계획을 수립하고 민간이 개발을 맡되 그에 따른 이익의 상당 부분은 공공에 기여하는 방향으로 사용해야 한다. 개발 이익을 제대로 환수하는 것이야말로 현재 우리나라 주택 부문에서 나타나는 문제점, 즉 주거 양극화, 아파트 가격의 이상 급등, 전세 사기, 획일적인 도시 경관 같은 문제의 해결책이 될 것이다.

주택 개발사업에서는 고비용 구조를 혁신해야 한다. 현재의 시스템은 다음과 같다. 우선 시행사라는 개발업체가 토지를 확보하기 위해 금융기관이나 펀드 등으로부터 고리 대출(Project Financing)을 받고 용도지역을 변경하거나 인센티브를 받아 고밀·과밀 개발의 토대를 마련한다. 이른바 '땅 작업'이다. 이후 시공업체가 등장해 아파트를 짓고 분양업체에 넘기는 과정을 거치면서 토지 가격이 대폭 상승한다. 이러한 상승분은 시행업체, 금융기관이나 펀드, 토지 소유주 등이 나눠 갖는다. 토지 가격이 상승하면 분양가도 높아지는데, 시공업체는 여기서 이익을 챙기며 이 모든 부담은 입주자가 지게 된다. 여기에 투기세력이 끼어들 경우 입주자는 프리미엄까지 덤터기를 쓸 수밖에 없다.

현재의 용도지역제를 폐지하거나 전면 쇄신하는 방안도 필요하다. 우리나라는 상업·주거·공업·녹지지역을 구분하는 용도지역제를 중심으로 도시를 계획하고 있다. 이러한 도시계획은 필연적으로 개발에 특화되어 있다. 민간 개발·건설업체는 고밀·과밀 개발이 가능하지만 토지 가격이 비싼 용도지역은 피할 수밖에 없다. 대신 단독주택지역이나 공업·녹지지역을 싸게 사들여 용도지역을 변경하는 방법으로 고밀·과밀 개발에 나섬으로써 더 높은 이익을 챙기고 있다. 또 해당 용도지역의 기능을 제고하기 위한 정부나 지자체의 공공 투자가 제시간에 충분히 이루어지지 못하면서 주민들은 민간 개발·건설업체의 고밀·과밀 개발에 기댈 수밖에 없는 구조를 갖고 있다. 도시 공간이 온통 고층 아파트로 채워지고 있는 것은 이 때문이다. 특히 고밀·과밀 개발이 불가능한 지역의 일부 주민들은 지속적으로 용도지역 변경을 요구하면서 토지 가격을 올리고 민간 개발을 자극하고 있다. 용도지역이 정해지는 과정 역시 불투명하다. 일반적인 주민들은 이러한 도시계획과 관련된 정보에 대해 대부분 알지 못하다가 실제로 개발이 이루어질 때 비로소 인지하는 경우가 대부분이다. 저층 주거지역에서 오래 거주하려는 주민이 갈수록 줄어들고 과밀·고밀이 가능한 용도지역을 선호하는 주민들이 늘어나면서 용도지역 자체가 과도하게 부풀려서 지정되고 있는 것도 사실이다. 현재 각 도시에서 지정된 용도지역을 그대로 받아들여 개발이 진행된다면 도시 곳곳은 난장판이 될 것이 분명하다. 용도지역제를 폐지한 뒤 주변 도시 경관을 기준으로 개발계획의 타당성과 기여도를 심도 높게 검토하는 것이 나을 것이다.

대부분의 선진국은 높은 수준의 지방자치와 분권 시스템이 구축되어 있다. 우리나라는 경제력과 문화 자원 면에서는 선진국 수준에 도달해 있지만 도시계획, 지방자치·분권 측면에서는 여전히 선진국 수준에 미치지 못하고 있다. 중앙정부와 기술직 공무원의 영향력이 여전히 지자체와 주민들에게 강한 영향을 미치고 계획과 개발을 주도하고 있는데 이는 국토 공간과 도시 공간을 왜곡시키는 가장 큰 원인이다. 따라서 도시 공간을 개발하려는 도시계획은 주민자치와 단체자치 차원에서 주민들이 주체가 되고 지자체가 이를 지원하는 시스템으로 가야 한다. 도시계획과 개발이 정의를 실현하려면 모두를 위한 공공공간을 늘려감으로써 도시의 지속가능성을 높여야 하고, 현재 거주하고 있는 주민의 삶의 질을 향상시키는 데 기여해야 하며, 공공의 계획에 따른 개발 이익을 적정한 수준에서 환수해야 한다.

아파트와 자동차로 대표되는 도시는 아름다울 수 없고 쾌적할 수도 없다. 경관은 어느 도시나 특징 없이 비슷해지고, 햇빛과 전망은 일부 고층 아파트가 독점하게 되며, 안전은 언제나 위협받을 수밖에 없기 때문이다. 불법 주차나 과속 같은 자동차 위법 행위에 대해 우리나라 도시처럼 관대한 곳이 있을까. 골목은 이미 주차된 차량과 지나가는 차량으로 뒤덮여 있고, 도시의 모든 도로는 신호 대기 중인 자동차로 숨이 막힐 지경이다. 지금 이 순간에도 반복되고 있는 어린이보호구역에서의 자동차 사고는 안전시설을 대폭 강화한다고 해서 해결될 수 있는 문제가 아니다. 주거지역 내로 진입하는 차량을 최소화하거나 금지하고, 불법 주차차량에 대해 강력히 제재하며, 일방통행 및 통행금지 시간대를 지정하는 등 사람의 안전을 최우선으로 하는 도시계획적 수단이 필수불가결하다. 지금이라도 승용차가 아닌 대중교통을 중심으로 도시 교통체계를 대전환해 자동차의 도심 진입을 최소화해야 할 것이다.

도시 공간을 이용해 이익을 챙기려는 세력이 주체가 된 도시에서는 역사, 미래, 지속가능성, 공공성, 정체성이 무시될 수밖에 없다. 공간은 정치, 경제, 사회, 문화, 교육처럼 인간이 만들어낸 모든 분야의 성과가 투영된 결과물이다. 인간이 만들어낸 가장 훌륭한 창조물이라는 도시의 공간이 지금과 같은 형태와 경관, 구조를 보이는 것은 분명히 문제가 있다.

도시계획, 도시 개발, 국토계획, 지역 개발, 국토 개발과 관련된 시스템은 공공성을 강화하는 방향으로 완전히 혁신해야 할 대상이다. 효율성을 강조하면서 특정 지역에 재정을 집중하는 국토계획과 개발, 민간업체의 개발 이익에 충실한 도시계획과 개발은 정의롭지 못하기 때문이다. 공원·녹지·광장 같은 공공공간이 사라지고 고층 아파트 단지로 가득 찬 도시의 미래는 암울하기 그지없으며 미래 세대에게 감당할 수 없는 철거 비용과 재개발 비용을 남겨줄 뿐이다. 자동차와 시멘트, 아스팔트로 가득한 도시에서 사람, 환경, 공동체, 미래를 이야기할 수는 없다. 내일이 없는 도시, 수도권만 살아남을 국토라면 개발과 계획은 도대체 누구를 위해, 무엇을 위해 존재하는가.

참고문헌

단행본

강만길. 1986.「토막민의 생활」.『일제시대 빈민생활사 연구』. 창작사.
고려대학교 한국사연구소 일제시대사 연구실. 2010.『식민지 조선과 제국 일본의 지방제도 관계법령 비교자료집』. 선인.
광주광역시. 2000.『광주토지구획정리백서』.
______. 2011.『광주도시계획』. 광주광역시청.
광주시. 1976.『1976년 광주도시기본계획』.
광주시사편찬위원회. 1982.『광주시사』.
광주직할시. 1989.『사진으로 본 광주 100년』.
______. 1990.『광주시가지계획: 1939.10.31 광주 최초의 도시계획 번역서』.
______. 1992.『광주도시계획연혁』.
광주직할시사편찬위원회. 1993.『광주시사 2권』.
국사편찬위원회. 1946.「미군정기군정단 군정중대 문서 5」.『한국현대사자료집성』51.
국토개발원. 1982.『제1차 국토종합개발계획의 평가분석』.
글레이저, 에드워드(Edward Glaeser). 2011.『도시의 승리』. 이진원 옮김. 해냄출판사.
기로워드, 마크(Mark Girouard). 2009.『도시와 인간』. 민유기 옮김. 책과함께.
김광우. 1993.「제3장 건설」.『광주시사 제2권』, 173~261쪽.
김원. 1986.『도시정책론』. 경영문화원.
남영우. 2011.『지리학자가 쓴 도시의 역사』. 푸른길.
도시사연구회. 2007.『공간 속의 시간』. 심산.
들루슈, 프레데리크(Frédéric Delouche) 엮음. 1985.『새 유럽의 역사』. 윤승준 옮김. 까치글방.
멈퍼드, 루이스(Lewis Mumford). 1990.『역사 속의 도시』. 김영기 옮김. 명보문화사.
박명규. 2014.『한국개념사 총서 국민·시민·인민: 개념사로 본 한국의 정치주체』. 도서출판 소화.
서순탁·변창흠·채미옥·정희남. 2007.『영국의 우트와트 보고서(1942)』. 국토연구원.
손정목. 1982.『한국개항기도시사회경제사연구』. 일지사.
올바슬린, 에일린(Aylin Orbaşli). 2012.『역사도시 투어리즘』. 독서모임 책술 옮김. 눌와.
우에타 가즈히로(植田和弘) 외 엮음. 2009.『도시 경제와 산업 살리기』. 윤현석 외 옮김. 한울아카데미.

______. 2011. 『도시의 개성과 시민생활』. 윤현석 외 옮김. 한울아카데미.
______. 2013. 『도시 어메니티와 생태』. 윤현석 외 옮김. 한울아카데미.
정환용. 2006. 『도시계획학원론 제3판』. 박영사.
조선총독부 철도국. 1937. 『조선철도사 (1)』.
조재성. 2020. 『21세기 도시를 위한 현대 도시계획론』. 한울아카데미.
하워드, 에버니저(Ebenezer Howard). 2006. 『내일의 전원도시』. 조재성·권원용 옮김. 한울아카데미.
허영란. 2009. 『일제시기 장시 연구』. 역사와 비평사.

Sutcliffe, Anthony. 1981. *Toward the Planned City*. Oxford: Basil Blackwell.

加藤一明. 1997. 『5カ国の地方自治』. 東京: (財)地方自治總合硏究所.
光州面. 1925. 『光州の今昔』.
光州府. 1937. 『光州府勢一斑』.
陸軍参謀本部. 1888. 『朝鮮地誌略之八, 全羅道之部』.
木浦府. 1936. 『木浦府史』.
北村友一郎. 1917. 『光州地方事情』.
石川準吉. 1976. 『国家総動員史 資料編 第4』. 東京: 国家総動員史刊行会.
染川太編. 1930. 『全羅南道事情誌』.
原田純考 編. 2001. 『日本の都市法 I : 構造と展開』, pp.23~40.
日本 内閣府. 2009. 『災害教訓の継承に関する専門調査会報告書 1923 関東大震災 第3編』.
全羅南道. 1915. 『全羅南道 統計要覽』.
全羅南道. 1925~1927. 『道勢一般』.
函館市. 2014. 『函館市史』.
横浜市 市民局 地域振興部 地域振興課. 2004. 『住民組織の現状と活動(平成15年度 自治会町内会実態調査報告書)』.

논문

강재호. 2011. 「조선총독부의 지방제도」. ≪공공행정논총≫, 29권(1호), 1~15쪽.
김경남. 2004. 「1930년대 일제의 도시건설과 부산시가지계획의 특성」. ≪역사문화학회 학술대회 발표 자료집≫, 162~169쪽.
김성욱. 2011. 「'재조선 미국 육군사령부 군정청 법령' 제33호에 의한 소유권의 강제적 귀속」. ≪법학연구≫, 제42편, 91~115쪽.
김영미. 1994. 「미군정기 남조선과도입법의원의 성립과 활동」. ≪한국사론≫, 32권,

251~305쪽.

______. 2001.「일제시기 서울지역 정·동회제와 주민생활」. ≪서울학연구≫, 16, 177~208쪽.

김홍순. 2011.「인구지표를 통해 본 우리나라의 도시화 성격: 일제강점기와 그 전후 시기의 비교」. ≪한국지역개발학회지≫, 23(2), 23~30쪽.

박세훈. 2003.「일제시기 도시근린조직 연구: 경성부의 정회를 중심으로」. ≪공간과 사회≫, 19, 140~162쪽.

박태균. 1991.「1945~1946 미군정의 정치세력 재편계획과 남한 정치구도의 변화」. ≪한국사연구≫, 74권, 109~160쪽.

서현주. 2001.「경성부의 정총대와 정회」. ≪서울학연구≫, 16, 109~176쪽.

신장철. 2015.「해방 이후의 한국경제와 초기 경제개발 5개년 계획: 원조경제의 탈피와 수출드라이버 정책의 개택을 중심으로」. ≪한일경상논집≫, 66권, 3~22쪽.

양미숙. 2006.「1920·30년대 부산부의 도시빈민층의 실태와 그 문제」. ≪지역과 역사≫, 19, 203~234쪽.

여진원·장우권. 2016.「도시기록화 사례연구: 광주광역시 남구 양림동의 근현대 선교사를 중심으로」. ≪한국도서관정보학회지≫, 47(2), 387~416쪽.

염복규. 2002.「일제 말 경성지역의 빈민주거문제와 '시가지계획'」. ≪역사문제연구≫, 8, 125~152쪽.

오병기. 2020.「균형발전을 고려한 재정분권정책 추진방안」. ≪광주전남정책연구≫, 제17호, 46~63쪽.

유승희. 2012.「1920~30년대 경성부 주택문제의 전개와 대책」. ≪아태연구≫, 19(2), 131~165쪽.

윤현석. 2015.「식민지 조선의 지방단체 광주(光州)에 관한 연구」. 전남대학교 일반대학원 지역개발학과 박사학위 청구논문.

______. 2016.「일제강점기 주민조직의 변이와 존속 과정에 관한 연구: 지방도시 광주와 수도 경성을 중심으로」. ≪도시연구: 역사·사회·문화≫, 제15권, 91~127쪽.

______. 2019.「일제강점기 빈민 주거 문제에 있어서 광주의 조선인 지도층 대처에 관한 연구: 광주 갱생지구의 조성과 운영 과정을 중심으로」. ≪도시연구: 역사·사회·문화≫, 제22권 제22호, 149~183쪽.

______. 2022.「조선 말기 열강의 철도 부설 경쟁 결과가 지역 불균형 발전에 미친 영향에 대한 연구」. ≪한국지역개발학회지≫, 제34권 제2호, 229~254쪽.

윤현석·윤희철. 2018.「1945~1960년 광주(光州)의 도시 성장에 관한 역사적 고찰」. ≪도시행정학보≫, 제31권 제4호, 1~26쪽.

윤현석·윤희철·홍상호. 2017.「주택법 의제 처리 지구단위계획의 운영실태 연구: 광주광역시 35개 사업지구를 중심으로」. ≪한국지역개발학회지≫, 제29권 제3호, 91~112쪽.

윤희철. 2011. 「시가지계획령(1934~1962)의 성립과 전개에 관한 법제사 연구」. 전남대학교 일반대학원 지역개발학과 석사학위 청구논문.

______. 2016. 「일제강점기 시가지계획의 수립과정과 집행」. ≪도시연구: 역사·사회·문화≫, 제16권, 71~104쪽.

윤희철·윤현석. 2018. 「일제강점기 민간에 의한 도시개발: 광주지역 일본인 삼평조(森平組)와 미국 선교사에 의한 개발을 대상으로」. ≪한국지역개발학회지≫, 제30권 제3호, 133~156쪽.

이시재. 1993. 「일본의 지역생활조직 연구: 정내회 활동을 중심으로」. ≪지역연구≫, 2권 3호, 95~108쪽.

이유희. 2002. 「영국과 독일의 도시계획 구성 체계에 대한 비교연구」. 전남대학교 석사학위 청구논문.

임선화. 2010. 「미군정의 실시와 전라남도도지사고문회의 조직」. ≪역사학연구≫(구 전남사학), 38권, 320~350쪽.

정재정. 1999. 「일제침략과 한국철도(1892~1945)」. 『서울대학교 한국사연구총서 6』. 서울대학교 출판부.

정학신. 1972. 「도시과밀화 현상과 도시재정: 농촌 인구유입에 따른 광주시 재정난을 중심으로」. ≪지역개발연구≫, 4권 1호, 39~64쪽.

주경식. 1994. 「경부선 철도 건설에 따른 한반도 공간 조직의 변화」. ≪대한지리학회지≫, 제29권 제3호, 297~317쪽

한상구. 2014. 「일제시기 지역주민의 집단행동과 '공공성'」. ≪역사문제연구≫, 31, 103~128쪽.

姜再鎬. 1999. 「植民地朝鮮の地方制度」. 東京大學大學院 法學政治學硏究科 博士(法學)學位請求論文.

平川毅彦. 2011. 「部落會町內會等整備要綱を讀む: 地域社會の「負の遺産」を理解するために」. ≪新潟靑陵學會誌≫, 3(2), pp.11~15.

참고 문서

고려대 아세안문제연구소. 『구한국외교문서』 13. 영안 1. 문서번호 1382호. 1898년 6월 15일.

______. 『구한국외교문서』 19. 법안 1. 문서번호 698호. 1896년 4월 25일.

광주시 광산군. 1953. 「농지대가정산(관리번호: BD0001467)」. 국가기록원.

광주시. 1956. 「포기농지처리에 관한 건(관리번호: BD0001472)」. 국가기록원.

______. 1958. 「토지구획정리1지구(1)(관리번호: BD0031308)」. 국가기록원.

국사편찬위원회. 한국사데이터베이스 웹페이지(http://db.history.go.kr). 『사료고종시대

사 고종 33년』. 1896년 7월 16일.
______. 『사료고종시대사 고종 33년』. 1896년 11월 15일.
______. 『사료고종시대사 고종 35년』. 1898년 6월 19일.
______. 『사료고종시대사 고종 38년』. 1901년 8월 20일.
국학자료원 웹페이지(http://kookhak.co.kr). 「군사상에 근거한 경의철도부설의 건」. 『일한외교자료집성』. 1904년 4월 4일.
______. 「군사상 필요에 근거해 경성원산철도부설의 건」. 『일한외교자료집성』 5. 1904년 11월 5일.
이리지방국토관리청. 1953. 「광주천우안1호제호안공사(관리번호: BA0101685)」. 국가기록원.
일본 외무성. 1955. 『주한일본공사관기록』 9. 2의(6). 1896년 7월 16일.
전라남도교육위원회. 1953. 「초급대학개편관계철(관리번호: BA0236756). 학교인가서류사본(5)(관리번호: BA0236750). 학교인가서류사본(6)(관리번호: BA0236751). 학교인가서류사본(6)(관리번호: BA0236753)」. 국가기록원.
조선 농상공부. 『농상공부법첩존안』 1. 1896년 7월 15일.
조선총독부. 1911. 「지방청 이전 행정구역 변경에 관한 서류(관리번호: CJA0002583)」. 국가기록원.
______. 1924. 「상수도 잡건철(관리번호: CJA0013862)」. 국가기록원.
______. 1926. 「1926년 지정면 세입·출 예산서」. 정부기록보존소 부산지소.
______. 1927. 「지정면 세입세출예산서류철(관리번호: CJA0002605)」. 국가기록원.
______. 1928. 「1928년 지정면 예산서(관리번호: CJA0002656)」. 국가기록원.
______. 1928~1931. 「광주시가지개측 관계서류(관리번호: CJA0003985)」. 국가기록원.
______. 1930. 「1930년 지정면 세입·출 예산서」. 정부기록보존소 부산지소.
______. 1932. 「읍 세입출결산서 2책 중 1책(관리번호: CJA0002925)」. 국가기록원.
______. 1932. 「지방하천수선비보조내첩서철(관리번호: CJA0014322)」. 국가기록원.
______. 1933. 「상수도국고보조품신 채택분 관계철(관리번호: CJA0014197)」. 국가기록원.
______. 1934. 「함경남도 외국인 출원 양여허가처분서류(관리번호: CJA0011140)」. 국가기록원.
______. 1934~1937. 「시가도로 및 하수 국고보조서류(관리번호: CJA0014867)」. 국가기록원.
______. 1935. 「1935년 광주부관계서(관리번호: CJA0003124)」. 국가기록원.
______. 1935. 「대전 전주 광주부 신설 관계서류(관리번호: CJA0003074)」. 국가기록원.
______. 1936. 「광주부 수도확장 계획서류(관리번호: CJA0003223)」. 국가기록원.
______. 1936. 「조선수도지(관리번호: CJA0015194)」. 국가기록원.

______. 1936. 「토지수용인정서류(관리번호: CJA0014072)」. 국가기록원.
______. 1938. 「광주수도확장공사설계변경 및 국고보조서류(관리번호: CJA0015564)」. 국가기록원.
______. 1938. 「소화 13년도 광주부 관계서류철(관리번호: CJA0003369)」. 국가기록원.
______. 1939. 「제4회 시가지계획위원회 관계철 2책 중 1(관리번호: CJA0015672)」. 국가기록원.
______. 1940. 「목포광주부관계철(관리번호: CJA0003550)」. 국가기록원.
______. 1942. 「광주 수도확장 공사 준공인가의 건(관리번호: CJA0015560)」. 국가기록원.
______. 1944. 「1944년도 광주부 세입세출예산(관리번호: CJA0003854)」. 국가기록원.
통감부. 1908. 「제2차 한국시정연보」 중 제13장 교통 제1절 도로.

기타 자료

≪경향신문≫ 1952년 1월 9일 자~8월 20일 자.
≪광주민보≫ 1946년 2월 17일 자~3월 15일 자.
≪동광신문≫ 1946년 7월 4일 자~1947년 11월 26일 자, 1947년 3월 25일 자~1948년 3월 13일 자.
≪동아일보≫ 1953년 2월 9일 자~1958년 11월 24일 자.
≪매일신보≫ 1936년 12월 6일 자.
조선사상통신 1929년 1월 18일 자.
≪조선일보≫ 1940년 5월 16일 자, 7월 26일 자.
≪호남신문≫ 1947년 12월 10일 자~1948년 3월 13일 자, 1949년 7월 9일 자~8월 25일 자.
≪황성신문≫ 1903년 12월 7일 자.
1945년부터 1960년까지 광주 관련 ≪전남일보≫ 외 신문 일체.

관보 제1352호 1955년 6월 29일.
광주광역시 용도지역 면적 현황. 광주광역시(2021.10).
국가기록원 관보(http://theme.archives.go.kr/next/gazette/viewMain.do). 1945년 8월 1일~1960년 12월 31일.
국가기록원. 국무회의록 1951년 3월 5일~11월 16일.
국사편찬위원회 역사정보통합시스템(http://www.koreanhistory.or.kr). ≪동아일보≫ 기사.
국사편찬위원회 한국사데이터베이스(http://db.history.go.kr). 조선은행회사조합요록(朝鮮銀行會社組合要錄) 1937년판.
네이버 뉴스 라이브러리(newslibrary.naver.com). 1920~1944년 광주 관련 ≪동아일보≫

기사 3,867건.
네이버 뉴스 라이브러리. 1945년 8월 1일~1955년 12월 31일 정회 및 동회 관련 ≪동아일보≫, ≪경향신문≫ 기사.
대한민국 관보 제1337호 1955년 6월 3일 내무부고시 제297호, 내무부고시 제298호.
제910호 광주시가지계획 결정고시. 조선총독부(1939.10.1).
조선총독부. 부령 제104호. 1935.「조선총독부관보」.
조선총독부. 부령 제77호. 1934.「조선총독부관보」.
한국은행.「조사통계월보」1950년 6월호.

ja.wikipedia.org(町). 2015년 6월 12일 열람.
ja.wikipedia.org(町内会). 2015년 6월 12일 열람.
ja.wikipedia.org(村). 2015년 6월 12일 열람.

윤현석

1995년 9월 ≪광주일보≫ 기자로 입사했고 2002년부터 도시 및 지역 개발에 대해 20여 년간 연구를 지속해 오고 있다. 2002년 한국언론진흥재단의 해외연수자로 선정돼 일본 도쿄자치센터에서 일본의 도시 및 지역 개발 제도에 대해 공부한 뒤 전남대학교에서 도시 및 지역개발학 석사 및 박사학위를 취득했다. 현재 ≪광주일보≫ 정치부 부국장으로 일하고 있으며, 전남대학교에서 시간강사, 지역개발연구소 위촉연구원을 겸하고 있다.

「남도근대화 탐사」, 「세계 창조도시를 가다」, 「도시계획 미래 정체성이 없다」 등 기획시리즈를 작성하기 위해 국내외 현장을 누볐고, 2014년부터 2022년까지 도시사학회, 한국지역개발학회 등의 학회지에 논문 8편을 게재했다. 대표적인 논문으로는 「일제강점기 지방단체 운영구조 분석」, 「일제강점기 주민조직의 변이와 존속 과정에 관한 연구」, 「일제강점기 빈민 주거 문제에 있어서 광주의 조선인 지도층 대처에 관한 연구」 등이 있으며, 역서로는 일본 이와나미문고 『도시재생을 생각한다』 시리즈를 번역한 『도시 경제와 산업 살리기』(공역), 『도시의 개성과 시민생활』(공역), 『도시 어메니티와 생태』(공역) 등이 있다.

한울아카데미 2486

정의로운 도시를 꿈꾸며

광주를 중심으로 본 한국의 도시 개발사

지은이 윤현석
펴낸이 김종수
펴낸곳 한울엠플러스(주)
편집 신순남

초판 1쇄 발행 2023년 11월 30일
초판 2쇄 발행 2023년 12월 15일

주소 10881 경기도 파주시 광인사길 153 한울시소빌딩 3층
전화 031-955-0655
팩스 031-955-0656
홈페이지 www.hanulmplus.kr
등록번호 제406-2015-000143호

Printed in Korea.
ISBN 978-89-460-7487-3 93300

※ 책값은 겉표지에 표시되어 있습니다.